高职大数据与会计专业立体化课程改革系列教材

FOREIGN TRADE ACCOUNTING

外贸会计

孙中平　公华○主编

图书在版编目(CIP)数据

外贸会计 / 孙中平，公华主编. —上海：立信会计出版社，2023.7
ISBN 978-7-5429-7397-9

Ⅰ.①外… Ⅱ.①孙… ②公… Ⅲ.①外贸企业会计—教材 Ⅳ.①F740.45

中国国家版本馆CIP数据核字(2023)第136058号

策划编辑	余 榕
责任编辑	余 榕
助理编辑	崔姝然
美术编辑	吴博闻

外贸会计
WAIMAO KUAIJI

出版发行	立信会计出版社			
地　址	上海市中山西路2230号	邮政编码	200235	
电　话	(021)64411389	传　真	(021)64411325	
网　址	www.lixinaph.com	电子邮箱	lixinaph2019@126.com	
网上书店	http://lixin.jd.com	http://lxkjcbs.tmall.com		
经　销	各地新华书店			
印　刷	常熟市人民印刷有限公司			
开　本	787毫米×1092毫米	1/16		
印　张	14.5			
字　数	380千字			
版　次	2023年7月第1版			
印　次	2023年7月第1次			
书　号	ISBN 978-7-5429-7397-9/F			
定　价	42.00元			

如有印订差错，请与本社联系调换

高职大数据与会计专业立体化课程改革系列教材编委会

总主编 卢吉强

编　委（排名不分先后）

　　杨智慧　万颀钧　王雪梅

　　郭红梅　王亚静　杨淑慧

　　孙志海　朱海燕　孙玉红

　　徐　烨　孙中平　袁东霞

　　邱明明　公　华　杨　璐

　　张　逸　董胜囡　陈　丽

总 序

  党的二十大报告指出:"统筹职业教育、高等教育、继续教育协同创新,推进职普融通、产教融合、科教融汇,优化职业类型定位。"2022年5月1日起实施的《中华人民共和国职业教育法》明确规定,职业教育是指为了培养高素质技术技能人才,使受教育者具备从事某种职业或者实现职业发展所需要的职业道德、科学文化与专业知识、技术技能等职业综合素质和行动能力而实施的教育。高等职业院校要加强产学研合作,培养服务区域发展的技术技能人才。因此,高职大数据与会计专业应当以培养高端技术技能型人才为目标。这就要求大数据与会计专业教学在兼顾会计基本原理的基础上,注重对学生会计实务操作能力的培养,同时加强对学生会计基本技能的训练。教材在会计教学中起着至关重要的作用,优秀实用的教材不仅能够帮助教师进行课程教学设计和实施,而且能够指导学生课前预习、课中自学和课后训练,最终实现上述教学目标。基于此,我们组织行业企业专家及专业骨干教师编写了本系列教材。

  本系列教材以"能力导向、项目(任务)载体、素养贯穿、课证结合"为整体设计理念并确定基本框架和结构,是进行项目导向、任务驱动等"教学做"一体的教学模式改革的阶段性成果,也是校企深度合作的成果体现。本系列教材具有以下特色:

  一是在内容设计上,突出了对学生实务操作能力的培养,同时兼顾学生考证的需要。从内容上看,本系列教材提供了大量企业经营中涉及的原始凭证,帮助学生在进入工作岗位时能直接根据原始凭证识别经济业务,避免了教学中过多使用文字叙述经济业务的弊端;明确区分了会计的日常业务和期末业务内容,使学生对会计工作的日常处理和期末处理能够有较为完整的理解;通过内容对接和习题训练,将课程教学与学生会计专业技术资格考试密切结合。

二是在结构设计上,将学生职业素养的培养贯穿始终。从结构上看,本系列教材根据会计岗位任职要求设计了若干项目和任务,每个任务以"任务布置"作为引导,后面进一步为学生完成任务提供"知识链接"。值得一提的是,本系列教材在每个任务下为每个教学单元设计了子任务。课前学生通过自学"知识链接"分组完成每个单元的子任务;课上学生展示任务成果并与教师和其他同学讨论之后,由教师进行点评和知识要点总结;课后学生通过完成教材提供的对应实训项目进一步巩固知识和能力。总之,上述设计方便教师采用"教学做"的教学模式开展教学,使学生在训练会计实务操作能力的同时提升计算机办公软件应用能力、团队协作能力、交流能力、表达能力等职业素养。

本系列教材作为校本教材,已在山东外贸职业学院大数据与会计专业学生中使用。本系列教材在使用过程中不断征询学生、相关授课老师和校外行业企业专家的意见和建议,每次课程结束时都对学生进行问卷调查,并根据他们提出的意见和建议进行了多次修改。

本系列教材理论与实务相结合,习题、实训及其答案、PPT课件等一应俱全,能够充分满足高职层次学生提升操作能力和学习知识的需要。因此,授课教师普遍反映本系列教材是课程教学的好帮手;学生也喜欢使用本系列教材上课以大幅度提高学习效率,毕业后也能迅速适应会计岗位工作。

本系列教材的出版得到了立信会计出版社的大力支持,特别是余榕编辑的大力协助,在此致以衷心的谢意。

本系列教材所做的探索是初步的,教材中如有考虑不周甚至错误之处,敬请读者批评指正。

高职大数据与会计专业立体化
课程改革系列教材编委会
2023年6月

前 言
FOREWORD

党的二十大报告指出,教育、科技、人才是全面建设社会主义现代化国家的基础性、战略性支撑。必须坚持科技是第一生产力、人才是第一资源、创新是第一动力,深入实施科教兴国战略、人才强国战略、创新驱动发展战略,开辟发展新领域新赛道,不断塑造发展新动能新优势。根据国家对高等职业教育的要求,结合高职院校财会专业行业会计的学习特点和高职院校学生的就业要求,我们根据多年的教学经验和对外经贸财会实际工作岗位的调查,设计并编写了本教材。

本教材以培养学生外贸会计职业岗位能力为核心,依据外贸会计职业岗位能力需求,参照行业职业资格标准,以必需、够用为度,统筹考虑和选取教材内容。本教材包括导论和5个项目:项目1为外汇业务,项目2为出口业务,项目3为进口贸易业务,项目4为外贸企业费用与报表,项目5为综合实训。其中,项目1至项目4根据不同的内容设置了不同的任务,在每个任务下又根据高职学生的特点和认知规律,配合学生技能培养和知识学习的需要设置了若干子任务;项目5以一个流通性外贸企业一个会计期间(1个月)的正常生产经营活动为实训资料,进行外贸会计岗位的综合模拟实训,实训内容涵盖了从建账、审核原始凭证、编制记账凭证,到登记账簿、编制报表等手工会计处理,从手工会计处理到利用财务软件进行外贸会计电算化会计处理,利用出口退税软件进行出口退税申报,以及进行网上报税操作等外贸会计操作的全部技能。

本教材具有以下特点:一是二十大精神进教材,引入二十大报告内容,各项目前都附有[思政引领]案例;二是在内容上,以简明适用为特征,精选和提炼外贸企业经济业务活动的常规业务,按照高职学生的认知规律,由浅入深地进行编排;三是在体例上,按高职学生的认知特点和职业能力培养要求,采用项目化"教学做"一体的教学方法,理论教学与单项实训教学、综合模拟实训教学同步,要求学生做学结合、边学边做,以培养学生适应外贸会计岗位的工作能力;四是在结构上,本着以学生为中心的教学理念,按照"以学生为中心、学习成果为导向、促进自主学习"的思路进行结构编排,各项目前附有[重点和难点][知识点思维导图],各项目后都附有[最新政策][学习报告],同时各项目还提供了二维码形式的视频和知识链接等配套电子资源,各项目后附有同步练习题,此外,本教材以二维码的形式提供了2套综合测试题及其答案,以供学生在学完本教材内容后,进行综合检测。

本教材是山东外贸职业学院与青岛市可信财税事务所有限公司校企合作的成果。本教材由孙中平、公华担任主编,万顾钧、邱明明、杨璐担任副主编。在本教材的编写过程中,山东外贸职业学院孙中平和万顾钧老师确定基本框架结构,并进行教材初稿的统纂;青岛市可信财税事务所有限公司经理朱海燕和青岛汇丰联合会计师事务所所长赵启明,以及财务专家匡静、姚尊桂等为本教材的编写提供了大量的企业原始凭证及操作流程素材;山东外贸职业学院公华、邱明明、杨璐、杨淑慧、董胜囡、刘媛、匡静、朱海燕等专任教师与企业兼职教师都参与了教材初稿的编写,以及教材二维码视频资源的制作,并在教材的教学试用过程中提出了许多宝贵意见,在此深表谢意!

作为校企合作教材,本教材所做的探索是初步的,教材中如有不妥之处,敬请读者批评指正。

编 者

2023年6月

综合测试题A

综合测试题B

综合测试题A
参考答案

综合测试题B
参考答案

目 录
CONTENTS

导论 ······ 1

项目1 外汇业务 ······ 6
任务1.1 企业外汇账户的开立 ······ 7
任务1.2 进行外汇业务的日常账务处理 ······ 11
任务1.3 进行汇兑损益的计算和账务处理 ······ 15
练习题 ······ 19

项目2 出口业务 ······ 24
任务2.1 了解出口业务流程 ······ 25
任务2.2 国际贸易结算方式与价格术语 ······ 32
任务2.3 核算出口商品的购进与发出 ······ 41
任务2.4 核算自营出口商品销售 ······ 45
任务2.5 核算出口货物退免税 ······ 53
任务2.6 核算代理出口商品销售与国内商品销售 ······ 61
练习题 ······ 68

项目3 进口贸易业务 ······ 74
任务3.1 认知进口贸易业务流程 ······ 75
任务3.2 自营进口贸易业务核算 ······ 80
任务3.3 代理进口贸易业务核算 ······ 88
练习题 ······ 92

项目4 外贸企业费用与报表 ······ 97
任务4.1 核算外贸企业费用 ······ 98
任务4.2 编制外贸企业内部报表 ······ 103
练习题 ······ 107

项目5 综合实训 ······ 110

导　　论

◎【重点和难点】

1. 掌握外贸企业所涉及的外汇业务的凭证、账页与常用凭证、账页之间的区别。
2. 掌握外贸企业在业务与会计核算上的主要特点。
3. 掌握外贸企业进出口经营权获取的主要流程。

◎【知识点思维导图】

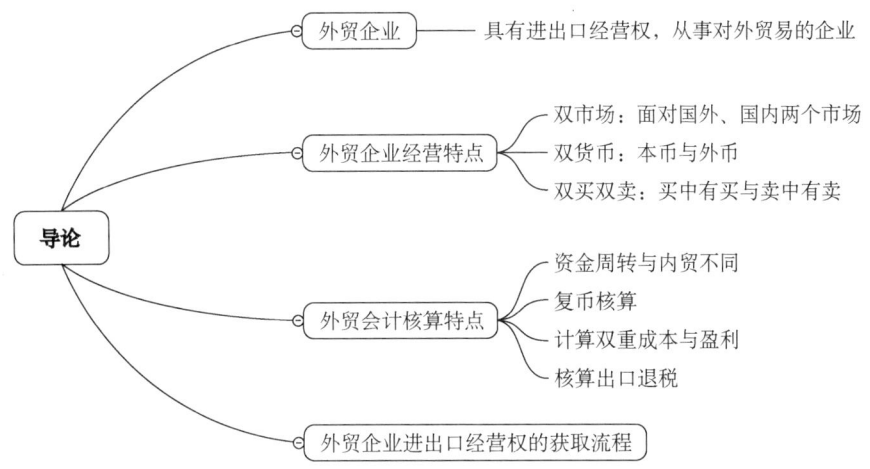

思政引领

取消备案登记，优化营商环境

2022年12月30日起，我国正式取消外贸经营者备案登记的规定，各地商务主管部门

（续上）

停止办理对外贸易经营者备案登记。开展外贸业务的企业，自动获得外贸经营权，再不用到商务部门进行备案登记了。对于申请进出口环节许可证、技术进出口合同登记证书、配额、国营贸易资格等相关证件和资格的市场主体，有关部门不再要求其提供对外贸易经营者备案登记材料。

这是外贸经营管理领域重大改革举措，是中国政府坚定推进贸易自由化便利化的重要制度创新，将有利于进一步优化营商环境，释放外贸增长潜力，推进贸易高质量发展和高水平对外开放；更好地服务市场主体，节省企业的时间和成本，激励更多民营企业走出国门，开拓国内、国外两个市场，对企业形成实实在在的利好。

近年来，我国推出了多项优化营商环境、节省企业成本的措施，真正体现了服务型政府的特色。

【讨论】请同学们查阅相关资料，列举近年来我国推出的优化营商环境、节省企业成本的措施。

一、任务布置

【任务】 辨识外贸企业的凭证与账页

某外贸企业某笔业务的记账凭证如图 1 所示。

记 账 凭 证

记＿＿字 0001　　制单日期：2020.12.29　　审核日期：2020.12.31　　附单据数：

摘要	科目名称	外币	借方金额	贷方金额
销售收款	银行存款/美元	10000 USD 6.56000	65600	
销售收款	应收账款/美元	10000 USD 6.55000		65600
票号 日期	数量 单价	合计	65600	65600

备注　项　目　　部　门
　　　个　人　　客　户
　　　业务员

图 1　记账凭证

应收账款明细账的内容如图 2 所示。

应收账款明细账　　外币金额式

科目　112201 甲公司　　外币币名：美元　月份：2020.12-2020.12

2020年 月	2020年 日	凭证号数	摘要	币种/汇率	借方 外币	借方 金额	贷方 外币	贷方 金额	方向	余额 外币	余额 汇率	余额 金额
12	16	记-0001	销售收款	美元:6.550 00			100.00	655.00	贷	100.00		655.00
12	16	记-0002	销售商品	美元:6.550 00	200.00	1 310.00			借	100.00		655.00
12	17	记-0003	收回货款	美元:6.550 00			200.00	1 310.00	贷	100.00		655.00
12	18	记-0004	销售商品	美元:6.540 00	300.00	1 962.00			借	200.00		1 307.00
12	18	记-0005	销售商品	美元:6.540 00	150.00	981.00			借	350.00		2 288.00
12			当前合计		650.00	4 253.00	300.00	1 965.00	借	350.00		2 288.00

图 2　应收账款明细账

请问:上述记账凭证与常用记账凭证最显著的区别是什么?上述应收账款明细账与一般内贸企业的应收账款明细账最显著的区别是什么?

根据下文知识链接的相关内容,请概括外贸企业与一般内贸企业相比,在业务经营与会计核算上最显著的区别是什么?

二、知识链接

(一) 外贸企业及其经营特点

外贸企业(foreign trade enterprise)是指具有进出口权,从事对外贸易的企业。外贸企业主要区别于内贸企业的是,外贸企业的业务往来面对国内、国外两个市场,通过市场的调研,把国外商品进口到国内来销售,或者收购国内商品销售到国外,从中赚取差价,外贸企业是联结国内市场与国际市场的纽带,是国民经济的一个重要部门。

与一般内贸商业企业相比,外贸企业在业务上的主要特点如下。

1. 面临国内、国外两个市场

对企业而言,无论是进口商品采购还是出口商品销售,都是我国和国外的贸易关系,必然要考虑到将进口或者将出口商品的国内市场需求和国际市场需求状况,了解该商品的国内市场价格和国际市场价格,才决定此种商品是否该出口或者进口。国内、国外市场的性质不同,两种价格的基础也有较大的区别,以商品进出口为主要经营业务的外贸企业,必须同时面临两个市场和两种价格。

2. 两种货币的使用

我国通用的货币是人民币,外币不能在我国流通,所以企业经营进出口业务,需要将人民币与外币在适当时候兑换才能正常使用。人民币通常在进口商品的国内销售和出口前商品的国内采购时使用;外币通常在进口商品的国外采购和出口商品的国外销售时使用,由此可以看出,无论进口和出口业务都涉及外币兑换,需同时使用本币和外币。

3. "买中有买"与"卖中有卖"

进出口业务不仅仅是商品的买卖,在我国现行的外汇管理体制下,外汇在我国也不能直接流通,所以,无论是进口需用的外汇,还是出口取得的外汇,都需到国家授权的银行进行购汇结汇。因此,在进口业务中,一买商品,二买外汇,即"买中有买";在出口业务中,一卖商品,二卖外汇,即"卖中有卖"。

(二) 外贸会计及其核算特点

外贸会计(foreign trade accounting),简单地讲就是应用于外贸企业或者其他企业对外贸易业务的一种专业会计。由于外贸企业面对国际和国内两个市场,在业务经营中存在两个价格体系,使用本币和外币两种货币,因此外贸会计核算具有以下特点。

1. 资金周转与内贸不同

对外贸易进行国际商品流通,要使用人民币和其他国家的货币经营进出口业务,出口商品的资金周转形式是:人民币—商品—外汇—人民币;进口商品的资金周转形式是:人民币—外汇—商品—人民币。

2. 复币核算

进出口业务涉及外币业务,而按《企业会计准则》规定,在中华人民共和国境内注册企业的,会计核算以人民币为记账本位币。业务收支以人民币以外的货币为主的单位,可以选定其中一种货币作为记账本位币,但是编报的财务会计报告应当折算为人民币。因此,进出口企业涉及的外币业务,必须进行复币核算,即在会计核算上,凡涉及外币结算业务的,不论是会计凭证编制还是会计账簿的记载、会计报表的编制,都要求以复币结算。进出口企业涉及的外币业务既要有人民币的反映,又要有外币的反映。

3. 计算双重成本和盈利

进出口业务会计不仅仅核算进出口销售的利润率,还要核算每1美元出口所需人民币成本,进口每1美元赔赚若干人民币,即计算"出口每美元成本"和"进口每美元赔赚额",用于企业的经营决策和考核企业的进出口效益。

4. 核算出口退税,体现国家政策

出口退税,其基本含义是指对出口货物退还其在国内生产和流通环节实际缴纳的增值税、消费税。核算出口退税,是内贸企业不存在的业务。

(三) 海关备案登记

自2020年12月30日起,从事进出口业务的企业,不再办理对外贸易经营者备案登记手续,企业自动获取进出口权,但仍需办理海关登记以获取报关权限。需要向海关办理报关手续的企、事业单位,应向当地海关提出书面申请,经海关审核并办理注册登记手续。经海关注册登记的企业才可以直接向海关办理进出境货物的报关手续;否则,不能直接向海关办理报关手续。

海关备案所需要的资料(所有资料都要加盖公司公章)如下:

(1) 营业执照副本及复印件。

(2) 报关单位情况登记表。

(3) 报关单位管理人员情况登记表。

(4) 报关员情况登记表(没有报关员可不提交)。

海关审核通过后,《中华人民共和国海关进出口货物收发货人报关注册登记证书》可通过网上下载打印。

(四) 中国电子口岸

中国电子口岸是一个公众数据中心和数据交换平台,依托国家电信公网,实现工商、税务、海关、外汇、外贸、质检、银行等部门和进出口企业、加工贸易企业、外贸中介服务企业、外贸货主单位的联网,将进出口管理流信息、资金流信息、货物流信息集中存放在一个集中式的数据库中,随时提供国家各行政管理部门进行跨部门、跨行业、跨地区的数据交换和联网核查,并向企业提供应用互联网办理报关、结付汇核销、出口退税、网上支付等实时在线服务。

以青岛市为例,电子口岸办理流程及手续如下。

外贸单一窗口申报,线上办理,快递发卡。企业登录电子口岸办理业务之前,需要登录中国电子口岸综合服务网站"在线售卡"栏目(http://220.181.191.21/rtp2User/rtp2/),点击"新系统注册",获取免费IC卡接入服务。

最新政策

(1) 全国人民代表大会常务委员会关于修改《中华人民共和国对外贸易法》的决定。2022年12月30日,十三届全国人大常委会第三十八次会议经表决,通过了关于修改对外贸易法的决定,删去《中华人民共和国对外贸易法》第九条关于对外贸易经营者备案登记的规定。根据决定,自2022年12月30日起,各地商务主管部门停止办理对外贸易经营者备案登记。对于申请进出口环节许可证、技术进出口合同登记证书、配额、国营贸易资格等相关证件和资格的市场主体,有关部门不再要求其提供对外贸易经营者备案登记材料。这是外贸经营管理领域重大改革举措,是中国政府坚定推进贸易自由化便利化的重要制度创新,将有利于进一步优化营商环境,释放外贸增长潜力,推进贸易高质量发展和高水平对外开放。

(2)《中华人民共和国海关注册登记和备案企业信用管理办法》(海关总署第251号令)。海关总署于2021年9月13日公布了《中华人民共和国海关注册登记和备案企业信用管理办法》(以下简称《办法》),自2021年11月1日起施行。该《办法》的主要内容包括:一是优化企业信用等级分类;二是落实守信激励原则,进一步提升守法企业获得感;三是落实国务院要求,依法依规实施失信惩戒,建立信用修复制度。

项目 1

外 汇 业 务

◎【重点和难点】

1. 掌握外汇业务的核算程序,进行外汇业务的账户设置。

2. 掌握外汇兑换业务、外汇购销业务、外汇借款业务、接受外币资本投资业务的日常会计核算。

3. 掌握外汇业务的期末会计处理,准确计算汇兑损益。

◎【知识点思维导图】

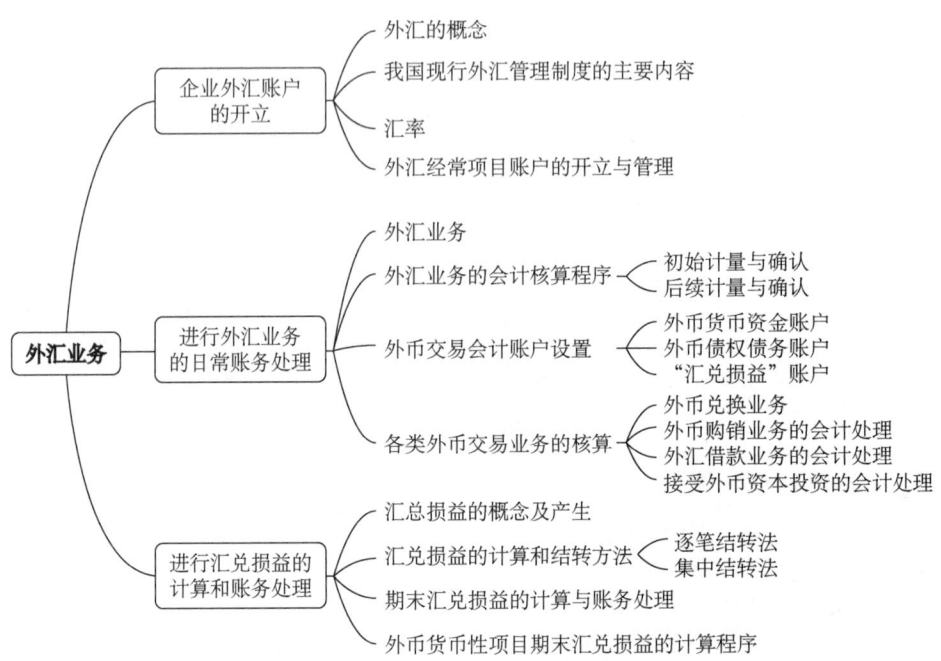

思政引领

有序推进人民币国际化

党的二十大报告提出,"坚持把发展经济的着力点放在实体经济上""提升贸易投资合作质量和水平""有序推进人民币国际化"。人民币国际化是国际货币体系改革的产物,是我国应对世纪变局、把握发展主动权、彰显大国担当的战略选择。

人民币国际化可以促进我国国际贸易和投资的健康发展,减少汇率风险。有序推进人民币国际化,要遵循货币国际化发展规律,要进一步提高贸易投资便利性,发展贸易新渠道、新业态、新模式,增加跨境电子支付的新渠道、新平台;适应数字经济、数字贸易发展新趋势,推动金融数字化,为人民币国际化赋能。要时刻保持头脑清醒和冷静,精准研判国际环境和形势变化,统筹发展与安全。要坚持高水平开放,高举经济全球化、多边主义大旗,坚定站在历史正确的一边、站在人类文明进步的一边,奉行互利共赢的开放战略,推动高水平开放的大门越开越大。要实施自由贸易试验区提升战略,打造一流的市场化、法治化、国际化营商环境,不断以中国新发展为世界提供新机遇,以"一带一路"建设、人民币国际化为世界提供更多的公共产品。

当前,世界百年未有之大变局加速演进,新一轮科技革命和产业变革深入发展,国际力量对比深刻调整,我国发展正面临新的战略机遇。在全球治理体系、国际分工体系、国际贸易投资格局加快重塑的背景下,抓住机遇、乘势而上,有序推进人民币国际化,就能持续提升我国在全球经济体系中的话语权,为实现高质量发展筑牢坚实保障。

【讨论】请同学们结合案例,搜索相关资料,讨论为什么要推进人民币国际化。

任务1.1 企业外汇账户的开立

一、任务布置

【任务1-1】 外汇经常项目银行账户的开立

位于青岛市香港中路的山东亚美联商贸有限公司成立于2012年10月,营业执照上的经营范围是:工艺品批发及零售。现公司进行业务拓展,准备拓展进出口业务。要拓展进出口业务,必然涉及出口收汇或者进口付汇,即涉及外币业务的核算,这就需要在银行开立外币资金账户。

请问:国家对企业开设的外汇账户,是否有相关的专门管理办法及规定?外汇账户主要核算内容是什么?

二、知识链接

(一)外汇的概念

【任务1-1-1】 外汇概念辨析

外汇就是外国货币(如美元、日元、欧元)吗?为什么?外国货币、外币购入的资产、外币有价证券、需要以外币支付的债务,这四项都属于外汇吗?为什么?

在对外贸易业务经营中,进出口双方国家的货币制度不同,货款的结算必须借助于国际汇兑(foreign exchange)。国际汇兑中的"汇"是指资金的移动,"兑"是指货币的兑换。国际汇兑简称外汇,外汇具有动态和静态两方面的含义。

外汇的动态含义是指把一国货币兑换成另一国货币的国际汇兑行为和过程,以清偿国际债权和债务关系的金融业务活动。在这一意义上,外汇的概念等同于国际结算。

外汇的静态含义是指以外币表示的可以国际清偿的支付手段和资产。我国现行于2008年8月修正颁布的《中华人民共和国外汇管理条例》第三条规定,外汇是指以外币表示的可以用作国际清偿的支付手段和资产。外汇包括外国货币[外国现钞,包括纸币、铸币、外币有价证券(如政府公债、国库券、公司债券、股票等)]、外币支付凭证(票据、银行存款凭证、银行卡等)、特别提款权(只在国际货币基金组织和各国政府之间使用,与一般外贸企业无关)及其他外汇资产等。作为静态含义的外汇,其具有以下三个特征:

(1) 国际性。用于国际结算的支付手段必须是以外币表示的金融资产。

(2) 可偿付性。外汇必须是能在国外得到偿付的货币债权,也就是债权凭证。

(3) 可兑换性。即持有者可以自由地将其兑换为其他货币或者以外币结算的支付手段。

(二) 我国现行外汇管理制度的主要内容

【任务1-1-2】 外汇可以自由在境内和境外汇入、汇出吗

小明高中毕业后申请了美国的大学并已被录取,国外大学的学费每学年是5万美元,考虑到人民币可能具有贬值趋势,小明的父母计划到银行去一次性购入30万美元汇到小明在美国银行开设的个人账户,用于小明今后几年的学费、生活费开支。

请问:小明父母的这个计划能否实现?为什么?国家对个人购汇、向境外汇出外汇有一定的管理与限制措施,那么,国家目前对外贸企业进出口业务的出口收汇与进口购汇是否也有一定的管理与限制措施?

外汇管理(foreign exchange control)又称外汇管制,是指一国政府为平衡国际收支和维持本国货币汇率而对外汇进出实行的限制性政策措施。外汇管制有狭义与广义之分。狭义的外汇管制是指一国政府对居民在经常项目下的外汇买卖和国际结算进行限制。广义的外汇管制是指一国政府对居民和非居民的涉及外汇流入和流出的活动进行限制性管理。

1. 外汇管理原则

2008年重新修订的《中华人民共和国外汇管理条例》第五条规定:"国家对经常性国际支付和转移不予限制。"这是目前我国外汇管理的基本原则。

2. 银行结售汇制度

1994年,我国进行了外汇管理体制改革,实行以市场供求为基础的、单一的、有管理的浮动汇率制度,对于境内机构经常项目下的外汇收支实行银行结汇和售汇制度。所谓结汇,是指境内机构将外汇收入按当日汇价卖给银行,银行收取外汇,兑给其人民币的活动。售汇是指境内机构、个人需要外汇,依法持有效凭证到银行用人民币兑换,银行按规定售其外汇的活动。

(1) 外汇收入银行结汇制。经常项目的外汇收入,可以按照国家有关规定保留或者卖给经营结汇、售汇业务的金融机构。资本项目的外汇收入保留

银行结售汇制

或者卖给经营结汇、售汇业务的金融机构,应当经外汇管理机关批准,但国家规定无须批准的除外。外汇管理机关有权对资本项目外汇及结汇资金使用和账户变动情况进行监督检查。

(2) 实行银行售汇制。经常项目的外汇支出应当按国务院外汇管理部门关于付汇与购汇的管理规定,凭有效单证以自有外汇支付或者向经营结汇、售汇业务的金融机构购买外汇支付。资本项目的外汇支出,应当按国务院外汇管理部门关于付汇与购汇的管理规定,凭有效单证以自有外汇支付或者向经营结汇、售汇业务的金融机构支付。国家规定应当经外汇管理部门批准的,应当在外汇支付前办理批准手续。

3. 进出口核销制

货物出口后,由外汇管理局对相应的出口收汇进行核销;进口货款支付后,由外汇管理局对相应的到货进行核销。以出口收汇为主要考核指标,对出口企业收汇情况分等级进行评定,督促企业足额、及时收汇。

我国自 2012 年 8 月 1 日起在全国实施货物贸易外汇管理制度改革,改革之日起,国家外汇管理局分支局对企业的贸易外汇管理方式由现场逐笔核销改变为非现场总量核查。外汇管理局通过货物贸易外汇监测系统,全面采集企业货物进出口和贸易外汇收支逐笔数据,定期比对、评估企业货物流与资金流总体匹配情况,便利合规企业贸易外汇收支;对存在异常的企业进行重点监测,必要时实施现场核查。

(三) 汇率

【任务 1-1-3】 根据外汇牌价计算

表 1-1 是 2022 年 2 月 5 日中国银行公布的外汇牌价。

表 1-1　　　　　　　　中国银行公布的外汇牌价

2022 年 02 月 05 日

货币名称	交易单位	现汇买入价	现钞买入价	现汇卖出价	现钞卖出价	折算价
日元(JPY)	100	6.381 7	6.183 4	6.428 6	6.438 6	6.379 0
港元(HKD)	100	90.030 0	89.320 0	90.390 0	90.390 0	89.890 0
英镑(GBP)	100	909.190 0	880.940 0	915.880 0	919.020 0	909.920 0
欧元(EUR)	100	770.770 0	746.820 0	776.460 0	778.960 0	771.160 0
美元(USD)	100	699.330 0	693.640 0	702.300 0	702.300 0	698.230 0

请问:王明想在 2 月 5 日以人民币向银行购入 1 000 欧元现钞,另购入 10 000 美元到其持有的美元借记卡上,他需要准备的人民币总额是多少?表 1-1 中给出的各种货币的标价,属于直接标价法还是间接标价法?

汇率的全称是外汇汇率,又称为汇价。它是指一个国家的货币兑换为另一个国家货币的比率,是两种不同货币之间的比价。

1. 汇率的标价方法

汇率有直接标价法和间接标价法两种。直接标价法又称直接汇率,是指以一定数量的外国货币来表示可兑换多少本国货币的金额作为计价标准的汇率,如 1 美元可兑换 6.82 元人民币。间接标价法又称间接汇率,是指以一定数量的本国货币来表示可兑换多少外国货币的金额作为计价标准的汇率,如 1 元人民币可兑换 0.14 美元。世界各国的外汇汇率标价方法均不一致,目前大多数国家包括我国在内,均采用直接标价法。

2. 汇率的种类

(1) 现行汇率与历史汇率。现行汇率是指外币业务发生日的汇率。历史汇率是指过去某一时点的汇率。

(2) 记账汇率与账面汇率。记账汇率是指企业发生外币业务时进行账务处理所采用的汇率。账面汇率是指企业以往发生的外币业务登记入账时所采用的汇率,即过去的记账汇率。

(3) 买入汇率、卖出汇率与中间汇率。买入汇率是指银行买入外币时所使用的汇率,即银行收取外币时愿意支付的价格。卖出汇率是指银行出让外币时所使用的汇率,即银行出让外币时愿意接受的价格。中间汇率是指银行买入汇率与卖出汇率之间的平均汇率,中间汇率不是简单用"(买入价+卖出价)÷2"的公式计算得出,而是涉及很多汇率数据的加权平均数,有复杂的计算过程。

目前,我国企业外币业务会计一般是以国家公布的中间汇率作为外汇资产、外汇负债项目的入账依据。

(四) 外汇经常项目账户的开立与管理

1. 外汇账户的开立

企业携带银行开户材料和相关印章,填写银行开户表格,银行核准后即可开立外汇经常项目账户。企业开立外汇经常项目账户,需对外汇管理局进行信息反馈。

2. 外汇账户的管理

企业开立资本项目外汇账户后,要严格按外汇账户使用证中注明的用途、币种、收支范围、使用期限和结汇方式收支外汇;不得出租、出借或者串用外汇账户,不得利用外汇账户非法代其他单位或者个人收付、保存或者转让外汇;正确核算外汇,建立严格的外汇收支管理制度,定期与外汇开支行进行核对;自觉接受外汇管理部门的检查,包括对外汇账户的年检及不定期检查。

3. 外汇账户的核算内容

(1) 外币现金及银行存款的收付。

(2) 以外币结算的债权、债务的发生及其结算。

(3) 外币兑换业务即外汇收入的结汇、向银行购汇业务。

(4) 外币资本投入业务。

(5) 外币借款的取得和偿还业务。

(6) 汇兑损益的确认及会计处理业务。

【温馨提示】

以上外币业务的核算内容,可以区分为日常会计处理与期末会计处理,汇兑损益的确认一般为期末会计处理。

任务1.2 进行外汇业务的日常账务处理

一、任务布置

【任务1-2】 进行外汇业务的日常账务处理

宏达公司是一个具有进出口经营权的生产型公司,选择确定的记账本位币为人民币,其外币交易记账汇率采用交易日即时市场汇率(即期汇率)。2022年12月1日,该公司各类账户的期初余额如表1-2所示。

表1-2　　　　　　　　各类账户的期初余额
2022年12月01日

账户名称	外币金额	汇率	人民币金额
银行存款——美元户	USD 200 000	6.20	1 240 000
银行存款——港元户	HKD 50 000	0.80	40 000
应收账款——A公司(美元)	USD 30 000	6.20	186 000
应付账款——B公司(美元)	USD 50 000	6.20	310 000

该公司2022年12月1日发生以下外汇业务:

(1) 2日,上月国外A公司所欠货款30 000美元今日收到入账,当日即期汇率1美元=6.28人民币元。

(2) 13日,从美元银行存款户中支付上月所欠国外B公司货款25 000美元,当日即期汇率为1美元=6.27人民币元。

(3) 15日,向国外C公司进口甲材料50吨,单价为3 000美元/吨,当天即期汇率为1美元=6.27人民币元,货款尚未支付。

(4) 16日,将20 000美元兑成人民币,当日即期汇率为买入价1美元=6.19人民币元,中间价为1美元=6.20人民币元。

(5) 26日,以40 000美元兑换成港币,当日港元即期汇率为卖出价1港元=0.85人民币元,中间价为1港元=0.84人民币元;美元即期汇率为买入价1美元=6.25人民币元,中间价为1美元=6.26人民币元。

(6) 28日,向香港D公司出售价值为30 000港元的产品,货款尚未收到,当日即期汇率为1港元=0.94人民币元。

(7) 31日,当日美元即期汇率1美元=6.28人民币元,港元即期汇率为1港元=0.93人民币元。

要求:为以上外汇业务(1)~(6)进行账务处理。

二、知识链接

(一) 外汇业务

外币交易是指以外币计价或者结算的交易。企业的外币交易业务简称外汇业务,是指企业以记账本位币以外的其他币种进行款项收付、往来结算和计价的经济业务。根据《企业会计准则第19号——外币折算》的规定,我国境内的企业通常应该选择人民币为记账本位币。

外币交易包括:买入或者卖出以外币计价的商品或者劳务;借入或者借出外币资金;外币兑换;接受外币资本投资;其他以外币计价或者结算的交易。

(二)外汇业务的会计核算程序

1. 初始计量与确认

《企业会计准则第19号——外币折算》第十条规定:"外币交易应当在初始确认时,采用交易发生日的即期汇率将外币金额折算为记账本位币金额;也可以采用按照系统合理的方法确定的、与交易发生日即期汇率近似的汇率折算。"其中,即期汇率通常是指中国人民银行公布的当日人民币外汇牌价的中间价,企业发生的外币兑换业务或涉及外币兑换的交易或事项,应当按照交易实际采用的汇率(即银行买入价或卖出价)折算;即期汇率的近似汇率是指按照系统合理的方法确定的,与交易发生日即期汇率近似的汇率,通常是指当期平均汇率或加权平均汇率等。

企业通常应当采用即期汇率对外币项目进行折算。汇率变动不大的,也可以采用即期汇率的近似汇率进行折算。无论是采用平均汇率,还是其他方法确定的即期汇率的近似汇率,该方法应在前后各期保持一致。

需要特别注意的是,对外币货币性项目应复币记账,既要将外币金额登记入账,同时也要将外币金额折算成记账本位币金额并入账。

货币性项目是指企业持有的货币资金和将以固定或者可确定的货币金额收取的资产或者偿付的债务。货币性项目分为货币性资产和货币性负债。

2. 后续计量与确认

按《企业会计准则第19号——外币折算》规定,各会计期末,对外币货币性项目和外币非货币性项目的会计处理不同。

(1)货币性项目。对外币货币性项目(外币现金、外币银行存款和用外币结算的债权债务账户)的期末余额,按资产负债表日即期汇率折算为记账本位币,并将其与账面上的记账本位币之间的差额确认为"财务费用——汇兑损益"。

(2)非货币性项目。对以历史成本计量的外币非货币性项目,仍采用交易发生日的即期汇率折算,不改变其记账本位币金额。不产生汇兑差额。

对以公允价值计量的股票、基金等外币非货币性项目,如果期末的公允价值以外币反映,应当先将该外币公允价值按期末即期汇率计算记账本位币金额,与原记账本位币金额进行比较,差额作为公允价值变动损益,计入当期损益;如属于可供出售外币金融资产项目,形成的汇兑差额计入财务费用或其他综合收益。其中,外币可供出售金融资产属于债权投资的,期末因汇率变动而产生的汇兑差额,计入财务费用;外币可供出售金融资产属于股票投资的,期末因汇率变动而产生的汇兑差额,计入其他综合收益。

(三)外币交易会计账户设置

企业需要设置的外币账户主要有外币货币资金账户、用外币结算的债权债务账户和"汇兑损益"账户。

1. 外币货币资金账户

按规定可以保留现汇账户的企业,在外汇指定银行开立"银行存款"外币现汇账户,设立"银行存款——××外币"账户进行外币银行存款的明细核算;拥有外币现钞的企业,设立"库存现金——××外币"账户进行外币库存现金的明细核算。

2. 外币债权债务账户

涉及外币业务的"应收账款""应付账款""短期借款""长期借款""应收票据""应付票据""应付职工薪酬"等账户都应该设立外币明细账,如"应收账款——应收外汇账款"等,以便于明细反映。

3. "汇兑损益"账户

汇兑损益是指由外汇的兑换而产生的损失和收益。对于汇兑损益,企业一般直接设置"汇兑损益"账户进行总分类核算,也可在"财务费用"账户下设置"汇兑损益"明细账户进行明细分类核算。"汇兑损益"账户借方主要登记由于外汇债权、债务而产生的汇兑损失;贷方主要登记汇兑收益;借贷方的差额即为汇兑净损失(或净收益)。

(四) 各类外币交易业务的核算

1. 外币兑换业务

外币兑换业务包括企业卖出外汇业务和企业买入外汇业务。

(1) 企业卖出外汇业务的会计处理。根据国家允许外经贸企业在一定条件下保留现汇的规定,企业可以根据汇率的长短变化趋势,人民币资金账户的头寸多少,支付的外币运费、保险费和佣金,以及进口货款的用汇量等因素,选择保留现汇还是立即结汇。

企业卖出所保留的现汇时,一方面将实际收取的记账本位币登记入账;另一方面按当日汇率将卖出的外汇登记相应的外币账户。实际收入的记账本位币金额与付出的外币按当日汇率折算为记账本位币金额的差额,作为汇兑损益。

【例1-1】 在已有现汇的条件下,某企业将10 000美元到银行兑换为人民币,银行当日的美元买入价为1美元=6.35人民币元,当日的市场汇率为1美元=6.38人民币元。编制会计分录如下:

借:银行存款——人民币户　　　　　　　　　　　　　　　　　　　　　63 500
　　财务费用——汇兑损益　　　　　　　　　　　　　　　　　　　　　　　300
　　贷:银行存款——美元户(10 000美元)　　　　　　　　　　　　　　63 800

(2) 企业买入外汇业务的会计处理。在国家允许企业保留一定限额现汇的情况下,企业对外支付外汇分为两种方式:一是从银行购汇后支付;二是从企业现汇账户中直接支付。

企业买入外汇时,一方面要按外汇卖出价折算应向银行支付的记账本位币,并记录所支付的金额;另一方面按照当日的市场汇率将买入的外汇折算为记账本位币,并登记入账,同时按照买入的外币金额登记相应的外币账户。实际付出的记账本位币金额与收取的外币按照当日市场汇率折算为本位币金额之间的差额,作为当期汇兑损益。

【例1-2】 某企业持有效凭证从银行申请购入20 000美元,银行当日的美元卖出价为1美元=6.42人民币元,当日的市场汇率为1美元=6.32人民币元。编制会计分录如下:

借:银行存款——美元户(20 000美元)　　　　　　　　　　　　　　126 400
　　财务费用——汇兑损益　　　　　　　　　　　　　　　　　　　　　 2 000
　　贷:银行存款——人民币户　　　　　　　　　　　　　　　　　　　128 400

2. 外币购销业务的会计处理

企业从国外购进原材料、商品或者引进设备时,按照当日的市场汇率将支付的外汇或者应支付的外汇折算为人民币记账,以确定购入原材料等货物的入账价值,同时按照外币的金额及汇率登记有关外币账户。

【例1-3】 某企业是增值税一般纳税人,该企业对外币业务采用外币业务发生时的市场汇率折算。2022年5月3日,该企业从境外购入原材料一批,材料价款为10 000美元,购入材料时的市场汇率为1美元=6.40人民币元,进口款项尚未支付。付款赎单时编制会计分录如下:

借:在途物资   64 000
  贷:应付账款——应付外汇账款——美元户(10 000美元)   64 000

企业对外销售商品取得收入,按照外销业务发生日的市场汇率将外币销售收入折算为人民币入账;对于出口销售取得的外汇款项或者发生的债权则采用复币记账,即按照折算后的人民币金额入账,同时按照外币金额登记有关外币账户。

【例1-4】 2022年6月5日,某企业向境外出售商品一批,价款为10 000美元,销售商品时的市场汇率为1美元=6.35人民币元,款项尚未收到。该企业对外币业务采用外币业务发生时的市场汇率核算。编制会计分录如下:

借:应收账款——应收外汇账款——美元户(10 000美元)   63 500
  贷:主营业务收入   63 500

3. 外汇借款业务的会计处理

(1) 外汇借款的种类与特点。目前,外贸企业向中国银行和其他可以办理外汇借款的金融机构申请外汇借款的种类有现汇贷款、外汇转贷款、外汇质押贷款和外汇打包贷款等,贷款的币种主要有美元、欧元、日元、港币、英镑等。

外汇现汇贷款在整个外汇贷款中占很大的比重,它是外贸企业在经营进出口业务中普遍选择的融资方式之一。外汇现汇贷款的种类既包括短期贷款,也包括中长期贷款。外汇贷款与人民币贷款比较而言具有以下特点:①借外汇必须还外汇,用外汇偿还借款本息。②申请外汇借款的必须是有外汇收入或者外汇来源的单位,有可靠的外汇来源和按期偿还本息的能力,并提出有依据的归还贷款本息的计划。③外汇借款主要用于引进国外先进技术、设备、进口原材料、辅料等;用于对外加工装配、补偿贸易、对外承包工程,以及其他出口创汇等生产经营活动中所需外汇资金。

(2) 外汇借款业务的会计处理。企业从金融机构借入外币时,按照借入外币时的市场汇率折算为记账本位币入账,并按照借入外币的金额登记相关的外币账户,同时确认相关负债。

【例1-5】 某企业2022年1月初从××银行借入半年期外汇现汇贷款100 000美元,借入的外币暂存银行。借入的市场汇率为1美元=6.40人民币元,借款年利率为4.8%。该企业对外币业务采用外币业务发生时的市场汇率核算。编制会计分录如下:

借:银行存款——美元户(100 000美元)   640 000
  贷:短期借款——××银行——美元户(100 000美元)   640 000

【例1-6】 承[例1-5],1月末,该企业计提该月利息400美元。汇率为1美元=6.45人民币元。编制会计分录如下:

借:财务费用——利息费   2 580
  贷:应付利息——外汇借款利息——美元户(400美元)   2 580

【例1-7】 承[例1-5],半年后,外汇贷款到期,偿还本息,汇率为1美元=6.525人民币

元。编制会计分录如下:

借:短期借款——××银行——美元户(100 000美元)　　　　652 500
　　应付利息——外汇借款利息——美元户(2 400美元)　　　　15 660
　　贷:银行存款——美元户(102 400美元)　　　　　　　　　　　668 160

4. 接受外币资本投资的会计处理

根据《企业会计准则——应用指南》的规定,企业收到投资者以外币投入的资本,应当采用交易发生日即期汇率折算,不得采用合同约定汇率和即期汇率的近似汇率折算,外币投入资本与相应的货币性项目的记账本位币金额之间不产生外币资本折算差额。

【例 1-8】 乙公司与外商签订的投资合同中规定,外商分次投入外币资本。乙公司第一次收到外商投入资本 300 000 美元,当时的市场汇率为 1 美元=6.25 人民币元;第二次收到外商投入资本 300 000 美元,当时的市场汇率为 1 美元=6.10 人民币元。编制会计分录如下:

第一次收到外币资本时:

借:银行存款——美元户(300 000美元)(300 000×6.25)　　　1 875 000
　　贷:实收资本　　　　　　　　　　　　　　　　　　　　　　　　1 875 000

第二次收到外币资本时:

借:银行存款——美元户(300 000美元)(300 000×6.10)　　　1 830 000
　　贷:实收资本　　　　　　　　　　　　　　　　　　　　　　　　1 830 000

任务 1.3　进行汇兑损益的计算和账务处理

一、任务布置

【任务 1-3】 进行外汇业务的期末账务处理

承[任务 1-2],为宏达公司进行外汇业务期末汇兑损益的计算与会计结转处理。

二、知识链接

(一) 汇兑损益的概念及产生

汇兑损益是指企业进行外币业务会计处理时,由于采用不同的汇率换算而产生的折合成记账本位币金额上的差额。

汇兑损益的产生主要有两个途径,即外币兑换损益和期末汇兑损益。外币兑换损益是企业外币兑换中因采用的买入或者卖出汇率与入账价值(市场汇率,通常为中间汇率)不同而产生的。其计算和会计处理见任务 1.2。期末汇兑损益是持有外币货币性资产和负债期间,由于期末市场汇率或者结算日市场汇率与业务发生时的市场汇率不同而产生的记账本位币账户的期末余额之间的差额。

按规定,各外币货币性账户均要设置复币式账页对各外汇账户进行复币记账,即外币业务发生时,一方面要按外币原币登记有关外汇账户,另一方面又要将外币金额按该外币业务发生时的市场汇率(也可以采用外币业务发生当期期初的市场汇率)折算为记账本位币金额入账。由于市场汇率的波动,各会计期末(月末、季末或年末)为真实反映各外币性资产负债的期末价值,对于各外币货币性账户的期末余额又要按期末市场汇率将其折算为记账本位币金额,这种由于市场汇率变动而引起的外币资产或者负债的价值变动产生损益即为期末汇兑损益。

(二) 汇兑损益的计算和结转方法

外贸企业外币业务按汇兑损益计算和结转的时间不同可以分为逐笔结转法和集中结转法两种。

1. 逐笔结转法

逐笔结转法是指企业每结清外币债权债务业务一次,就计算并结转一次汇兑损益的方法。

采用逐笔结转法,平时发生的外币业务,对外币债权、债务等外币货币性项目的入账汇率,通常按当日市场汇率的中间价折算,结清债权、债务日的出账汇率如与原账面汇率不同时,就立即计算并结转该笔业务的汇兑损益。至期末,再将所有的外币账户的期末原币金额,按当日公布的市场汇率的中间价折算的金额作为该外币账户的记账本位币金额。该折算余额与外币账户原记账本位币之间的差额作为汇兑损益予以转销。

逐笔结转法的要点是对外币货币性资产负债账户,发生时的入账汇率采用业务发生时的即期汇率,结清债权、债务的出账汇率采用原外币债权、债务账户的账面汇率(即出账汇率用原数),从而能够分别反映各笔发生的汇兑损益。该方法核算的工作量较大,适用于外币业务不多,但每笔业务交易金额较大的企业。

2. 集中结转法

集中结转法是指对外币货币性资产、负债账户,无论是发生还是结算都按当日的市场汇率核算相关的外币账户,至期末,再将所有外币账户的期末外币余额按当日公布的市场汇率的中间价计算的金额作为该外币账户的记账本位币余额,该余额与外币账户原记账本位币金额之间的差额作为汇兑损益,予以集中一次转销的方法。

【例 1-9】 2022 年 1 月 1 日,某电器进出口公司"应收外汇账款"账户的余额为 100 000 美元,汇率为 1 美元=6.32 人民币元,折合人民币为 632 000 元。该公司 2022 年 1 月发生有关的经济业务如下:

(1) 12 日,销售给美国甲公司电器一批,发票金额为 50 000 美元,当日美元汇率的中间价为 1 美元=6.30 人民币元。编制会计分录如下:

借:应收账款——应收外汇账款(50 000 美元)　　　　　　　　　　315 000
　　贷:主营业务收入——自营出口销售收入　　　　　　　　　　　315 000

(2) 18 日,银行收妥上月结欠外汇账款 100 000 美元,转来收汇通知,当日美元汇率的中间价为 1 美元=6.27 人民币元。编制会计分录如下:

借:银行存款——外币存款(100 000 美元)　　　　　　　　　　　627 000
　　贷:应收账款——应收外汇账款(100 000 美元)　　　　　　　　627 000

(3) 25 日,销售给美国乙公司电器一批,发票金额为 60 000 美元,当日美元汇率的中间价为 1 美元=6.25 人民币元。编制会计分录如下:

借:应收账款——应收外汇账款(60 000 美元)　　　　　　　　　　375 000
　　贷:主营业务收入——自营出口销售收入　　　　　　　　　　　375 000

(4) 31 日,美元市场汇率中间价为 1 美元＝6.26 人民币元。汇兑损益的计算如下:

应收外汇账款按期末市场汇率计算的记账本位币余额＝(100 000＋50 000－100 000＋60 000)×6.26
＝688 600(元)

应集中结转的汇兑损益＝688 600－(632 000＋315 000－627 000＋375 000)
＝－6 400(元)

根据计算的结果结转汇兑损益,作分录如下:

借:财务费用——汇兑损益　　　　　　　　　　　　　　　　　　　　　6 400
　　贷:应收账款——应收外汇账款　　　　　　　　　　　　　　　　　　6 400

(三) 期末汇兑损益的计算与账务处理

按《企业会计准则》,各会计期末,对外币货币性项目和外币非货币性项目进行的账务处理不同。

1. 外币货币性项目

对外币货币性项目,采用资产负债表日即期汇率折算。因汇率变化而产生的汇兑差额作为财务费用,计入当期损益;同时调增或者调减外币货币性项目的记账本位币金额。

2. 外币非货币性项目

其期末账务处理具体分以下两种情况:

(1) 对以历史成本计量的外币非货币性项目,仍采用交易发生日的即期汇率折算,不改变其记账本位币金额,不产生汇兑差额。

(2) 对以公允价值计量的外币非货币性项目,如交易性金融资产(股票、基金等),汇率变动对其的影响一并计入公允价值变动损益。

(四) 外币货币性项目期末汇兑损益的计算程序

月末,对外币货币性资产和负债账户(外币现金、外币银行存款和用外币结算的债权、债务账户)的期末余额应按期末市场汇率进行调整,其计算过程如下:

(1) 月末结出各外币账户的账面外币余额及其记账本位币余额。

(2) 计算各外币账户期末应折合的记账本位币余额。其计算公式如下:

各外币账户期末应折合的记账本位币余额 ＝ 期末各外币账户的外币余额×期末市场汇率　　(1-1)

(3) 计算各外币账户当期期末汇兑损益。其计算公式如下:

各外币账户当期期末汇兑损益＝各外币账户期末应折合的记账本位币余额
－各外币账户的账面记账本位币余额　　(1-2)

式(1-2)中,若各外币账户期末应折合的记账本位币余额＞各外币账户的账面记账本位币余额,对资产类账户来说是收益,对负债类账户来说是损失;反之,则对资产类账户来说是损失,对负债类账户来说是收益。式(1-2)也可表示如下:

某外币账户期末汇兑损益＝外币账户的期末外币余额×期末市场汇率－(期初账面记账本位币余额
＋本期外币增加发生额×折算汇率－本期外币减少发生额×折算汇率)

(五) 实例

【例 1-10】 宏达公司对外币业务采用发生时的市场汇率折算,按月计算汇兑损益。2022 年

6月30日,市场汇率为1美元=6.25人民币元。2022年6月30日,该公司有关外币账户期末余额如表1-3所示。

表1-3　　　　　　　　　　　外币账户期末余额
2022年06月30日

项目	外币金额(美元)	折算汇率	折合人民币金额(元)
银行存款	100 000		625 000
应收账款	500 000	6.25	3 125 000
应付账款	200 000		1 250 000

宏达公司2022年7月发生外币业务(不考虑增值税等相关税费)相应的计算和会计处理如下:

(1) 15日,收到某外商投入的外币资本500 000美元,当日的市场汇率为1美元=6.24人民币元,款项已由银行收存。编制会计分录如下:

借:银行存款——外币存款(500 000美元)　　　　　　　　　　　　　3 120 000
　　贷:实收资本　　　　　　　　　　　　　　　　　　　　　　　　　　　3 120 000

(2) 18日,进口一台机器设备,设备价款为400 000美元,尚未支付,当日的市场汇率为1美元=6.23人民币元。该机器设备正处在安装调试过程中,预计将于半年后完工交付使用。编制会计分录如下:

借:在建工程　　　　　　　　　　　　　　　　　　　　　　　　　　　　2 492 000
　　贷:应付账款——应付外汇账款(400 000美元)　　　　　　　　　　　2 492 000

(3) 20日,对外销售产品一批,价款共计200 000美元,当日的市场汇率为1美元=6.20人民币元,款项尚未收到。编制会计分录如下:

借:应收账款——应收外汇账款(200 000美元)　　　　　　　　　　　1 240 000
　　贷:主营业务收入　　　　　　　　　　　　　　　　　　　　　　　　　1 240 000

(4) 28日,以外币存款偿还6月份发生的应付账款200 000美元,当日的市场汇率为1美元=6.21人民币元。编制会计分录如下:

借:应付账款——应付外汇账款(200 000美元)　　　　　　　　　　　1 242 000
　　贷:银行存款——外币存款(200 000美元)　　　　　　　　　　　　1 242 000

(5) 31日,收到6月份发生的应收账款300 000美元,当日的市场汇率为1美元=6.28人民币元。

借:银行存款——外币存款(300 000美元)　　　　　　　　　　　　　1 884 000
　　贷:应收账款——应收外汇账款(300 000美元)　　　　　　　　　　1 884 000

(6) 7月份,各外币账户发生的汇兑损益净额计算如下:

银行存款汇兑损益金额=(100 000+500 000-200 000+300 000)×6.28-
(625 000+3 120 000-1 242 000+1 884 000)
=4 396 000-4 387 000=9 000(元)

应收账款汇兑损益金额 = (500 000 + 200 000 − 300 000) × 6.28 − (3 125 000 + 1 240 000 − 1 884 000)

= 31 000(元)

应付账款汇兑损益金额 = 400 000 × 6.28 − (1 250 000 + 2 492 000 − 1 242 000)

= 12 000(元)

汇兑损益净额 = 9 000 + 31 000 − 12 000 = 28 000(元)

(7) 编制期末记录汇兑损益的会计分录如下：

借：银行存款——外币存款　　　　　　　　　　　　　　　　　9 000
　　应收账款——应收外汇账款　　　　　　　　　　　　　　　31 000
　贷：应付账款——应付外汇账款　　　　　　　　　　　　　　12 000
　　　财务费用——汇兑损益　　　　　　　　　　　　　　　　28 000

最新政策

(1)《商务部 中国人民银行 国家外汇管理局关于支持外经贸企业提升汇率风险管理能力的通知》。2022年5月26日，商务部、中国人民银行、国家外汇管理局联合发布该通知。其主要内容包括：一是充分认识汇率风险管理重要意义，聚焦"急难愁盼"出台针对性措施；二是加强宣传和培训，帮助企业树立汇率"风险中性"理念；三是完善汇率避险产品服务，进一步提升人民币跨境结算的便利性；四是建立"政银企"对接机制，精准服务中小微外经贸企业；五是发挥财政资金引导作用，降低企业综合成本。

(2)《中国人民银行关于支持外贸新业态跨境人民币结算的通知》（银发〔2022〕139号）。该通知是为了贯彻落实《国务院办公厅关于加快发展外贸新业态新模式的意见》（国办发〔2021〕24号），进一步发挥跨境人民币结算业务服务实体经济、促进贸易投资便利化的作用，支持外贸新业态发展。

练 习 题

一、单项选择题

1. 甲股份有限公司对外币业务采用业务发生时的即期汇率折算，按月计算汇兑损益。2022年3月20日，该公司向银行购入240万美元，银行当日的美元卖出价为1美元=7.25人民币元，当日市场汇率为1美元=7.21人民币元。2022年3月31日的市场汇率为1美元=7.22人民币元。甲股份有限公司购入的该240万美元于2022年3月所产生的汇兑损失为（　　）万人民币元。

A. 2.40　　　　　　B. 4.8　　　　　　C. 7.20　　　　　　D. 9.60

2. 某中外合资企业注册资本为400万美元，合同约定分两次投入。中、外投资者分别于2022年1月1日和3月1日投入300万美元和100万美元。2022年1月1日、3月1日、3月31日和12月31日美元对人民币的汇率分别为1∶7.20、1∶7.25、1∶7.24和1∶7.30。假定该企业采用人民币作为记账本位币，外币业务采用业务发生日的汇率折算。该企业2022年年末资产负债表中"实收资本"项目的金额为（　　）万人民币元。

  A. 2 880　　　　　B. 2 896　　　　　C. 2 885　　　　　D. 2 920

 3.《企业会计准则》规定当核算外币往来账款时,记账汇率应采用（　　）。

  A. 账面汇率　　　B. 年初汇率　　　C. 实际汇率　　　D. 即期汇率

 4. 收到以外币投入的资本时,其对应的资产账户采用的折算汇率是（　　）。

  A. 即期汇率的近似汇率　　　　　　　B. 第一次收到外币资本时的折算汇率

  C. 交易日即期汇率　　　　　　　　　D. 投资合同约定汇率

 5. 甲外贸企业银行存款（美元）账户上期期末余额 50 000 美元,市场汇率为 1 美元＝7.30 人民币元,该企业采用当日市场汇率作为记账汇率,该企业本月 5 日将其中 10 000 美元在银行兑换为人民币,银行当日美元买入价为 1 美元＝7.25 人民币元,当日市场汇率为 1 美元＝7.32人民币元。该企业本期没有其他涉及美元账户的业务,期末市场汇率为 1 美元＝7.28 人民币元。则该企业本期登记的财务费用（汇兑损失）共计（　　）人民币元。

  A. 2 000　　　　　B. 700　　　　　　C. 1 300　　　　　D. －100

 6. 汇兑差额的产生主要有两个途径,即（　　）。

  A. 外币兑换差额及期末汇兑差额的计算　　B. 外币折算及外币差额的计算

  C. 外币折算及期末汇兑差额的计算　　　　D. 外币兑换及外币差额的计算

二、多项选择题

1. 汇率按标价方法分为（　　）。

  A. 买入汇率　　　B. 中间汇率　　　C. 卖出汇率　　　D. 账面汇率

  E. 即期汇率

2. 下列各项中,属于外汇的有（　　）。

  A. 外国货币　　　　　　　　　　　　B. 以外币购入的资产

  C. 外币有价证券　　　　　　　　　　D. 需要以外币支付的债务

  E. 特别提款权

3. 在以人民币为记账本位币的外贸企业中,需要以复币核算并可能产生汇兑损益的项目有（　　）。

  A. 外国货币　　　　　　　　　　　　B. 以外币购入的实物资产

  C. 外币有价证券　　　　　　　　　　D. 需要以外币支付的债务

  E. 出口销售收入

4. 外贸企业所发生的外汇业务,其主要内容包括（　　）。

  A. 外贸企业购买或者销售以外币计价的商品和劳务

  B. 外贸企业的外币借贷业务

  C. 外贸企业核算人员调动业务

  D. 外贸企业的外币兑换业务

  E. 外贸企业拥有、承担的外币债权、债务业务

5. 下列项目中,企业应当计入当期损益的有（　　）。

  A. 兑换外币时发生的折算差额

  B. 外币非货币性项目的期末折算差额

  C. 外币应收账款账户期末折算差额

D. 外币会计报表折算差额

E. 外币债务账户的期末折算差额

6. 按我国现行《企业会计准则》的规定,在集中结转汇兑损益的前提下,企业发生的外币业务中,平时就可能产生汇兑差额的有(　　)。

A. 企业将外币出售给银行　　　　B. 企业从银行买入外币

C. 外币投入资本业务　　　　　　D. 外币借贷业务

E. 外币购销业务

三、实务题

1. 在已有现汇的条件下,A 企业决定把 10 000 美元兑换为人民币。2022 年 6 月 24 日,中国银行当天的美元买入价为 1 美元＝6.817 3 人民币元,中间价为 1 美元＝6.831 8 人民币元,卖出价为 1 美元＝6.846 3 人民币元。

要求:在期末集中结转汇兑损益的情况下,作相关账务处理。

2. B 企业持有效凭证从银行申请购入 50 000 美元,银行当日的美元买入价为 1 美元＝6.817 3人民币元,中间价为 1 美元＝6.831 8 人民币元,卖出价为 1 美元＝6.846 3 人民币元。

要求:在期末集中结转汇兑损益的情况下,作相关账务处理。

3. C 企业与外商签订的投资合同中规定外商分次投入外币资本。2022 年 6 月 1 日,C 企业第一次收到外商投入资本 300 000 美元,当时的市场汇率为 1 美元＝6.85 人民币元;2022 年12 月 1 日,C 企业第二次收到外商投入资本 300 000 美元,当时的市场汇率为 1 美元＝6.78 人民币元。

要求:作企业接受投资的相关会计处理。

4. 某外贸公司对外币交易采用交易日即期汇率折算,2022 年 4 月,该公司发生如下经济业务:

(1) 为扩大进口,经批准向中国银行借入短期外汇借款 80 000 美元,年利率为 6%,半年期。外汇存款已转入结算户存款,当日汇率为 1 美元＝6.72 人民币元。

(2) 每月月末计提借款利息 400 美元,当日汇率为 1 美元＝6.74 人民币元。

(3) 借款到期,企业归还借款本息共计 82 400 美元,当日银行汇率为 1 美元＝6.75 人民币元。

要求:编制上述业务的会计分录。

5. 甲公司外币交易采用业务发生时的市场汇率进行折算,并按月计算汇兑损益。2022 年12 月 1 日,市场汇率为 1 美元＝6.76 人民币元,该公司有关外币账户期初余额如表1-4 所示。

表 1-4　　　　　　　　　　外币账户期初余额

2022 年 12 月 01 日

项　目	外币账户金额(美元)	汇率	记账本位币金额(人民币元)
银行存款	200 000	6.76	1 352 000
应收账款	100 000	6.76	676 000
应付账款	50 000	6.76	338 000

甲公司 2022 年 12 月发生如下外币业务(假设不考虑有关税费):

(1) 5日,对外赊销产品1 000件,每件单价为200美元,当日的市场汇率为1美元=6.78人民币元。

(2) 10日,从银行借入短期外币借款180 000美元,款项存入银行,当日的市场汇率为1美元=6.80人民币元。

(3) 12日,从国外进口原材料一批,价款共计220 000美元,款项用外币存款支付,当日的市场汇率为1美元=6.83人民币元。

(4) 18日,赊购原材料一批,价款总计160 000美元,款项尚未支付,当日的市场汇率为1美元=6.78人民币元。

(5) 20日,收到12月5日赊销货款100 000美元,当日的市场汇率为1美元=6.79人民币元。

(6) 31日,偿还借入的短期外币借款180 000美元,当日的市场汇率为1美元=6.77人民币元。

(7) 期末计算汇兑损益。

要求:请作上述业务的会计处理。

6. 亚美联国际贸易公司为一般纳税企业,以人民币为记账本位币,对外币交易采用交易日即期汇率折算,期初汇率为1美元=6.50人民币元。该公司2022年12月1日的有关账户余额如表1-5所示。

表1-5　　　　　　　　有关账户余额
2022年12月01日

编号	账户名称	美元金额(美元)	人民币金额(元)	编号	账户名称	美元金额(美元)	人民币金额(元)
100201	银行存款——人民币户			2102	短期借款		3 503 000.00
100202	银行存款——美元户	910 000.00	5 915 000.00	213101	应付外汇账款	48 000.00	312 000.00
124101	库存商品——甲商品		3 900 000.00	3101	实收资本		6 000 000.00
	合　计		9 815 000.00		合　计		9 815 000.00

该公司2022年12月发生的有关业务如下:

(1) 5日,根据合同规定对外出口甲商品一批,计20 000件,每件成本计人民币195元(不含增值税),该商品外销价格为每件50美元,当日交单,确认收入并结转出口成本。当日即期汇率为1美元=6.46人民币元。

(2) 12日,从日本进口Y材料3 600吨,每吨到岸价格(CIF价)为35美元,当日即期汇率为1美元=6.48人民币元,货款以外汇银行存款支付。

(3) 25日,以外汇银行存款偿还欠国外利达公司货款48 000美元,当日即期汇率为1美元=6.45人民币元。

(4) 31日,即期汇率为1美元=6.42人民币元。

要求:采用高信财税管理软件最新版进行下述操作:

(1) 新建"汇兑损益练习"账套,过入期初余额并试算平衡。

(2) 根据该公司上列各项业务,编制必要的会计分录。

(3)将以上四笔业务审核并记账后,按期末市场汇率用高信财税管理软件最新版进行调汇,并对调汇会计分录进行审核记账。

(4)对损益类账户用软件进行自动转账。

(5)手工计算上列各外币账户期末应调整的汇兑损益的调整金额(应列示计算过程),编制必要期末调整会计分录,并与高信财税管理软件生成的结果进行比较。

项目 1 学习报告

班级:_____　　姓名:_____　　学号:_____　　成绩:_____

学习目标	学习要点	
知识目标	学完本项目后,学生应该掌握以下几点: 1. 外汇的概念	知识点列示: 1.
	2. 汇率的标价方法	2.
	3. 汇率的种类	3.
	4. 外汇业务日常账务处理的四种情况	4.
	5. 汇兑损益的两种结转方法	5.
技能目标	请写出外币货币性项目期末汇兑损益的计算程序。	
素养目标	请阐述外汇业务在账务处理上与一般业务之间存在的差异。学生应掌握外汇业务的新政策,培养对国家最新政策获取与应用的能力。	

项目 2

出口业务

◎【重点和难点】

1. 掌握贸易出口的整体业务流程;掌握国际贸易结算工具、国际贸易结算方式和国际贸易价格术语。
2. 掌握自营出口业务,从出口商品的购进、发出,到报关出口销售、收汇结汇,直到出口退税的整个业务流程的全套账务处理。
3. 掌握出口退税的基本原理与账务处理。
4. 掌握代理出口业务的业务流程与各业务环节的账务处理。

◎【知识点思维导图】

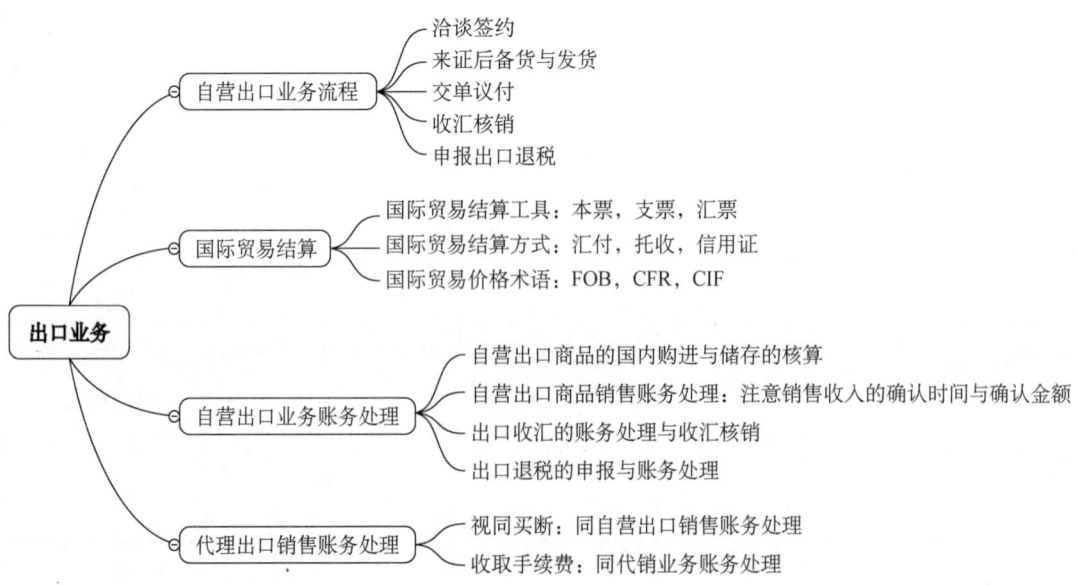

思政引领

出口退税:十年大提速

按照国务院常务会议部署,国家税务总局发布通知要求,自2022年6月20日至2023年6月30日,对信用好的一类、二类企业加快办理出口退(免)税,平均时间压缩到3个工作日以内。这份通知,直接把现行的出口退税办理平均时间从6个工作日以内大幅压缩到3个工作日以内,出口退税再次"提速",为促进我国外贸保稳提质注入强劲信心和动力。由10年前的半个月到现在的3个工作日,十年出口退税大提速,为中国连续保持世界货物贸易第一大国的地位,发挥了"四两拨千斤"的作用。税务部门在出口退税办理流程上"减环节",在办理手续上"减材料",在办理系统上"无纸化",在办理渠道上"非接触",确保出口退税业务办理"跑得稳、跑得好、跑得快"。

用税收政策落实稳外贸发展,用出口退税速度保市场主体,能有力保障出口企业盘活资金、稳产稳销、逆风拓市。十年来,我国税务部门不断压缩出口退税办理时限,极大地降低了企业经营成本,提升了我国外贸企业出口产品的国际竞争力。

【讨论】及时学习、充分理解并全面贯彻这些新政策,有助于将国家出台的政策及时落实到企业。请同学们浏览国家税务总局网站,列举今年的税收新政策,并谈谈这些税收新政策对企业的影响。

任务2.1 了解出口业务流程

一、任务布置

【任务2-1】 辨识出口业务流程及涉及单证

李明是宏达公司的一名新进员工,现在主要从事办理公司的出口业务,但是他对于出口业务办理流程不熟悉。通过请教主管出口业务的负责人和查询资料,李明对办理出口业务的流程进行详细的了解,并整理了一张详细流程图(图2-1)。

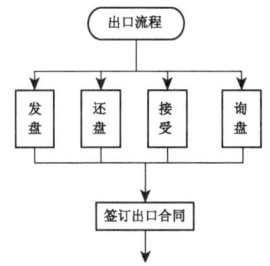

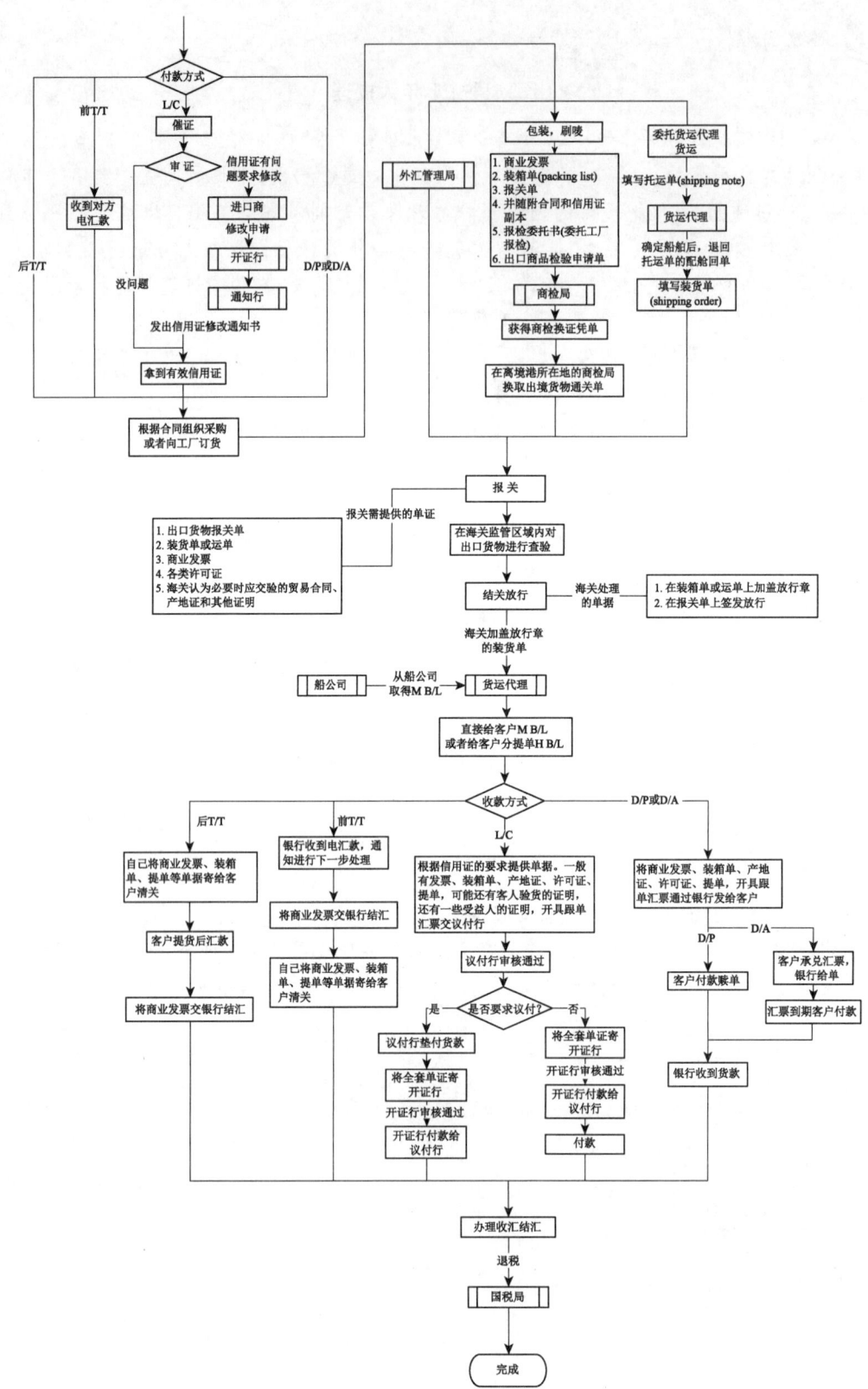

图 2-1 出口业务流程

要求:根据图2-1,讨论并回答以下问题:
(1) 一笔完整的出口业务流程包括哪些环节?
(2) 图2-1中涉及若干单证,国际贸易买卖主要体现为单证买卖,请指出该图中涉及的出口贸易的单证类型。
(3) 请辨识常见的出口贸易单证。

二、知识链接

(一) 出口贸易业务的种类

出口贸易在国民经济中占有重要地位,对于国民经济的发展起着重要的作用。出口贸易是国家取得外汇收入的主要来源;出口是进口的基础;出口是发展外向型经济、参与国际经济竞争的必要条件;出口是调整我国产品结构,取得比较利益,充分利用两个市场、两种资源来加快我国自身发展的必要手段。

出口贸易按其贸易方式不同,一般可以分为自营出口、代理出口、加工补偿出口、援外出口等。本章节重点介绍自营出口业务和代理出口业务。

1. 自营出口业务

自营出口是指出口企业自行经营的商品出口业务,亦即企业自备出口货源、自负出口盈亏的出口业务,是外贸企业的主营业务。企业在取得出口销售收入、享受出口退税的同时,要承担出口商品的进价成本和出口贸易有关的一切外国费用、佣金支出,并且还要对索赔、理赔、罚款等事项加以处理。

2. 代理出口业务

代理出口是指具有进出口经营权的企业接受其他单位的委托,代办对外销售及交单结汇或者同时代办发运、制单等工作。注意代理出口销售与代办出口销售业务的区别。代办业务是只代委托方办理对外销售成交而不负责办理制单结汇,或者只代委托方办理出运、加工、整理、改装等部分工作。

(二) 出口贸易业务的流程

出口贸易业务的流程一般包括以下主要环节。

1. 洽谈阶段

企业可以通过参加各种商品交易会、展览会、博览会等方式,或者通过互联网等方式与外商取得联系,组织对外成交,洽谈价格、交货与支付条件。

2. 签约阶段:签订出口合同,组织出口货源

企业应根据已签订的出口合同,并根据合同要求的商品品种、质量、数量、包装及交货期等,积极向生产部门或供货单位安排购进及催交货物,衔接货源,组织出口。

3. 来证与备货阶段

办理托收或催证、审证,出口销售合同规定采用托收方式结算的,应按合同准备货源并及时办妥托收手续;合同规定采用信用证方式结算的,企业在按合同组织准备出口货源的同时,及时敦促买方开出信用证;如来证有不妥之处,应立即电请对方修改。

4. 发货阶段

如合同规定运输由对方负责的,应及时通知对方派船(车)来接运;合同规定运输由我方负

责的,向运输公司办理托运手续;同时,合同中规定由我方负责投保的,应及时向保险公司办理投保,向商检局和海关申请报验,手续齐备后,即行装船(车)出运。

5. 交单议付阶段

交单是指外贸公司在办妥装运手续并取得正本提单或者运单后,备齐全套外来单证,加上自开发票汇票等,将全套单证送交银行索款。为加速收汇,防止单证出现差错,在装船(车)前,一般可将有关单证先送银行预审,待取得正本提单或者运单后,即可办理交单结汇手续。

6. 了结付款阶段

银行付款,外贸公司随后向相关税务部门申请出口退税。

7. 申办出口退税

出口货物退(免)税是指在国际贸易中货物输出国对输出境外的货物,免征其在本国境内消费时应缴纳的税金,或退还其按本国税法规定已缴纳的税金(增值税、消费税)。因此,企业出口的货物,除另有规定外,可在货物报关出口并在财务上作销售核算后,凭有关凭证,按月报送税务机关批准,退还或免征增值税和消费税。

8. 索赔理赔

境外客户在收到出口商品后,发现有与合同规定不符提出索赔时,应根据对方提供的合法证明,按照合同有关条款的规定认真加以处理。凡不属于我方责任范围或者不符合合同规定的索赔,应据理拒绝并说明理由。如应由国内供货单位负责的,应及时与该单位联系解决。如果由于境外客户未能按照合同规定履约,造成我方经济损失的,我方应立即向对方提出索赔,以挽回损失。

【温馨提示】

出口贸易业务的流程可以简化为图2-2。

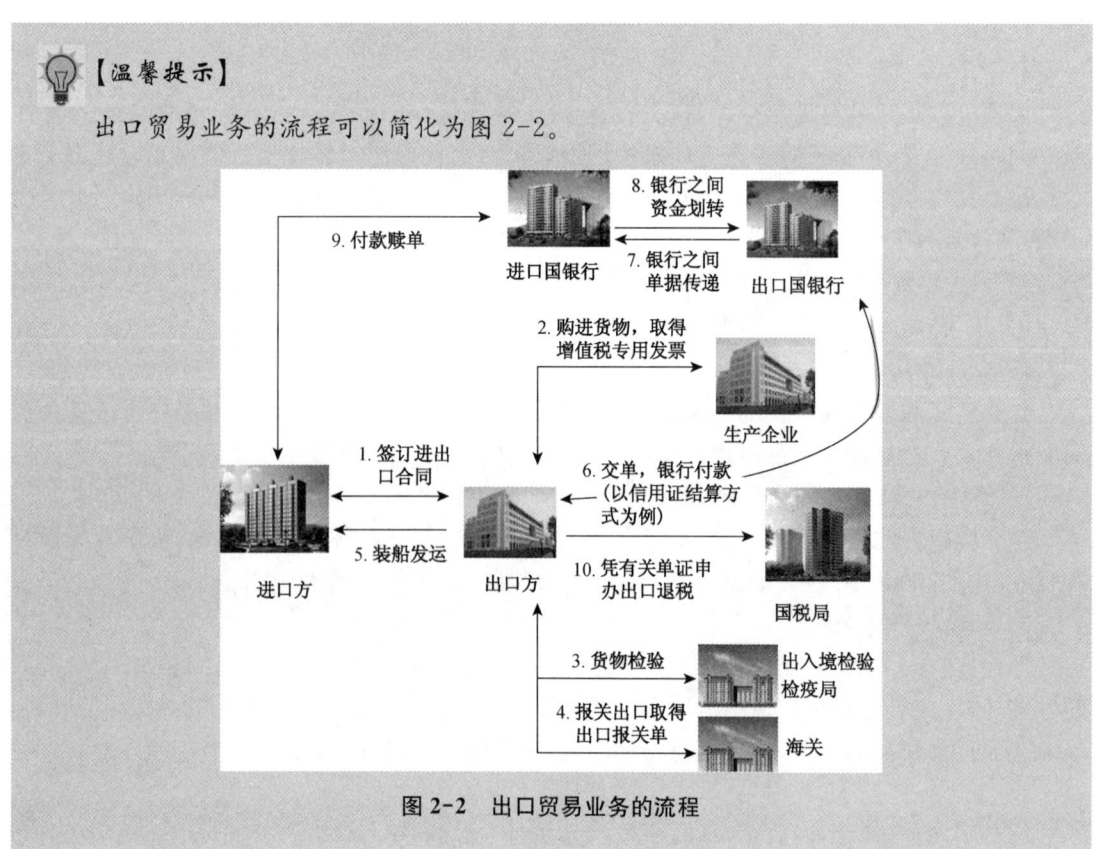

图2-2 出口贸易业务的流程

(三) 出口单证及其审核

出口贸易中使用的单据根据其用途可分两大类：一类为对内单据，即为办理出口手续而向海关提交的有关报关单据，如出口货物报关单、出口许可证；向保险公司申请保险的投保单；向承运人租船订舱所需的托运单据和商检所需的报验单据等。这些单据除少数情况外，主要是向国内有关机构或者部门（如海关、商检局、保险公司）提交，所以称之为对内单据。另一类是对外单据，即向银行议付或者向买方收款所需的单据，也称为结汇单据。一般来说，这些单据最后都要向国外开证行或者买方提交，所以称为对外单据。出口贸易中使用的单据主要包括以下几种类型的单据。

（1）贸易单据：主要有贸易发票、包装单据（如装箱单、重量单等）、检验单据（如检验证书、分析证书等）。其中最主要和最为常见的是贸易发票和装箱单。

（2）运输单据：主要有海运提单、航空运单、货物承运收据和邮包收据。其中最为常见的是海运班轮提单。

（3）保险单据：主要有保险单和保险凭证。

（4）金融单据：主要指货物买卖中用于结算的票据，主要有汇票、本票、支票三种。在国际贸易中，最为常见的是汇票。

（5）其他单据：如商检产地证、装船通知及有关证实文件等。

国际贸易是国际商品买卖，在实际业务中，主要体现为单据买卖。这是由于在国际贸易中，根据国际结算的有关规定，银行履行付款责任的依据，只凭单据而不是有关的货物。出口单证必须根据合同和信用证有关规定进行制作。在整套对外单据中，商业发票是全套出口单证的中心票据，汇票是清算货款的重要凭证，出口单证也是办理出口退税的重要依据。财会部门必须加强对出口单证的审核，以及出口销售金额、境外运输、保险、佣金等费用支出的核算。

(四) 国际贸易结算中的支付工具

支付工具又称支付手段，国际贸易中主要的支付工具是货币和票据。货币用于计价、结算和支付；票据则仅用于结算和支付。当代国际结算业务基本采用非现金结算方式，即使用票据作为支付工具。票据也称金融单据，主要包括汇票、本票和支票，其中汇票使用最多，以下重点介绍汇票。

1. 汇票的含义

按各国广泛引用或者参照的《英国票据法》规定，汇票是出票人以书面令受票人立即或者在一定时间内无条件支付一定金额给指定的受款人的一种书面支付命令。

《中华人民共和国票据法》规定，汇票是出票人签发的，委托付款人在见票时或者在指定日期无条件支付确定的金额给收款人或者持票人的票据。

2. 汇票的当事人

（1）出票人（drawer）就是开出汇票的人。在进出口业务中，出票人通常就是出口人。

（2）受票人（drawee）就是汇票的付款人（payer）。在进出口业务中，受票人通常就是进口人。

（3）受款人（payee）就是受领汇票所规定的金额的人。在进出口业务中，受款人通常就是出口人或者其指定的人。在西方国家，由于汇票可以自由转让，因此，汇票的受款人也可能是与原来的进出口交易毫无关系的第三者。

常见汇票的格式范例如图2-3所示。

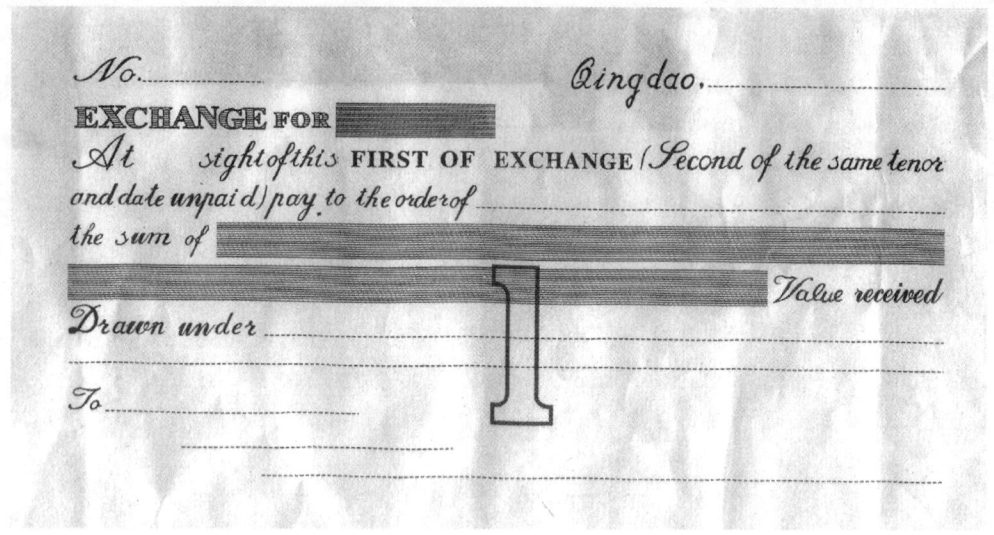

图 2-3 汇票

3. 金额与货币

汇票必须明确具体地规定受票人应付的金额,并注明使用的货币。在国际贸易中,汇票的金额原则上应在合同或者信用证金额的范围内,如无特殊规定,其具体金额和货币一般必须与发票金额和货币一致;否则,受票人有权拒付。

4. 付款时间

汇票需规定明确的付款时间,如"见票即付""见票后 30 天付款"等。

5. 汇票的种类

(1) 银行汇票(banker's bill)和商业汇票(commercial draft)。汇票按签发人的不同,可分为银行汇票和商业汇票。银行汇票是指由银行签发的汇票。它一般是银行应汇款人的要求,开立以汇入行为付款人的汇票,这种汇票一般由汇款人直接寄交收款人,凭票向汇入行取款。商业汇票是指由企业签发的汇票。在国际贸易中,凡由出口商签发,向进口商或者银行收取货款或者其他款项的汇票,都属商业汇票。

(2) 光票(clean bill)和跟单汇票(documentary draft)。汇票按流转时是否附有提单、发票、保险单等货运单据,可分为光票和跟单汇票两种。光票是指不附货运单据的汇票。即光票只凭汇票付款,不附交货运单据。跟单汇票是指附有货运单据的汇票。其作用在于,出票人必须提交约定的货运单据才能取得货款。受票人必须在付清货款或者提供一定保证后,才能取得货运单据,提取货物。

(3) 即期汇票(sight draft)和远期汇票(time draft)。汇票按付款时间的不同,可分为即期汇票和远期汇票两种。凡汇票上规定见票即行付款的称即期汇票,凡汇票上规定付款人在将来一个可确定的日期付款的,称远期汇票。远期汇票的付款日期有三种规定方法:一是规定付款人见票后(after sight)若干天付款,如见票后 30 天、60 天、120 天付款;二是在出票后(after date)若干天付款;三是在提单签发日期后(after bill of lading)若干天付款。

6. 汇票的使用程序

汇票的使用一般要经过出票、提示、承兑、付款等,如需转让,通常通过背书行为转让,持票人提示汇票要求承兑时遭到拒绝承兑,或者持票人要求付款时,遭到拒绝付款,均称拒付,也称退票。

?思考

图 2-4 和图 2-5 两张票据是国内业务的汇票,与国际汇票相比,存在哪些不同之处?

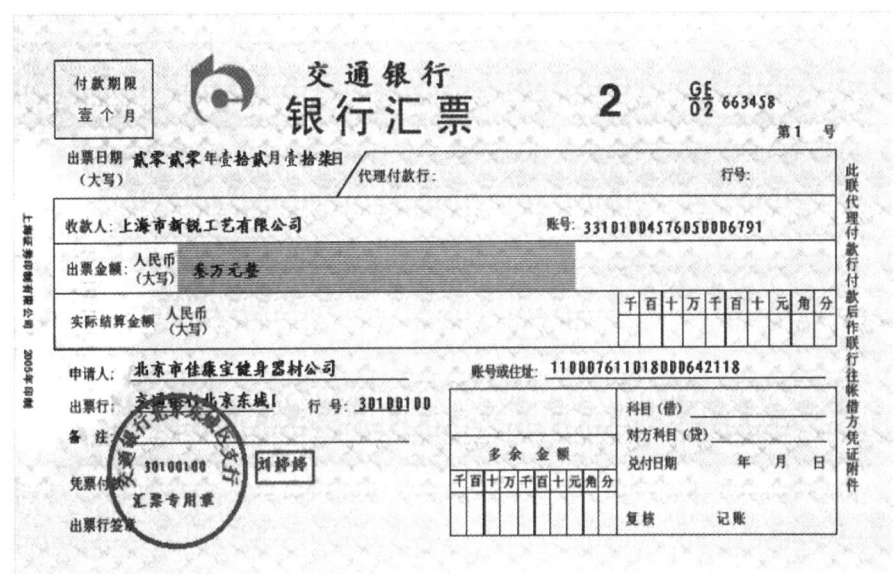

图 2-4 银行汇票

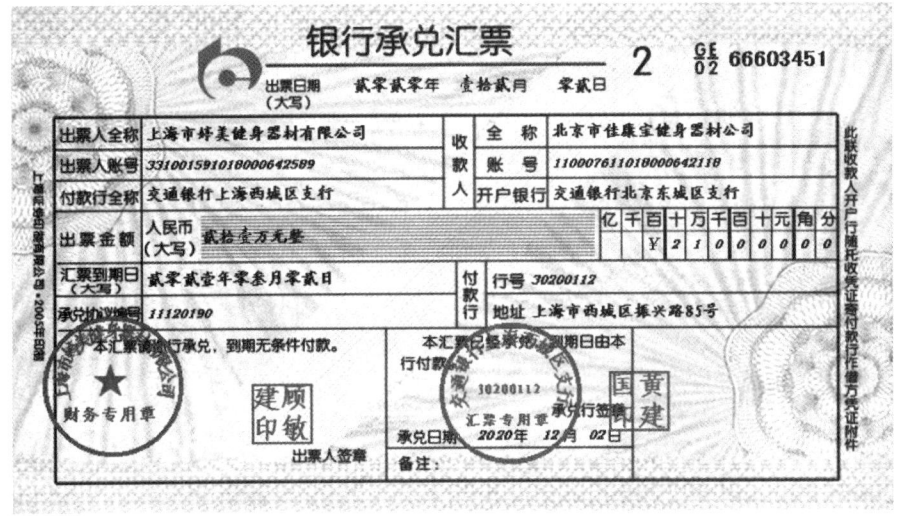

图 2-5 银行承兑汇票

任务 2.2　国际贸易结算方式与价格术语

一、任务布置

【任务 2-2】 辨识国际贸易结算方式

汇票是国际贸易结算中的支付工具,在[任务 2-1]的流程图中,汇款(T/T)、托收(D/P 或者 D/A)、信用证(L/C)三种结算方式下都出现了"汇票",请回答以下问题:

(1) 什么是汇票?
(2) 在三种结算方式下,出票人分别是出口方还是进口方?
(3) 在三种结算方式下,涉及的汇票是银行汇票还是商业汇票?
(4) 在三种结算方式下,涉及的汇票是即期汇票还是远期汇票?
(5) 在三种结算方式下,涉及的汇票是跟单汇票还是光票?
(6) 如果结算工具的传送方向和资金的流动方向相同就是顺汇;反之,则是逆汇。那么在三种结算方式中,哪些是顺汇?哪些是逆汇?

二、知识链接

(一) 国际贸易常用的结算方式

银行通过货币收付以清偿国家之间的债权、债务的行为称为国际结算。国际结算又分贸易结算和非贸易结算两种。前者主要是指进出口贸易货款结算;后者是指除贸易结算以外(如劳务供应、旅游费、外事往来费等)收支的结算。由于国际结算关系以贸易为主,因此贸易结算就成为国际结算的主要内容。

国际结算方式是国家之间清算债权债务进行货币收付的方式,也叫国际支付方式。国际结算方式,一般地说,应该包括结算款项支付的时间、地点、条件和使用的信用工具及其传递程序。

国际贸易结算方式主要包括以下几种。

1. 汇款结算方式

汇款(remittance)又称汇付,是付款人委托所在国银行,将款项汇交给异地或者境外债权人或者收款人的一种委托银行付款结算方式。在汇款方式下,结算工具(委托通知或者汇票)的传送方向与资金的流动方向相同,因此称为顺汇。汇往境内异地的汇款称国内汇款,汇往境外的汇款称为国际汇款。

汇款结算方式一般都要涉及收付双方及双方所在地的银行四方当事人,即汇款人、收款人、汇出行、汇入行。

汇款结算方式一般分为三种,即电汇(telegraphic transfer, T/T)、信汇(mail transfer, M/T)和票汇(remittance by banker's demand draft, D/D)。

(1) 电汇(T/T)是汇出行以电报、电传或者 SWIFT(全球银行金融电讯协会)等电讯手段向汇入行发出付款委托的一种汇款方式。电汇包括前 T/T 与后 T/T 方式。前 T/T 是指卖方发货前买方 T/T 汇款的方式;后 T/T 是指卖方发货后买方 T/T 汇款的方式。

(2) 信汇(M/T)是以航空信函向汇入行发出付款委托的一种汇款方式。信汇在业务中较少使用。

电汇与信汇的流程如图 2-6 所示。

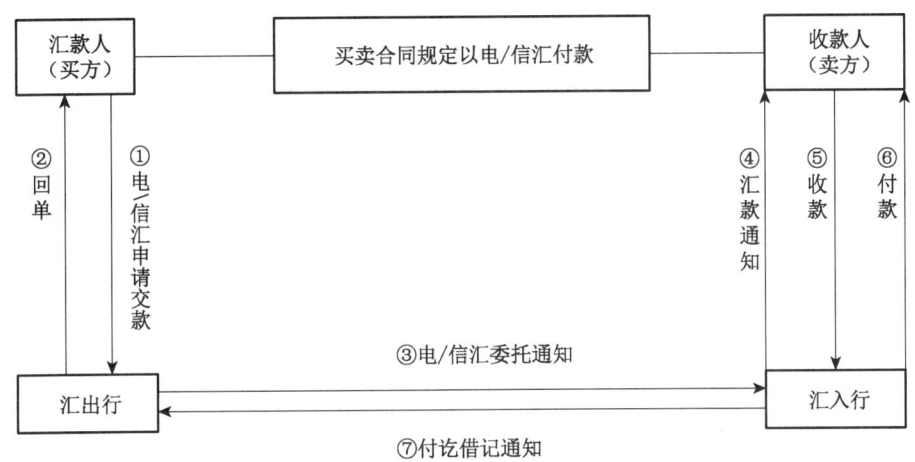

图 2-6 电汇与信汇的流程

(3) 票汇(D/D)是以银行即期汇票作为支付工具的汇款方式。票汇一般由进口方向本地银行购买银行汇票自行寄给出口方,出口方凭以向汇票上指定银行取款。

票汇的流程如图 2-7 所示。

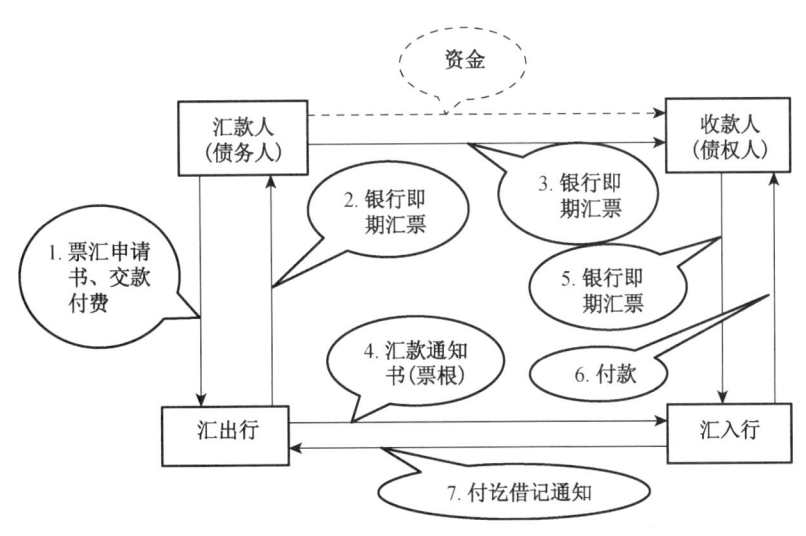

图 2-7 票汇的流程

票汇与电汇、信汇不同的地方:票汇的汇入行无须通知收款人取款,而由收款人向汇入行取款;汇票背书后可以转让,而信汇委托书则不能转让流通。

汇款是一种最普遍、最简单的结算方式,单位、个人均可委托银行办理,贸易结算和非贸易结算都能使用。

【温馨提示】
采用电汇方式,收款人能迅速收到款项,但电汇费用较高,因此只有较大金额或者时间紧急时采用;由于现代电子网络技术的发展,许多银行对进出口企业停办了信汇业务;票汇的特点是收款人在必要时可把汇票进行背书转让,比起信汇委托书不能流通转让有其便利之处。

2. 托收结算方式

托收(collection)是出口商在货物运出后,根据发票金额开具商业汇票等债权凭证,并连同其他单据一起交送银行,委托银行向进口商收款的一种结算方式。因托收是收款方主动发动,因此通常称为逆汇。托收的流程如图2-8所示。

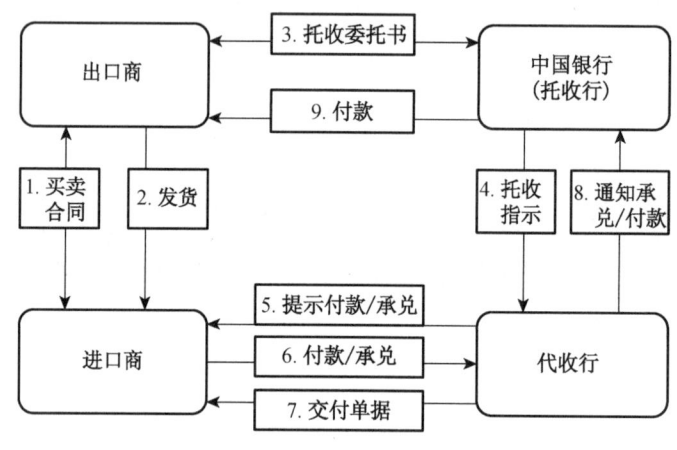

图 2-8 托收的流程

按汇票是否附有货运单据,托收结算方式分为光票托收与跟单托收。两者的主要区别在于是否附有货运单据(如海运提单等)、是否涉及货物物权转让问题。如果附带的仅是物权单证以外的商业单据(如发票),这仍然是光票托收。

根据银行放出单证的条件,跟单托收分为付款交单和承兑交单两种。付款交单(documents against payment,简称D/P)是指出口人的交单是以进口人的付款为条件。即出口人发货后,取得装运单据,委托银行办理托收,并指示银行只有在进口人支付货款后,才能把商业单据交给进口人。承兑交单(documents against acceptance,简称D/A)是指出口人的交单是以进口人在汇票上承兑为条件,即出口人在装运货物后开具远期汇票,连同商业单据,通过银行向进口人提示,进口人承兑汇票后,代收银行即将商业单据交给进口人,在汇票到期时,方履行付款义务。

承兑交单只适用于远期汇票的托收,其收款的保障只能取决于进口人的信用。付款交单要在付款后才能取得提货单;承兑交单则只要对汇票承兑即可换取提货单。

3. 信用证结算方式

所谓信用证(letter of credit,L/C),是指由开证行根据申请人(进口商)的要求和指示向受益人(出口商)开立的,保证如果出口商按照信用证的条款履行了自己的职责后,开证银行一定对其支付信用证上规定的款项的一种书面保证

信用证相关知识

文件。

信用证的流程如图 2-9 所示。

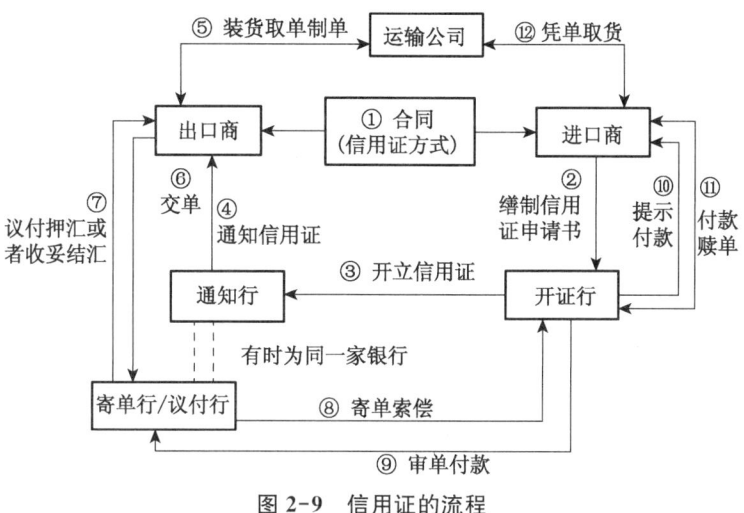

图 2-9 信用证的流程

根据国际商会第 600 号出版物(简称《UCP600》规定),信用证支付方式有以下三个特点:

(1) 信用证是一种银行信用,是开证行以自己的信用作出的承付保证。

(2) 信用证是独立于合同之外的一种自足的文件。按照一般国际惯例,信用证是以买卖合同为基础的,但它并不依附于买卖合同,而是独立于买卖合同之外的银行信用凭证。银行只对信用证负责,与买卖合同无关,也不受其约束。

(3) L/C 是一种纯单据的买卖。信用证支付的原则是单证严格相符,出口商交货后提交的单据,只要做到与信用证规定相符,"单证一致,单单一致",银行就保证支付货款。至于货物质量好坏、数量是否短缺等,都不在银行审核的范围。

按汇票是否随附货运单据,信用证分跟单信用证(documentary L/C)与光票信用证(clean L/C)。

跟单信用证是指开证行凭跟单汇票或者仅凭货运单据付款的信用证。货运单据是指代表货物或者证明货物已交运的单据。前者指海运提单、保险单和仓单等;后者指铁路运单、航空运单、邮包收据等。国际贸易所使用的信用证绝大部分是跟单信用证。

光票信用证是指开证行仅凭不附货运单据的汇票付款的信用证。有的信用证要求汇票附有非货运单据,如发票、垫款清单等,也属光票信用证。在采用信用证方式预付货款时,贸易双方通常使用光票信用证。

在信用证结算方式下,由于贸易双方都能得到一定的安全保障,在资金的头寸上也是双方各负担一部分,因此它是国际贸易结算中最普遍采用的方式。

【任务 2-2-1】 课堂思考

(1) 我国某公司从国外进口一批钢材,货物分两批装运,每批分别由中国银行开立一份 L/C。第一批货物装运后,卖方在有效期内向银行交单议付,议付行审后,即向外国商人议付货款,然后中国银行对议付行作了偿付。我方收到第一批货物后,发现货物品质与合同不符,因而要求开证行对第二份 L/C 项下的单据拒绝付款,但遭到开证行拒绝。

请问:开证行这样做是否有道理?

(2) 签订出口合同后就要考虑收款方式,有哪些国际结算方式?

(3) 作为出口商,你最乐意采用哪种收款方式?最不乐意采用哪种收款方式?为什么?

(二) 出口成交价格

【任务 2-2-2】 案例分析

我国某公司于 2022 年 8 月 2 日以 CIF 价格条件向新加坡出口一批货物。合同订立后,我方公司于 9 月 10 日将货物运到上海码头,9 月 14 日开始装上中国远洋运输公司的承运船舶,当天下午 5 时装船完毕。9 月 15 日承运船舶开航,10 月 2 日到达新加坡,10 月 6 日新加坡公司提货。

思考:我国公司何时完成交货义务?交货后若运输途中遇大风浪,货物部分损毁,损失由谁承担?运至新加坡目的港的运费由谁支付?保险费合同由谁签订?谁支付保险费?(若价格条件分别为 FOB 价和 CFR 价)

1. 出口成交价格条件

目前,国际贸易中进出口成交常用的价格条件有 FOB 价、CFR 价和 CIF 价三种。

(1) FOB 价。装运港船上交货(free on board,简称 FOB)价是一种传统的常用的国际贸易术语。采用这一贸易术语成交时,卖方需在合同规定的装货港和在规定的时间,将货物交到买方指定的船上,以履行其交货义务。买卖双方所承担的有关货物的费用和风险均以船舷为界,即货物在装运港装船越过船舷以前的风险和费用由卖方承担,越过船舷以后转移于买方,由买方承担。装运港船上交货条件,要求卖方负责出口结关手续,包括申领出口许可证、报关及缴纳出口关税等。FOB 价也称离岸价。

(2) CFR 价。成本加运费(cost and freight,简称 CFR)价是一种传统的常用的国际贸易术语。采用这一贸易术语成交时,卖方需负责签订将货物运输到目的地的运输合同,并支付运费,但货物风险都是在出口国的交货地点由卖方转移于买方,货物在运输途中的风险均由买方承担,因此,均属于装运合同而不属于到货合同。

(3) CIF 价。成本保险费加运费(cost insurance and freight,简称 CIF)价是一种传统的常用的国际贸易术语。采用这一贸易术语成交时,卖方除承担与"成本加运费"(CFR)相同的义务外,还应负责货物运输保险并支付保险费,但卖方的义务仅限于投保最低的保险险别,即平安险,至于货物的风险则与"成本加运费"(CFR)和船上交货(FOB)条件是一样的,都是在装运港船越过船舷时由卖方移转于买方。CIF 价也称到岸价。

以上 CFR 价及 CIF 价中的 C,都是 FOB 价(初步净额)。业务人员在国际贸易洽谈报价时,一般先要算出初步净额然后求最后报价。

【温馨提示】

实务中,FOB 价、CFR 价和 CIF 价三者之间会经常进行换算,换算关系如下:

(1) 若是 FOB 价换算为其他价,则有:

$$CFR 价 = FOB 价 + 国外运费$$

$$CIF 价 = (FOB 价 + 国外运费) \div (1 - 投保加成 \times 保险费率)$$

(2) 若是 CFR 价换算为其他价,则有:

$$\text{FOB 价} = \text{CFR 价} - \text{国外运费}$$
$$\text{CIF 价} = \text{CFR 价} \div (1 - \text{投保加成} \times \text{保险费率})$$

(3) 若是 CIF 价换算为其他价,则有:

$$\text{FOB 价} = \text{CIF 价} \times (1 - \text{投保加成} \times \text{保险费率}) - \text{国外运费}$$
$$\text{CFR 价} = \text{CIF 价} \times (1 - \text{投保加成} \times \text{保险费率})$$

此处的投保加成为在原来投保金额的基础上加一成,即加 10%。

【任务 2-2-3】 填表

请根据所学,填写 FOB 价、CIF 价、CFR 价的辨析表(表 2-1)。

表 2-1   FOB 价、CIF 价和 CFR 价辨析

项　目	FOB 价	CIF 价	CFR 价
风险转移			
运输保险费用支付			
出口结关手续			

2. 国际贸易术语解释通则

(1)《2000 年国际贸易术语解释通则》。有关贸易术语应用最为广泛的国际惯例是《2000 年国际贸易术语解释通则》(International Rules for the Interpretation of Trade Terms 2000),于 2000 年 1 月 1 日生效。在该通则中,按照卖方承担的责任、费用和风险愈来愈多分成了 4 组 13 个贸易术语,其中 E 组只包括 EXW,F 组包括 FCA、FAS 与 FOB 3 种,C 组包括 CFR、CIF、CPT 与 CIP 4 种,D 组包括 5 种。其中 FOB、CFR 与 CIF 只适合水运,构成了最常用的贸易术语,FCA、CPT 与 CIP 适合于各种运输方式,近几年发展迅速。13 个贸易术语分别是:工厂交货(EXW);货交承运人(FCA);船边交货(FAS);船上交货(FOB);成本加运费(CFR);成本加运保费(CIF);运费付至目的地(CPT);运保费付至目的地(CIP);边境交货(DFA);目的港船上交货(DES);目的港码头交货(DEQ);未完税交货(DDU);完税后交货(DDP)。

(2)《2010 年国际贸易术语解释通则》(International Rules for the Interpretation of Trade Terms 2010)。它是国际商会根据国际货物贸易的发展,对《2000 年国际贸易术语解释通则》的修订,于 2010 年 9 月 27 日公布,于 2011 年 1 月 1 日起实施。与《2000 年国际贸易术语解释通则》比较,其主要变化如下:

其一,贸易术语分类的调整。由原来的 E、F、C、D 4 组,调整为适用于任何运输方式的术语与适用于水运的术语 2 组。

第一组:适用于任何运输方式的术语,包括 EXW、FCA、CPT、CIP、DAT、DAP、DDP 7 种。

EXW(ex works)   工厂交货
FCA(free carrier)   货交承运人
CPT(carriage paid to)   运费付至目的地
CIP(carriage and insurance paid to)   运费/保险费付至目的地
DAT(delivered at terminal)   目的地或目的港的集散站交货
DAP(delivered at place)   目的地交货

DDP(delivered duty paid) 完税后交货

第二组：适用于水上运输方式的术语，包括 FAS、FOB、CFR、CIF 4 种。

FAS(free alongside ship) 装运港船边交货
FOB(free on board) 装运港船上交货
CFR(cost and freight) 成本加运费
CIF(cost insurance and freight) 成本、保险费加运费

其二，贸易术语的增删。删除了 4 个术语，新增了 2 个术语，贸易术语由 13 个调整为 11 个。《2010 年国际贸易术语解释通则》删去了《2000 国际贸易术语解释通则》中的 4 个术语：DAF(delivered at frontier)边境交货；DES(delivered ex ship)目的港船上交货；DEQ(delivered ex quay)目的港码头交货；DDU(delivered duty unpaid)未完税交货；新增了 2 个术语：DAT(delivered at terminal)在指定目的地或目的港的集散站交货；DAP(delivered at place)在指定目的地交货。即用 DAP 取代了 DAF、DES、DDU 3 个术语，DAT 取代了 DEQ，且扩展至适用于一切运输方式；DAT(delivered at terminal)"terminal"可以是任何地点，如码头、仓库、集装箱堆场或者铁路、公路或航空货运站等。DAP(delivered at place)是指在指定目的地交货。两者的主要差异是 DAT 下卖方需要承担把货物由目的地(港)运输工具上卸下的费用，DAP 下卖方只需在指定目的地把货物处于买方控制之下，而无须承担卸货费。

其三，修订后的《2010 年通则》取消了"船舷"的概念，卖方承担货物装上船为止的一切风险，买方承担货物自装运港装上船后的一切风险。

(3)《2020 年国际贸易术语解释通则》(International Rules for the Interpretation of Trade Terms 2020)。2020 年 1 月 1 日，由国际商会(ICC)定期修订的最新版 2020 年《国际贸易术语解释通则》正式生效。该通则的最大特点就是更明晰地向用户展示各条术语所规定的买卖双方的权利与义务，便于买卖双方在签订合同时选择合适的术语。相对《2010 年国际贸易术语解释通则》《2020 年国际贸易术语解释通则》的主要变化如下：

其一，DAT(运输终端交货)变成了 DPU(卸货地交货)。

其二，增加 CIP(运费和保险费付至)的保险范围。CIP(运费和保险费付至)是指卖方将货物交付承运人，但支付包括保险费在内的直至目的地的运输费用。同样的规则也适用于 CIF(成本加保险费、运费)。

其三，货交承运人(FCA)提单。如果买卖双方已就《国际贸易术语解释通则》中的 FCA(货交承运人)达成一致，则卖方应将货物交付至买方指定的地点和人员。此时，风险和成本转移给买方。

3.《2020 年国际贸易术语解释通则》的使用指南

虽然《2020 年国际贸易术语解释通则》已于 2020 年 1 月 1 日正式生效，但是由于国际贸易惯例在适用的时间效力上并不存在"新法取代旧法"的说法，即《2020 年国际贸易术语解释通则》实施之后并非之前各版本的通则就自动废止，当事人在订立贸易合同时仍然可以选择适用《2010 年国际贸易术语解释通则》《2000 年国际贸易术语解释通则》，甚至《1990 年国际贸易术语解释通则》。但在买卖双方订立的商业合同以及在所有的商业文档和运输单证上，应始终说明适用什么国际贸易术语，指明适用的是哪个版本的国际贸易术语解释通则(如 2020 年版、2010 年版或是更老的版本)以及成本和风险从卖方转移到买方的确切交货地点。

4. 如何选择合适的贸易术语

针对两大类共 11 种不同贸易术语，如何选择适合自己的贸易术语是进出口商需要研究和

学习的内容。本教材建议从以下思路考虑选择。

1）适合任何运输方式的贸易术语的选择

（1）如卖方仅想使其责任限于在其所在地或者另一指定地点将货物置于买方处置之下，而不承担任何其他义务包括不承担出口清关手续时，可考虑使用EXW。

（2）如卖方愿意自己办理出口清关，且在承运人指定地点将货物交付于买方处置之下时，应考虑使用FCA。

（3）如卖方除承担FCA所必须履行的义务外，还愿意签订到目的地的运输合同时，可考虑选择CPT。

（4）如卖方除承担CPT所必须履行的义务外，还愿意承担到目的地的最低保险时，可考虑选择CIP。

（5）如卖方欲在目的地指定地点交货，且愿意承担货物运送到该地点的费用（卸货费除外）和风险时，可考虑选择DAP。

（6）如卖方除承担DAP所必须履行的义务外，还愿意承担货物运送到该地点从运输工具上卸货产生的费用时，可考虑选择DAT。

（7）如卖方除承担DAP所必须履行的义务外，还愿意承担货物的进口报关和有关关税时，可考虑选择DDP。

2）适合水上运输方式的贸易术语的选择

（1）如卖方愿意在装运港船边交货或者获得所要交付的货物时，应考虑使用FAS。

（2）如卖方愿意在装运港船上交货或者获得所要交付的货物时，应考虑使用FOB。

（3）如卖方除承担FOB所必须履行的义务外，还愿意承担费用提供到指定目的港的运输合同时，应考虑使用CFR。

（4）如卖方除承担CFR所必须履行的义务外，还愿意承担到指定目的港的最低保险时，应考虑使用CIF。

（三）出口佣金

佣金是指在合同或者价格条件中规定的应付给中间商的推销报酬。按其支付方式不同，出口佣金有明佣、暗佣、累计佣金几种。

1. 明佣

明佣又称发票内佣金，是指在贸易价格条件中规定，并在出口发票中列明的佣金。出口商在销售发票上不但列明销售金额，还列明佣金率、佣金，以及扣除佣金后的销售净额。例如，"CIF C2％ 纽约"，是指CIF条款的货价中还包含了2％的佣金在内，卖方按扣除佣金后的净销货款收汇，由买方直接对中间商支付佣金，出口企业不需为佣金办理支付手续。

在出口销售收入的核算中，明佣应单独反映，在按含佣金的全额反映销售收入的同时，将明佣作冲减销售收入处理。即根据银行回单和销售发票中的销售净额，借记"应收外汇账款"账户，根据佣金金额，借记"主营业务收入——自营出口销售收入"账户，根据销售总金额，贷记"主营业务收入——自营出口销售收入"账户。

2. 暗佣

暗佣是指在出口合同中定有佣金，但在价格条件、出口发票上未列明的佣金。佣金不在价格条款中明白表示，出口发票上只列销售货物的含佣价总额，但在与中间商签订的代理合同或者买卖双方的付佣约定中规定佣金。出口商在收取全额货款后，须自行支付佣金。

外贸会计

暗佣的支付方式有两种：议付佣金与汇付佣金。议付佣金也称议扣，是指出口方在出口后，向银行议付信用证时扣除佣金的支付方式。出口方在交单时，汇票上开足全部货款金额，并规定议付行在议付单据时扣除佣金，即议付行只议付不含佣款，佣金由开证行径付中间商。汇付佣金是指出口企业在办理交单收汇时，按发票列明的销售总金额收汇，结汇后另行将佣金汇付给国外中间商的支付方式。总结而言，明佣与暗佣的支付方式包括：票扣佣金（发票上扣除佣金，即明佣支付方式）；议付佣金，汇付佣金。

明佣与暗佣支付及其会计处理的区别如表2-2所示。

表2-2　　　　　　　　　　　　明佣与暗佣的区别

区别	明佣	暗佣
1. 在价格条款和发票中的标示	CIF C2% 纽约 USD 100（发票中同时也列明了佣金、货款净额）	CIF 纽约 USD 100（合同里有注明：上述价格中包含2%佣金）
2. 佣金的支付手续由谁办理	进口方办理支付手续，出口方按扣除佣金后的净额收汇	出口方收取全额货款后，自行支付佣金
3. 佣金的会计处理	第一步，全额确认收入 借：应收账款　　　　　100 　　贷：主营业务收入　　　100 第二步，佣金冲减收入 借：主营业务收入　　　2 　　贷：应收账款　　　　　2 第三步，收到货款时 借：银行存款　　　　　98 　　贷：应收账款　　　　　98	第一步，全额确认收入 借：应收账款　　　　　100 　　贷：主营业务收入　　　100 第二步，佣金冲减收入 借：主营业务收入　　　2 　　贷：应付账款　　　　　2 第三步，收到货款时 a. 议付佣金： 借：银行存款　　　　　98 　　应付账款　　　　　2 　　贷：应收账款　　　　　100 b. 汇付佣金： 借：银行存款　　　　　100 　　贷：应收账款　　　　　100 借：应付账款　　　　　2 　　贷：银行存款　　　　　2

【温馨提示】

对最终的客户（买方）而言，佣金未必全都明示。明佣在价格条款中明白表示，对买方而言，明确知道中间商获得的佣金是多少，并由买方自行支付给中间商，出口方（卖方）是按扣除佣金后的净额收款。而暗佣不在价格条款中明白表示，由卖方通过议付或汇付的形式另行支付给中间商，买方不一定知道中间商获得佣金是多少。

3. 累计佣金

累计佣金是指出口企业按一定时期的累计销售额给国外包销商、代理商的推销报酬。在会计处理上，对于能认定到具体商品的累计佣金，应冲减商品销售收入，对于不能认定到具体商品的累计佣金，可列入"销售费用"账户。

任务2.3 核算出口商品的购进与发出

一、任务布置

【任务2-3-1】 会计处理与思考

宏达公司从本地购进出口服装一批,采用提货制交接商品。增值税专用发票上注明:男衬衫800件,单价为60元,共计48 000元;增值税税率为13%,增值税额为6 240元;价税合计54 240元。衬衫验收入库,款项以转账支票支付。

请对此项经济业务进行会计处理。通过以上经济业务的处理,指出出口商品的购进与内销商品的购进是否在会计处理上存在差异?

【任务2-3-2】 思考分析

一般企业在进行发出商品时,成本的计价方法可以采用先进先出法、月末一次加权平均法、移动加权平均法、个别计价法等。由于外贸企业采用"一单一清"的成本结转方式,那么外贸企业能否像一般企业一样可以采用以上4种成本的计价方法呢?

二、知识链接

(一)出口商品购进的核算范围

出口商品购进是外贸企业为了出口或者内销,通过货币结算取得国内商品所有权的交易行为。商品购进是商品经营的起点,也是进行商品销售的物质基础。外贸企业进行商品收购的核算必须满足以下三个条件:

(1)商品购进必须通过货币结算。不通过货币结算而增加的商品,不能作为商品购进核算,如收回委托加工的商品、商品溢余等。

(2)商品购进必须以销售为目的。通过货币结算而购进自用的商品,也不作为商品购进核算,如办公用品、周转材料等。

(3)购进商品必须进行商品所有权的转移,接受其他单位委托代销、代管的商品,以及企业销售后取得手续费、保管费的商品,由于没有取得所有权,也不能作为商品购进的核算。

(二)国内商品采购成本的构成

商品的采购成本一般为商品的进价成本和进货费用。我国原《企业会计准则》和《企业会计制度》要求商贸企业的存货成本构成仅包含买价、可以计入成本的税金等,而进货环节的费用是要计入当期损益(销售费用)中。按2018年修订的《企业会计准则第1号——存货》应用指南规定,关于商品流通企业在采购商品过程中发生的运输费、装卸费、保险费以及其他可归属于存货采购成本的费用等进货费用,应当计入存货采购成本;也可以先行归集,期末按照所购商品的存销情况进行分摊。对于已售商品的进货费用,计入当期损益;对于未售商品的进货费用,计入期末存货成本。企业采购商品的进货费用金额较小的,可以在发生时直接计入当期损益。因此,商贸企业的存货成本构成已经比照生产企业来核算了。商贸企业商品的采购成本构成应为买价加应分摊的进货费用。

(三) 国内商品采购的核算

1. **商品购进**

(1) 商品购进的交接方式和货款结算方式。常用的商品交接方式有：送货制、提货制和发货制。送货制是指供货单位将商品送到外贸企业仓库或者指定地点交货。提货制是指外贸企业到供货单位仓库或者指定地点提货。发货制是指供货单位将商品委托运输部门将商品发运到外贸企业指定地点交货。货款结算一般通过银行转账结算。常用的银行转账结算方式有：支票、银行本票、银行汇票、商业汇票、汇兑、委托收款、异地托收承付、国内信用证等。

(2) 商品购进的确认。商品购进以实质取得商品所有权的时间为入账时间。

2. **账户设置**

(1) "在途物资"账户。"在途物资"账户属于资产类账户，用来核算企业已购入，尚未验收入库的在途商品的采购成本。其借方登记购入商品的买价、采购费用等实际成本；贷方登记商品到达验收入库转出的实际成本；期末借方余额反映期末在途商品的实际采购成本。该账户可按供应单位和物资品种进行明细核算。

(2) "库存商品"账户。"库存商品"账户属于资产类账户，用来核算企业库存各种商品的实际成本。其借方登记购进验收入库商品的实际成本，贷方登记因销售等原因发出出库商品的实际成本，期末借方余额反映期末库存商品的实际成本。该账户可按经营类别（如"库存进口商品""库存出口商品""库存内销商品"等）设置二级明细账，按商品的类别、品种、规格等设置明细账。

(3) "应交税费——应交增值税"账户。"应交税费"账户属于负债类账户，按税种设二级明细账户。"应交增值税"是"应交税费"总账账户下设的二级明细账户。在"应交增值税"二级明细账户下，分别再设多栏的三级明细账户（专栏），在其借方设"进项税额""已交税金"等专栏，在贷方设"销项税额""出口退税""进项税额转出"等专栏。"应交税费——应交增值税"账户借方登记购进商品应计算的进项税额和企业实际缴纳的增值税额；贷方登记销售商品应计算的销项税额、出口商品按规定的退税率计算的出口退税额，以及由于购进退货、销售折让等原因转出的增值税进项税额；期末贷方余额反映企业尚未缴纳的税额；期末如为借方余额，反映企业多缴或尚未抵扣或尚待退税的税额。

3. **商品购进的账务处理**

按商品交接方式和货款结算方式不同，商品购进分为同城购进和异地购进两种形式，其账务处理各不相同。

(1) 同城购进业务的核算。同城购进主要包括收购当地企业的产品或者直接收购农副产品。商品的交接方式一般采用送货制或者提货制。货款的结算方式通常采用支票、银行本票或者商业汇票。

同城商品购进的业务程序一般由业务部门根据商品购进计划与供货单位签订购销合同。供货单位按合同规定向外贸企业购货，或者外贸企业自行到指定地点提货。业务部门对供货单位开来的销货发票进行审核，若与合同一致，则开出"商品入库通知单"。当商品送达指定的仓库时，由验收人员验收无误后在"商品入库通知单"上加盖"收讫"戳记，作为商品交接凭证。供货单位凭此和"销货发票"到财务部门结算货款。财务部门凭入库通知单和发票等入账。

【例 2-1】 某外贸公司向服装厂购进棉衣 1 000 件，增值税发票所列价格为 100 元/件，

总价为 10 万元,增值税额为 13 000 元,货已验收入库,开出 30 天商业汇票。编制会计分录如下:

  借:在途物资——棉睡衣   100 000
    应交税费——应交增值税(进项税额)   13 000
    贷:应付票据   113 000
  借:库存商品——库存出口商品——棉睡衣   100 000
    贷:在途物资——棉睡衣   100 000

【例 2-2】 某外贸公司向小规模纳税人购进甲商品,普通发票所列商品总价为 20 000 元,货已验收入库,用转账支票付款。编制会计分录如下:

  借:在途物资——甲商品   20 000
    贷:银行存款   20 000
  借:库存商品——甲商品   20 000
    贷:在途物资——甲商品   20 000

(2) 异地购进业务的核算。异地商品购进主要是外贸企业采购外地企业的商品或者收购外地的农副产品。商品的交接方式一般采用"发货制""就地代保管"或者"直接发运"。货款的结算方式一般采用异地托收承付、银行汇票、国内信用、商业汇票、网银等。

异地商品购进的业务程序一般是供货单位根据购销合同发运商品以后,即可委托银行向购货单位收取货款和代垫运费。购货单位收到银行转来的"托收凭证"及所附的专用发票和运输单据,与购销合同审核无误后,填制商品接受通知单一式数联,并通知有关部门接收商品并承付货款。

【例 2-3】 某外贸公司采用异地托收承付方式由外地购入男西装 100 套,托收凭证已到,货款为 50 000 元,增值税额为 6 500 元,对方代垫的运费为 1 000 元,按规定可以抵扣增值税 9%。该公司经审核无误同意付款。男西装货到验收无误入库。编制会计分录如下:

  (1) 借:在途物资   50 910
      应交税费——应交增值税(进项税额)   6 590
      贷:银行存款   57 500
  (2) 借:库存商品——库存出口商品   50 910
      贷:在途物资   50 910

【例 2-4】 光明厂按合同将甲产品 100 套,直运青岛港装船发运,货款为 56 000 元,增值税额为 7 280 元,凭发票和提单向外贸公司结算,外贸公司审核无误后付款。编制会计分录如下:

  借:在途物资   56 000
    应交税费——应交增值税(进项税额)   7 280
    贷:银行存款   63 280
  借:主营业务成本   56 000
    贷:在途物资   56 000

【温馨提示】

在[例 2-4]中,结转成本时,此商品未入库就直接发往青岛港口,所以贷方记入"在途物资"账户,而不是"库存商品"账户。

(四)出口商品储存及发出的核算

外贸企业在国内组织商品购进,作为出口销售与国内销售的基础。而购进的商品,除出口和内销外,必然会保留一部分库存,作为继续销售的准备。加强对停留在储存状态的商品的管理和核算,可以正确提供业务经营和商品库存情况,有利于促进企业改善经营管理,加强资金周转,提高经济效益。

商品储存的核算是通过设置"库存商品"账户进行总分类核算和明细分类核算的。购进或者其他原因增加库存时借记该账户,销售或者其他原因减少库存时贷记该账户,月末该账户借方余额表示结存的库存商品。该账户的总分类核算总括反映库存商品的进、销、存情况,同时统驭和控制下设的各明细账,以便加强管理。该账户的明细分类核算按库存商品的品种设置明细账户,反映每种商品的购入、发出、结存的数量、单价、金额,其明细账一般采用数量金额式明细账格式。

1. 入库的核算

按依据入库单填制的记账凭证登记库存商品明细账,明细账应依据购货发票和入库单载明的品名、规格、花色、单价、金额详细登记入账。

2. 发出及库存的核算

商品销售以后,必须结转已售商品的成本,并据以计算结存商品的成本。结转商品销售成本的方法,按现行财务制度的规定,主要有以下几种:先进先出法、分批实际进价法、移动加权平均法等。

结转商品销售成本,可以逐笔结转,即销售一笔结转一笔的成本,也可以期末集中结转本月已售商品的成本。外贸企业在结转已售出商品的进价成本时,一般采取"一单一清"的配对结转成本的做法,即每实现一笔出口销售收入,都应立即计算和结转其销售成本,以实现每批出口销售收入与成本的配比。

(1)先进先出法。先进先出法是以先购进的商品先发出为假定前提的计价方法。当商品销售以后,按照库存商品明细账上的进货顺序,由先往后顺次选用单价,作为已售商品的进价成本。其计算方法如表 2-3 所示。

表 2-3　　　　　　　　　先 进 先 出 法

数量单位:件

金额单位:元

2022年		摘要	收入			发出			结存		
月	日		数量	单价	金额	数量	单价	金额	数量	单价	金额
03	01	期初余额							600	50	30 000
03	08	购进	700	52	36 400				600 700	50 52	66 400

(续表)

2022年		摘要	收　入			发　出			结　存		
月	日		数量	单价	金额	数量	单价	金额	数量	单价	金额
03	15	购进	200	53	10 600				600 700 200	50 52 53	77 000
03	21	销售				500	50	25 000			
03	28	销售				100 200	50 52	15 400	500 200	52 53	36 600
03	31	合　计	900		47 000	800		40 400	500 200	52 53	36 600

(2) 分批实际进价法。分批实际进价法是以每批购进商品的实际进价，作为每批商品进价成本的方法。运用此法计算，既能保证结转进价的正确，也能保证库存结余金额计算的正确性。但在出、入库批次过多的情况下，分别查找原进价和逐笔计算的工作较繁重。因此，采用这种方法时，为严格分清批次，一般采取在出库单上注明原入库单号码（即批卡制度）的方法。这样既可以加强仓库物资管理，又可以做到原进原出，正确核算销售成本。凡进销批次较少、价格较高的商品，一般采用此法。

(3) 移动加权平均法。移动加权平均法是指每次发货后，以原有库存存货的成本加上每次进货的成本，除以每次进货数量与原有库存存货的数量之和，据以计算加权平均单价，以此为基础计算每次发出存货的成本和结存存货的成本的一种方法。移动加权平均单价的计算公式如下：

移动加权平均单价＝（本次收入前结存商品金额＋本次收入商品金额）
　　　　　　　　÷（本次收入前结存商品数量＋本次收入商品数量）
本次销售商品的成本＝本次销售商品数量×本次计算的移动加权平均单价
本次结存存货成本＝结存商品数量×本次计算的移动加权平均单价

由于外贸企业在销售成本的核算上采用"一单一清"的方法，因此只能选用以上方法之一计算结转销售成本，不宜用月末一次性加权平均法一次性计算结转出口商品的销售成本。

任务2.4　核算自营出口商品销售

一、任务布置

【任务2-4】　核算自营出口商品销售

青岛宏远食品进出口有限公司2022年11月18日与英国ALISEN客户签订出口销售合同，出口啤酒400吨，计46 800箱，CIF C2% 伦敦为15美元/每箱。2022年12月，该公司发生以下业务：

(1) 1日，向青岛啤酒股份有限公司购入355毫升罐装青岛啤酒100吨，共计11 700箱，单价为70元/箱，8 190元/吨；增值税税率为13%。货已验收入库，通过银行承兑汇票汇款。

(2) 10日，收到业务部门转来的已向银行交单的出口发票副本，发票列明：以信用证结算方式向英国 ALISEN 客户出口罐装青啤 400 吨,CIF C 2% 伦敦为 1 755 美元/吨,向银行交单,当日市场汇率为 1 美元=6.52 人民币元。

(3) 11 日,收到外运公司出口啤酒港杂费单据,费用为 1 258 元,开支票付款。

(4) 12 日,收到外运公司开具的出口啤酒海运费结算单,列明海运费为 2 000 美元,款项已付。当日市场汇率为 1 美元=6.55 人民币元。

(5) 12 日,收到外运公司转来的 10 日出口啤酒保险费发票,该业务按发票金额的 110% 投保,保费率为 0.80%,保险费计 6 054.05 美元。当日市场汇率为 1 美元=6.55 人民币元。

(6) 18 日,持全套单据到银行办理议付,银行审核无误后扣除利息与手续费,将余款转入企业账户。当日市场汇率为 1 美元=6.52 人民币元。

(7) 30 日,计算申报本月出口退税(芦笋罐头和啤酒增值税退税率为 13%,消费税从量定额计征,每吨为 250 元)。

要求:指出出口商品各业务环节会计处理要点,并对以上业务进行账务处理。

二、知识链接

出口商品销售按出口所承担的经营责任不同,分为自营出口商品销售和代理出口商品销售。

自营出口商品销售是指企业自备出口货源、对国外自营出口商品并自负盈亏的出口销售业务。其销售收入归出口企业所有,出口商品的进价和出口业务有关的国内外一切费用,以及佣金、索赔、理赔、罚款等均由出口企业自己负担。凡出口以贸易方式对国外自营出口和转口销售的商品、进口原材料经加工复制后出口的商品和出售国外展品、样品、小卖品,以及经批准供应境内销售(外轮及远洋国轮、保税商店)收取以外汇计价支付的商品等所有经营业务,都属于自营出口商品销售。

(一)自营出口商品销售核算的有关规定

在自营出口商品销售业务中,出口销售所采用的价格条件及货款结算方式不一,因而在出口销售收入的确认标准和确认时间上有较大的差异,该差异直接影响着销售收入和销售利润实现的时间和金额,从而影响着国家、企业和其他关系人的利益。为了维护国家、企业等各方面的利益,必须统一核算口径、统一入账时间、统一费用处理方法。自营出口商品销售核算的有关规定如下。

1. 出口商品销售收入的确认时间

出口商品销售收入的入账时间应以销售业务完成的时间为准。具体来说是以商品装运出口,取得各种运输单据(陆运取得铁路运单或联运提单、海运取得出口装船提单、空运取得运单),持全套单证向银行办理收汇手续的时间为准。在实际工作中,财务部门以收到储运部门或者业务部门交来的出口销售发票和实际出口通知单上所列的时间作为销售收入的入账时间。

2. 出口商品销售收入的确认金额

出口成交所选用的价格条件不同,价格中所含的内容亦不相同,因而不能以对外成交价格即发票价格作为确认收入的标准。按国际惯例,对自营出口商品销售收入确认的标准是:无论以哪种价格成交,统一以 FOB 价(离岸价)为准确认销售收入。实际工作中的操作方法如下:

（1）无论以何种价格成交，一律以出口发票所列外汇总金额按实际出口日的银行外汇牌价折合人民币金额计入出口商品销售收入。

（2）对实际支付的国外运费、保险费、佣金等国外费用，按支付日的外汇牌价折合人民币金额以红字冲减销售收入。

3. 出口销售成本的结转

鉴于出口商品销售业务需要计算每一批次出口盈亏的要求，自营出口销售业务结转成本应实行逐笔结转的方法，即每实现一笔销售收入，都应立即计算和结转其销售成本，以实现每批收入和成本的配比。出口商品销售成本的计算方法可以选用先进先出法、分批实际进价法、移动加权平均法等。但对同一种出口商品，在同一年度内只能采用一种方法，一经确定，不得变更。

4. 对国外、国内费用核算的规定

（1）国外费用。国外费用包括国外运费、保险费和佣金。国外运费是指出口业务以CIF价格或者CFR价格条件成交的，由出口企业负担的出口商品在出口过程中的海运运费（含内河开放口岸的内河运费）、陆海联运运费、航空及邮运运费。国外保险费是指出口业务以CIF价格条件成交的，由出口企业负担的出口商品在运输途中的保险费。佣金是指在合同价格条件中规定的应付给国外中间商的推销报酬。这几项费用都于实际支付时以红字直接冲减销售收入。

（2）国内费用。自营出口商品销售过程中的国内费用一律于实际支付时作为本期的"销售费用"处理。

【温馨提示】

根据出口业务流程，可以总结出需要进行会计处理的出口环节（图2-10）。

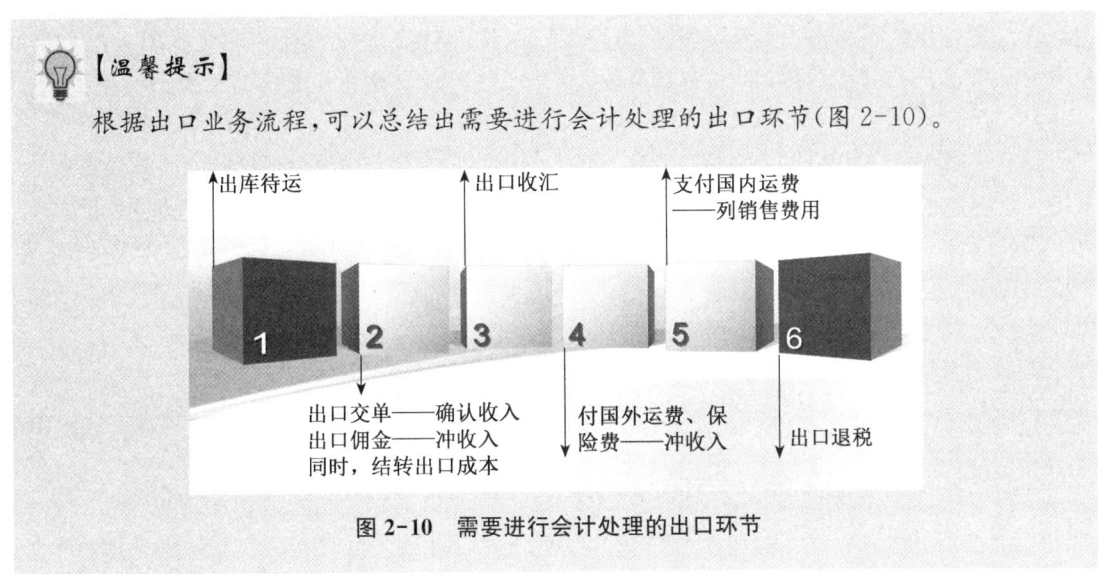

图2-10 需要进行会计处理的出口环节

（二）自营出口销售核算的账户设置

1. "主营业务收入"账户

该账户属于损益类账户，用来核算企业主营业务的销售收入。其贷方登记本期实现的销售收入，以及红字冲减的本期销售退回、国外费用、出口理赔等；借方登记在月末或者年末将本期实现的销售收入净额转入"本年利润"账户贷方的金额，结转以后该账户无余额。该账户可以按自营出口销售、代理出口销售、内销等销售业务类别设置二级明细账，按所经营的商品品种、规格等设三级明细账。

2."主营业务成本"账户

该账户属于损益类账户,用来核算企业主营业务的销售成本。其借方登记结转的销售成本,对年度内发生的销售退回,应红字冲减销售退回当月结转的销售成本;贷方登记月末或者年末将本期销售总成本转入"本年利润"账户借方的金额,结转以后该账户无余额。该账户可以按自营出口销售、代理出口销售、内销等销售业务类别设置二级明细账,按所经营的商品品种、规格等设三级明细账。根据出口核算需要,自营出口销售明细账账页可以设计成如表2-4所示的格式。采用该平行式记账方法,便于同时反映各批出口商品的销售收入及销售成本、防止重转、漏转成本和重付、漏付境外费用;同时,也有利于汇总核算和编制主要商品出口销售利润(亏损表)。

表2-4　　　　　　　　某进出口公司自营出口销售明细账

商品类别：　　　　　　　商品名称：　　　　　　　单位：

年		记账凭证号码	摘要	借：自营出口销售成本		年		记账凭证号码	贷：自营出口销售收入				减：国外费用		出口销售人民币净额	盈亏金额
									原币			折合人民币金额				
月	日			单价	金额	月	日		币别	单价	金额		运费	保险费	佣金	

3."其他应收款——应收出口退税"账户

该账户属于资产类账户,用来核算向税务机关办理出口退税手续但尚未收到的应收出口退税款结算情况。其借方登记企业申报出口退税时按照规定退税率计算的应收出口退税款;贷方登记收到的出口退税款;期末借方余额表示已申报,尚未收到的出口退税款。

4."应收账款——应收外汇账款"账户

该账户属于资产类账户,用来核算商品已装运出口并向银行交单议付或托收的应收外汇账款。其借方登记企业将商品装运出口后并向银行交单后应确认的应收外汇账款;贷方登记收回的应收外汇账款;期末借方余额表示尚未收回的应收外汇账款。根据外汇账户复币记账的核算需要,该账户应采用复币记账法,按不同国别地区、分客户、分币种进行明细核算,其明细账格式如表2-5所示。

表2-5　　　　　　　"应收账款——应收外汇账款"账户格式

客户名称：　　　　　　　　　　　　　　　　　　　　币别：

年		凭证号码	摘要	借方			贷方			余额		
月	日			原币	汇率	人民币	原币	汇率	人民币	原币	汇率	人民币

5."发出商品——待运和发出商品"账户

"发出商品"账户属于资产类账户,用来核算企业商品销售不满足收入确认条件但已发出商品的实际成本。对于不满足收入确认条件的发出商品,应按发出商品的实际成本,借记该账户,贷记"库存商品"账户。发出商品满足收入确认条件时,应结转销售成本,借记"主营业务成本"账户,贷记该账户。该账户期末借方余额反映企业商品销售中不满足收入确认条件的已发出商品的实际成本。其明细账户"发出商品——待运和发出商品"账户用来核算已出库发往码头、车站待运、但未装船(车)、未完成销售的商品成本。按该账户登记的账簿属备查登记账簿。

(三) 预估国外费用的会计处理

企业出口贸易业务收入确认的时间与支付国外运费、保险费和佣金的时间往往不一致。

按惯例,自营出口销售收入的确认标准为,无论出口以何种价格条件成交,统一以 FOB 价为准确认销售收入。从理论上看,出口企业完成货物装船,向银行交单确认收入时,以下会计处理较为清晰合理(因为出口交单时该笔业务的运费、保险费、佣金等国外费用均已预知):

借:应收账款——应收外汇账款——×外商
　　贷:主营业务收入——自营出口销售收入——×商品
　　　　应付账款——应付外汇账款——×运输公司
　　　　　　　　　　　　　　　　——×保险公司
　　　　　　　　　　　　　　　　——×佣金户

在实践中,部分外贸企业通常是在出口交单确认收入时,按出口发票金额全额确认收入,然后在收到国内外运费、保险费账单发票,实际支付国内外运费、保险费账单时,再冲减收入。此时存在预估国内外费用的会计处理问题。

在会计期末的企业季度或年度决算时,为正确计算本期收益,应根据会计收入与费用配比原则的要求,对已作自营出口销售收入入账、尚未支付的国外费用预估入账,借记"主营业务收入——自营出口销售收入"账户,贷记"应付账款——应付外汇账款"账户;待下期直接支付时,借记"应付账款——应付外汇账款"账户,贷记"银行存款"账户。如果实际支付金额与预估金额有差异,季度结算的预估与实际支付差额列入支付期的"主营业务收入——自营出口销售收入"账户;年度结算的预估与实际支付差额列入"以前年度损益调整"账户。

【例 2-5】 某进出口公司以 CIF 价格条件与美国里森公司成交的自营出口甲商品于 2022 年 6 月 20 日向银行交单确认了自营出口销售收入。6 月 30 日,预估国外运费为 1 600 美元,保险费为 130 美元,当日汇率为 1 美元=6.52 人民币元,共计人民币 11 279.60 元(USD 1 730×6.52)。另预估该商品的国内港杂费为 1 200 元。编制会计分录如下:

借:主营业务收入——自营出口销售收入——甲商品(国外运费)　　　　10 432.0
　　　　　　　　　　　　　　　　　　——甲商品(国外保险费)　　　　　847.6
　　销售费用　　　　　　　　　　　　　　　　　　　　　　　　　　　1 200.0
　　贷:应付账款——应付外汇账款——×运保公司(USD 1 730)　　　　11 279.6
　　　　应付账款——美国里森公司　　　　　　　　　　　　　　　　　1 200.0

7 月 8 日,该进出口公司向某运保公司支付该笔出口的国外运费 1 600 美元和保险费 130 美元,港杂费 1 300 元。当日汇率为 1 美元=6.48 人民币元。编制会计分录如下:

借:应付账款——应付外汇账款——×运保公司(USD 1 730)　　　　　11 210.4
　　应付账款——美国里森公司　　　　　　　　　　　　　　　　　　 1 200.0
　　销售费用　　　　　　　　　　　　　　　　　　　　　　　　　　　 100.0
　　贷:银行存款——美元户(USD 1 730)　　　　　　　　　　　　　　11 210.4
　　　　　　　　——人民币户　　　　　　　　　　　　　　　　　　　1 300.0

【温馨提示】

假设[例2-5]所发生的业务于2022年12月20日向银行交单并确认了收入,则到当年年底,即2022年12月30日,需要编制预估冲收入的会计分录,如[例2-5]所示,到次年实际支付运保费时,与上年年底预估的运保费差额,列入以前年度损益调整科目。

(四)不同价格成交条件下自营出口销售核算实例

1. CIF价成交核算实例

【例2-6】 某进出口公司向美国M公司出口甲商品100吨,价格条件为CIF C 2% 纽约USD 2 000/吨,采用信用证方式结算。该商品进价每吨成本为12 000元,交单日外汇牌价为1美元=6.50人民币元,收汇日牌价为1美元=6.46人民币元;国外运费为USD 30/吨(汇率为1美元=6.52人民币元);保险费率为0.8%(汇率为1美元=6.52人民币元)。则出口销售环节(包括商品发出、交单确认收入、结转成本、支付国内外费用等各业务环节)的会计处理如下:

(1)出库待运。业务部门开出商品出仓凭证,连同商品出库发票、装箱单和其他出口单据,交由对外运输公司办理出口待运手续。财会部门凭出仓凭证编制会计分录如下:

借:发出商品——待运和发出商品——甲商品　　　　　　　　　　1 200 000
　　贷:库存商品——库存出口商品——甲商品　　　　　　　　　　　　1 200 000

(2)出口交单。商品装船出口后,收到业务部门转来的已向银行出口交单的出口发票副本,在与上述出仓凭证核对相符后,按发票金额和当日银行外汇牌价折合人民币入账。编制会计分录如下:

借:应收账款——应收外汇账款——M公司(USD 200 000)　　　　1 300 000
　　贷:主营业务收入——自营出口销售收入——甲商品　　　　　　　　1 300 000

(3)出口佣金。2%的明佣应红字冲减收入。编制会计分录如下:

借:主营业务收入——自营出口销售收入——佣金　　　　　　　　　26 000
　　贷:应收账款——应收外汇账款——M公司(USD 4 000)　　　　　　26 000

?思考

若将[例2-6]中的会计处理(2)和(3)合并,应如何编制会计分录?

(4)结转成本。确认出口销售收入的同时,应按公司已选定的成本计算方法计算与结转出口商品成本。编制会计分录如下:

借:主营业务成本——自营出口销售成本——甲商品　　　　　　　1 200 000
　　贷:发出商品——待运和发出商品——甲商品　　　　　　　　　　　1 200 000

(5)出口收汇。根据银行结汇水单,196 000美元已经收汇,银行扣除250美元手续费后将其余部分存入企业外汇存款户,当日美元中间价为1美元=6.46人民币元,编制会计分录如下:

借:银行存款——美元户(USD 195 750)　　　　　　　　　　　　1 264 545
　　财务费用——手续费　　　　　　　　　　　　　　　　　　　　　1 615
　　贷:应收账款——应收外汇账款——M公司(USD 196 000)　　　　1 266 160

(6) 付国外运费。收到外运公司托收海运运费单据 USD 3 000,经业务部门确认当即从外币账户支付,当日外汇牌价为 1 美元=6.52 人民币元。编制会计分录如下:

借:主营业务收入——自营出口销售收入——甲商品(国外运费)　　　　19 560
　　贷:银行存款——美元户(USD 3 000)　　　　　　　　　　　　　　　19 560

(7) 付国外保险费。收到保险公司结算单据支付保险费 USD 1 760(2 000×100×110%×0.8%),经业务部门确认当即从外币账户支付,当日外汇牌价为 1 美元=6.52 人民币元。编制会计分录如下:

借:主营业务收入——自营出口销售收入——甲商品(国外保险费)　　11 475.2
　　贷:银行存款——美元户(USD 1 760)　　　　　　　　　　　　　　　11 475.2

(8) 付国内费用。收到银行转来外运公司定额费用结算单,支付人民币运杂费 5 000 元,确认无误,通过银行转账支付。编制会计分录如下:

借:销售费用——运杂费　　　　　　　　　　　　　　　　　　　　　　5 000
　　贷:银行存款　　　　　　　　　　　　　　　　　　　　　　　　　　5 000

确认的出口净收入 = 1 300 000 − 26 000 − 19 560 − 11 475.2 = 1 242 964.8(元)

2. FOB 价成交核算实例

【例 2-7】 某外贸公司向国外 N 公司出口乙商品一批,计 1 000 只,出口价格为 20 美元/只,价格条件为 FOB 上海,佣金为暗佣,为汇付佣金,佣金率为 2%。进价为价税合计 113 元/只,总计人民币 113 000 元(含增值税,税率为 13%),出口退税率为 9%。交单日牌价为 1 美元=6.90 人民币元,收汇日牌价为 1 美元=6.86 人民币元,支付佣金日牌价为 1 美元=6.95 人民币元。该笔业务出口交单、结转成本、出口收汇和汇付佣金的会计处理如下:

(1) 出口交单。商品装船出口后,收到业务部门转来的已向银行出口交单的出口发票副本,在出仓凭证核对相符后,按发票金额扣除佣金 USD 400(20 000×2%)后,按当日银行外汇牌价折合人民币确认收入入账。编制会计分录如下:

借:应收账款——应收外汇账款——N 公司(USD 20 000)　　　　　　138 000
　　贷:主营业务收入——自营出口销售收入——乙商品　　　　　　　138 000
借:主营业务收入——自营出口销售收入——佣金　　　　　　　　　　2 760
　　贷:应付账款——应付外汇账款——×佣金户(USD 400)　　　　　2 760

(2) 结转成本。确认出口销售收入的同时,应按公司已选定的成本计算方法计算与结转出口商品成本。编制会计分录如下:

借:主营业务成本——自营出口销售成本——乙商品　　　　　　　　100 000
　　贷:发出商品——待运和发出商品——乙商品　　　　　　　　　　100 000

(3) 出口收汇。根据银行结汇水单,USD 20 000 已经收汇,银行扣除 USD 30 手续费后,将其余部分存入公司外汇存款户。当日美元汇价为 1 美元=6.86 人民币元。编制会计分录如下:

借：银行存款——美元户(USD 19 970)	136 994.2
财务费用——手续费	205.8
贷：应收账款——应收外汇账款——N 公司(USD 20 000)	137 200.0

(4) 汇付佣金。编制会计分录如下：

借：应付账款——应付外汇账款——×佣金户(USD 400)	2 780
贷：银行存款——美元户(USD 400)	2 780

该出口商品确认的出口收入(即 FOB 人民币净价) = USD(20 000 − 400) × 6.90 = 135 240(元)

3. CFR 价成交核算实例

【例 2-8】 某外贸公司对美国 S 公司出口丁商品一批，计 5 000 打，根据出口发票所列，出口丁商品 CFR 纽约共计价款 42 000 美元，佣金为暗佣，为议付佣金，佣金率为 4％。交单日牌价为 1 美元＝6.90 人民币元，收汇日牌价为 1 美元＝6.96 人民币元。该商品的不含税进价为 40 元/打，增值税税率为 13％。国外运费为 360 美元，付运费日牌价为 1 美元＝6.95 人民币元。该笔业务出口交单、结转成本、出口收汇、支付国外费用的会计处理如下：

(1) 出口交单。商品装船出口后，收到业务部门转来的已向银行出口交单的出口发票副本，在出仓凭证核对相符后，按发票金额扣除佣金 USD 1 680(42 000×4％)后，按当日银行外汇牌价折合人民币确认收入入账。编制会计分录如下：

借：应收账款——应收外汇账款——S 公司(USD 42 000)	289 800
贷：主营业务收入——自营出口销售收入——丁商品	289 800
借：主营业务收入——自营出口销售收入——佣金	11 592
贷：应付账款——应付外汇账款——×佣金户(USD 1 680)	11 592

(2) 结转成本。确认出口销售收入的同时，应按公司已选定的成本计算方法计算与结转出口商品成本。编制会计分录如下：

借：主营业务成本——自营出口销售成本——丁商品	200 000
贷：发出商品——待运和发出商品——丁商品	200 000

(3) 出口收汇。根据银行结汇水单，USD 42 000 已经收汇，银行扣除 USD 68 手续费及佣金 USD 1 680 后，将其余部分存入企业外汇存款户。当日美元汇价为 1 美元＝6.96 人民币元。编制会计分录如下：

借：银行存款——美元户(USD 40 252)	280 153.92
财务费用——手续费	473.28
应付账款——应付外汇账款——×佣金户(USD 1 680)	11 692.80
贷：应收账款——应收外汇账款——S 公司(USD 42 000)	292 320.00

(4) 支付国外运费。收到外运公司托收海运运费单据 USD 360，经业务部门确认当即从外币账户支付，当日外汇牌价 1 美元＝6.95 人民币元。编制会计分录如下：

借：主营业务收入——自营出口销售收入——丁商品(国外运费)	2 502
贷：银行存款——美元户(USD 360)	2 502

该出口商品确认的出口收入(即 FOB 净价) = USD(42 000 − 1 680) × 6.9 − USD 360 × 6.95
= 275 706(元)

项目 2　出口业务

任务 2.5　核算出口货物退免税

一、任务布置

【任务 2-5】　核算出口啤酒退免税

承[任务 2-4],啤酒出口手续履行完毕,现青岛宏远食品进出口有限公司拟申报出口退税。请计算该笔出口业务的出口退税数额,进行相关会计处理,并阐述该笔出口退税的业务操作流程,以流程图形式绘出从申报到收到退税款的业务办理流程。

二、知识链接

(一) 出口退税的含义及方法

出口货物退(免)税是对出口货物退还(或免征)增值税、消费税的一项税收政策。我国自 1985 年开始对出口产品实行出口退(免)税政策,出口退税是国际贸易中通行的并为各国所接受的,旨在鼓励本国出口货物公平竞争的一种税收措施。它也可以有效地避免国际双重课税。

出口退税的货物一般应具备五个条件:一是必须属于已征或应征增值税、消费税的产品;二是必须报关离境;三是必须从境外收汇;四是必须有退税权的企业出口的货物;五是必须在财务上作出口销售。出口退税的企业主要包括工业企业、外贸企业两类。其计算出口应退增值税额的方法不同。

外贸企业是指有进出口经营权的贸易型企业。我国目前对于外贸企业符合规定的出口货物实行"免、退"税,即出口销售环节免税(不计提销项税额),其收购货物的成本部分,根据购进增值税专用发票上注明的计税金额和适用的出口退税率等计算应退增值税额,征、退之差计入企业成本。

对有进出口经营权的生产企业出口实行"免、抵、退"方法计算出口应退增值税额,计税依据为出口货物的离岸价。其特点是:出口货物的应退税款不是全额退税,而是先免征出口环节税款,再抵减内销货物应纳税额,对内销货物应纳税额不足抵减应退税额部分,给予退税。

(二) 外贸企业出口退税的计算

外贸企业货物出口销售,实行"免、退"办法计算应退增值税和消费税额。

1. 计税依据和退税率

计算出口退税,必须正确地确定计税依据和适用退税率。

1) 计税依据

出口退税的计税依据是指按照出口货物适用退税率计算应退税额的计税金额或计税数量。

(1) 外贸企业出口货物退增值税的计税依据为出口产品购进金额。如果出口货物一次购进一票出口,可以直接从增值税专用发票上取得;如果一次购进多票出口或多次购进、多票出口,不能具体到哪一票业务时,可以用同一产品加权平均单价乘以实际出口数量计算得出。如果出口货物是委托加工产品,其退税计税依据为用于委托加工的原材料购进金额和支付的加工费金额。

（2）外贸企业出口货物退消费税的计税依据为出口消费税应税货物的购进金额或实际出口数量。外贸企业可根据出口情况，从消费税缴款书中直接取得或计算得出。

2) 退税率

出口退税的退税率是根据出口货物退税计税依据计算应退税款的比例。包括增值税退税率、消费税退税率或单位产品退税额。消费税退税率或单位产品退税额与征税完全相同，1994年税制改革后，我国出口产品的增值税退税率与征税税率是一致的，但在执行中发现存在退税规模超出财政负担能力等问题。为了既支持外贸事业发展，又兼顾财政紧张的实际情况，国务院自1996年1月1日起先后几次调整过有关出口货物的退税率，不同的出口商品出口退税率各不相同。出口货物的退税率可从《出口退税工作手册》中的《出口货物征税与退税税率对照表》中取得。

2. 计算方法

一般来说，出口货物应退税额等于计税依据乘以退税率，当期（次）应退税额等于当期（次）各出口货物应退税额的总和。但对进料加工复出口货物，由于进口料件给予了免税，因此应计算抵减部分退税额。有关计算公式如下：

1) 一般贸易、加工补偿贸易和易货贸易出口货物

$$应退税额 = 计税依据 \times 适用退税率$$

2) 委托加工收回后出口的货物

$$应退税额 = 国内购买原材料金额 \times 退税率 + 工缴费金额 \times 14\%$$

3) 进料加工复出口货物

$$应退税额 = 计税依据 \times 退税率 - 销售进口料件应抵减退税额$$

$$销售进口料件应抵减退税额 = 销售进口料件金额 \times 退税率 - 海关对进口料件实征增值税额$$

出口退税计算的关键是：正确确定出口货物的计税依据和退税率。对进料加工复出口货物的销售进口料件应抵减退税额，由于加工后的货物是分次出口的，核销期很长，很难具体确定哪一次出口货物该抵减多少退税额，因此，一般由主管出口退税的国税机关在开具"进料加工贸易申请表"后，从企业应退税款中扣除。

3. 具体计算实例

【例2-9】 某化工进出口公司2022年10月购进及出口货物的有关资料如下（假定年初无库存）：

（1）购进柠檬酸40 000千克，金额为273 500元，增值税税率为13%，税额为35 555元，已出口30 000千克。

（2）购进汽油200 000升，金额为360 000元，增值税税率为13%，税额为46 800元，消费税额为40 000元，已出口100 000升（72 000千克）。

在出口退税凭证、手续齐全，出口货物货源真实的前提下，应退税额的计算步骤如下：

（1）确定计税依据。根据本月购进和出口货物的情况，各出口货物应退增值税的计税依据分别如下：

$$柠檬酸的计税依据 = 273\,500 \div 40\,000 \times 30\,000 = 205\,125(元)$$

$$汽油的计税依据 = 360\,000 \div 200\,000 \times 100\,000 = 180\,000(元)$$

出口汽油同时还要计算应退消费税,其计税依据为100 000升。

(2) 确定退税率。假定该公司本月出口货物增值税退税率均为13%,汽油消费税单位退税额为0.2元/升。

(3) 计算应退税额。本月出口货物应退税额为:

$$柠檬酸的应退增值税额 = 205\ 125 \times 13\% = 26\ 666.25(元)$$
$$汽油的应退增值税额 = 180\ 000 \times 13\% = 23\ 400(元)$$
$$应退消费税额 = 100\ 000 \times 0.2 = 20\ 000(元)$$

(三) 生产企业出口退税的计算

对有出口经营权的生产企业的货物出口销售,实行"免、抵、退"办法计算出口应退增值税额。

对有出口经营权的生产企业自营出口或生产企业委托外贸企业代理出口自产的应税消费品,依据其实际出口数量免征消费税,不予办理退还消费税。免征消费税,是指对生产企业按其实际出口数量免征生产环节的消费税。不予办理退还消费税,是指因已免征生产环节的消费税,该应税消费品出口时,已不含有消费税,所以无须再办理退还消费税。

1. 计税依据和退税率

计算出口退税,必须正确地确定计税依据和适用退税率。

1) 计税依据

生产企业出口货物退增值税的计税依据为出口货物的实际离岸价(FOB)。实际离岸价应以出口发票上的离岸价为准,但如果出口发票不能反映实际离岸价,主管税务机关有权予以核定。

2) 退税率

除财政部和国家税务总局根据国务院决定而明确的增值税出口退税率外,出口货物的退税率为其适用税率。

2. 计算方法

对生产企业出口货物的增值税实行"免、抵、退",有关计算公式如下。

1) 当期应纳税额的计算

$$当期应纳税额 = 当期内销货物的销项税额 - \left(当期进项税额 - 当期免抵退税不得免征和抵扣税额\right) - 上期留抵税额$$

$$当期免抵退税不得免征和抵扣税额 = 当期出口货物离岸价 \times 外汇人民币折合率 \times \left(出口货物征税税率 - 出口货物退税率\right) - 当期不得免征和抵扣税额抵减额$$

2) 当期"免、抵、退"税额的计算

$$当期"免、抵、退"税额 = 出口货物离岸价 \times 外汇人民币折合率 \times 出口货物退税率$$

3) 当期应退税额和免抵税额的计算

(1) 如当期期末留抵税额≤当期"免、抵、退"税额,则:

$$当期应退税额 = 当期期末留抵税额$$

$$当期免抵税额 = 当期"免、抵、退"税额 - 当期应退税额$$

(2) 如当期期末留抵税额＞当期"免、抵、退"税额,则:

当期应退税额＝当期"免、抵、退"税额

当期免抵税额＝0

当期期末留抵税额为当期增值税纳税申报表中"期末留抵税额"

3. 具体计算实例

【例 2-10】 某自营出口的生产企业为增值税一般纳税人,出口货物的征税率为 13%,退税率为 10%。2023 年 1 月有关业务为:购进原材料一批,取得的增值税专用发票注明价款为 200 万元,准予抵扣的进项税额为 26 万元。上月月末留抵税款 3 万元,本月内销货物不含税销售额 100 万元,收到货款 113 万元存入银行,本月出口货物的销售额折合人民币 500 万元。请计算该企业当期的"免、抵、退"税额。

相关计算如下:

(1) 当期"免、抵、退"税不得免征和抵扣税额为:

$$2\,000\,000 \times (13\% - 10\%) = 60\,000(元)$$

(2) 当期应纳税额为:

$$1\,000\,000 \times 13\% - (260\,000 - 60\,000) - 30\,000 = -100\,000(元)(100\,000 元为当期期末留抵税额)$$

(3) 当期"免、抵、退"税额为:

$$5\,000\,000 \times 10\% = 500\,000(元)$$

(4) 按规定,如当期期末留抵税额≤当期"免、抵、退"税额时:

当期应退税额＝当期期末留抵税额

即:该企业当期应退税额为 100 000 万元

(5) 当期免抵税额为:

$$当期免抵税额 = 当期"免、抵、退"税额 - 当期应退税额 = 500\,000 - 100\,000 = 400\,000(元)$$

(四) 出口退税的程序及申报手续凭证

出口退税申报是指已办理出口退税登记的出口企业,在产品实际出口以后,向主管出口退税的国税机关申请退还其出口产品税款。外贸企业出口货物申请退税,需要在税务局网站申报,如实填报出口产品退税资料。并附送相关资料。根据是否需要向退税部门附送有关纸质资料,出口退税申报包括无纸化申报与有纸化申报。

1. 无纸化申报

出口退税的无纸化申报,是相对于原来要求企业的出口发票、出口报关单、外汇收汇核销单、外贸企业的增值税专用发票抵扣联和税收专用缴款书等齐全后,连同相关的电子信息向退税机关申请办理出口退税而言,允许申报电子信息,而不再需要申报退税原始凭证的方式。

新办退税的企业仍然需要报送相关的退税原始凭证资料,即进行有纸化申报。新办退税企业在网上预审通过后,在向退税部门办理出口退税时,须提供的纸质资料包括:

(1) 预录入报关单。报关单是货物进口或出口时进出口企业向海关办理申报手续,以便海关凭此查验和验放而填具的单据。

(2) 进货发票抵扣联。提供进货发票主要是为了确定出口产品的供货单位、产品名称、计量单位、数量,是否是生产企业的销售价格,以便划分和计算确定其进货费用等。

(3) 从出口退税软件打印的出口退税汇总表、出口进货表、出口明细表及备案表。

2. 有纸化申报(特殊企业适用)

进行有纸化申报,向退税部门提供的纸质单据按如下顺序装订:

(1) 国税网提供的退税用统一封皮。

(2) 出口退税汇总表。

(3) 进货明细表。

(4) 出口表。

(5) 出口商品的购进增值税专用发票的抵扣联。

(6) 出口报关单(预录入单)。

(7) 备案表。

(8) 空白 A4 纸一张。

(五) 外贸企业出口货物退免增值税、消费税的会计处理

外贸企业购进货物时,应按照增值税专用发票上注明的增值税额,借记"应交税费——应交增值税(进项税额)"账户,按照增值税专用发票上记载的应计入采购成本的金额,借记"库存商品"账户;按照应付或实际支付的金额,贷记"应付账款""应付票据""银行存款"等账户。

外贸企业按照规定退税率计算应收出口退税款时,借记"其他应收款"账户,贷记"应交税费——应交增值税(出口退税)"账户;收到出口退税款时,借记"银行存款"账户,贷记"其他应收款"账户。按照出口货物购进时取得的增值税专用发票上记载的进项税额或应分摊的进项税额与按照国家规定的退税率计算的应退税额的差额,借记"主营业务成本"账户,贷记"应交税费——应交增值税(进项税额转出)"账户。

外贸企业自营出口应税消费品,应在应税消费品报关出口后申请出口退税时,借记"其他应收款"账户,贷记"主营业务成本"账户。在实际收到出口退税款时,借记"银行存款"账户,贷记"其他应收款"账户。

【例 2-11】 某外贸公司 2022 年 5 月从某日用化妆品公司购进出口用化妆品 1 000 箱,取得的增值税专用发票注明的价款为 100 万元,进项税额为 13 万元,货款已用银行存款支付。当月该批商品已全部出口,售价为每箱 150 美元(当日汇率为 1 美元=6.50 人民币元),申请退税的单证齐全。该化妆品的消费税税率为 15%,增值税退税率为 13%。请计算应退增值税和消费税并编制会计分录。

相关计算如下:

$$应退增值税税额 = 1\,000\,000 \times 13\% = 130\,000(元)$$
$$应退消费税税额 = 1\,000\,000 \times 15\% = 150\,000(元)$$

编制会计分录如下:

(1) 购进货物时:

借:库存商品——库存出口商品　　　　　　　　　　　　　　　　1 000 000
　　应交税费——应交增值税(进项税额)　　　　　　　　　　　　 130 000
　　贷:银行存款　　　　　　　　　　　　　　　　　　　　　　 1 130 000

(2) 货物出口销售后,计算增值税应退税额。编制会计分录如下:

借：其他应收款——应收出口退税（增值税）	130 000	
贷：应交税费——应交增值税（出口退税）		130 000

（3）收到增值税退税款时：

借：银行存款	130 000	
贷：其他应收款——应收出口退税（增值税）		130 000

（4）计算应收消费税退税款时：

借：其他应收款——应收出口退税（消费税）	150 000	
贷：主营业务成本——自营出口销售成本		150 000

（5）收到消费税退税款时：

借：银行存款	150 000	
贷：其他应收款——应收出口退税（消费税）		150 000

【课堂小结】

出口业务的会计处理全部流程，可以归结为如图 2-11 所示的购进、出口销售、退税三个主要步骤。

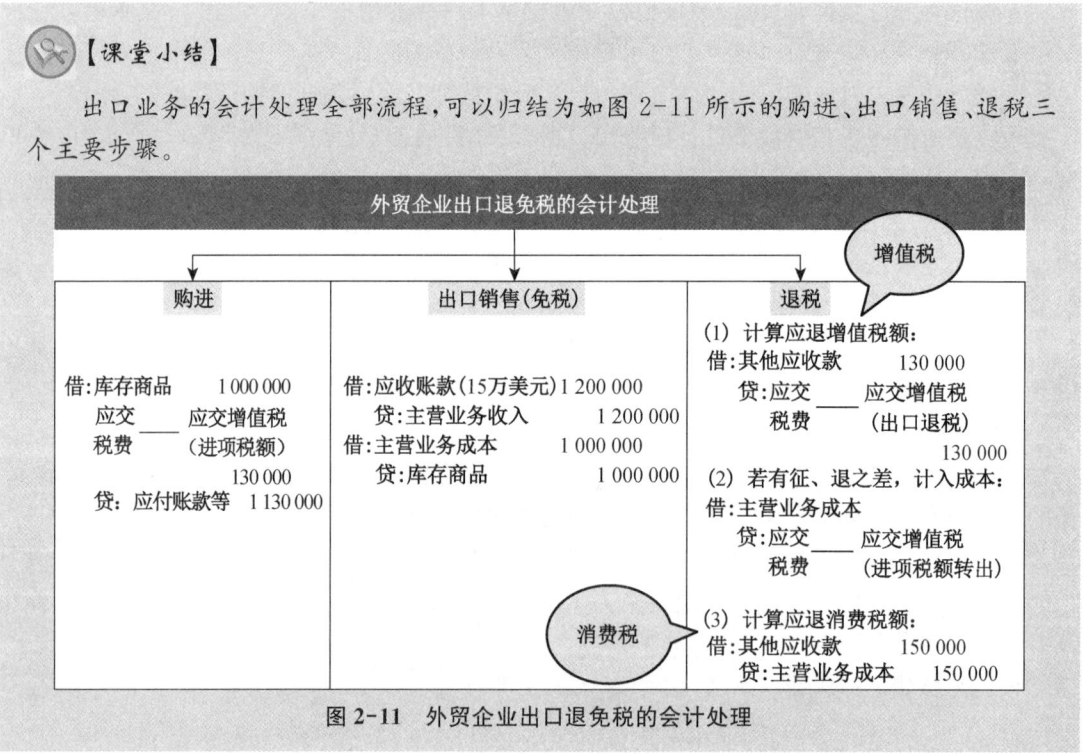

图 2-11　外贸企业出口退免税的会计处理

【例 2-12】　承［例 2-6］，某进出口公司向美国 M 公司出口甲商品 100 吨，价格条件为 CIFC 2% 纽约 USD 2 000/吨，采用信用证方式结算。该商品不含税进价为 12 000 元/吨，增值税税率为 13%，出口后的增值税退税率为 6%。交单日汇率为 1 美元＝6.50 人民币元，收汇日汇率为 1 美元＝6.46 人民币元；国外运费为 USD 30/吨（汇率为 1 美元＝6.52 人民币元）；保险费率 0.8%（汇率为 1 美元＝6.52 人民币元）。则各业务环节的会计处理如下：

（1）出口商品的购进：采购甲商品，根据购进商品的增值税专用发票、转账付款凭证及甲商品的入库凭证，编制会计分录如下：

借：库存商品——甲商品　　　　　　　　　　　　　　　　　1 200 000
　　应交税费——应交增值税(进项税额)　　　　　　　　　　156 000
　　　贷：银行存款　　　　　　　　　　　　　　　　　　　　　　1 356 000

(2) 出口商品的销售：销售各环节的会计处理详见[例2-6]。

(3) 出口退税：甲商品已报关出口并已收汇核销，满足出口退税申报条件。甲商品的进价成本为1 200 000元，增值税税率为13%，已付增值税款156 000元，退税率为6%。编制会计分录如下：

借：其他应收款——应收出口退税　　　　　　　　　　　　　72 000
　　主营业务成本——自营进口销售成本　　　　　　　　　　84 000
　　　贷：应交税费——应交增值税(出口退税)　　　　　　　　　　72 000
　　　　　　　　　　——应交增值税(进项税额转出)　　　　　　　84 000

反映出口效益的财务指标出口每美元成本也称出口换汇成本，反映每出口创汇1美元所耗费的人民币成本。其计算公式如下：

出口每美元成本＝[计税金额＋计税金额×(征税率－退税率)
　　　　　　　　－应退消费税额](人民币金额)÷美元出口额(美元金额)

通常，出口每美元成本越低越好。如果出口换汇成本低于市场汇率，则表明企业出口有利润；如出口每美元成本高于市场汇率，则表明企业出口处于亏损状态，此时一般不宜扩大出口。

【课堂小结】

请计算[例2-12]的出口每美元成本，并对该笔业务的出口效益进行评价。

（六）生产企业出口货物退免增值税的会计处理

生产企业出口货物消费税按规定直接予以免税，不计算缴纳应缴消费税，不进行会计处理。

实行"免、抵、退"办法的生产企业应在"应交增值税"科目内，设置"出口退税""进项税额转出""出口抵减内销产品应纳税额"等专栏，并按规定进行核算。

"出口退税"专栏反映企业出口货物应退的增值税款。

"进项税额转出"专栏反映企业购进货物、在产品、产成品等发生非正常损失以及其他原因而不应从销项税额中抵扣，按规定转出的进项税额。

"出口抵减内销产品应纳税额"专栏反映企业按照规定计算的出口货物的进项税额抵减内销产品的应纳税额。

生产企业按规定计算的当期出口产品不予免征和抵扣税额时，应借记"主营业务成本"账户，贷记"应交税费——应交增值税(进项税额转出)"账户；按规定计算的当期应予抵扣的税额时，应借记"应交税费——应交增值税(出口抵减内销产品应纳增值税)"账户，贷记"应交税费—应交增值税(出口退税)"账户；因应抵扣的税额大于应纳税额而未全部抵扣，按规定应予退回的税款时，应借记"其他应收款——应收出口退税(增值税)"账户，贷记"应交税费——应交增值税(出口退税)"账户；收到出口退税款时，应借记"银行存款"账户，贷记"其他应收款"账户。

【例2-13】 承[例2-10]，编制会计分录如下：

(1) 当月出口按规定计算的当期出口产品不予免征和抵扣税额，计入产品成本：

借：主营业务成本 60 000
　　贷：应交税费——应交增值税（进项税额转出） 60 000

(2) 按规定计算的当期应予抵扣的税额：

借：应交税费——应交增值税（出口抵减内销产品应纳增值税） 200 000
　　贷：应交税费——应交增值税（出口退税） 200 000

(3) 因应抵扣的税额大于应纳税额而未全部抵扣，按规定应予退回的税款（应在次月"免、抵、退"税申报通过后结转）：

借：其他应收款——应收出口退税（增值税） 100 000
　　贷：应交税费——应交增值税（出口退税） 100 000

上述第(2)、第(3)项也可合并为一个分录处理：

借：其他应收款——应收出口退税（增值税） 100 000
　　应交税费——应交增值税（出口抵减内销产品应纳增值税） 200 000
　　贷：应交税费——应交增值税（出口退税） 300 000

(4) 收到退回的税款：

借：银行存款 100 000
　　贷：其他应收款——应收出口退税（增值税） 100 000

【课堂小结】

生产企业出口业务的会计处理全部流程，可以归纳为如图2-12所示的购进、销售、退税三个主要步骤。

生产企业出口退免税的会计处理	
购进 借：原材料　　　　　　　　　　200 　　应交税费——应交增值税（进项税额）26 　贷：应付账款等　　　　　　　　226	**退税** （1）当期出口产品不予免征和抵扣税额： 借：主营业务成本　　　　　　　　6 　贷：应交税费——应交增值税（进项税额转出）6 （2）当期应予抵扣的税额： 借：应交税费——应交增值税（出口抵减内销产品应纳增值税）　　　　40 　贷：应交税费——应交增值税（出口退税）20 　　　应交税费——应交增值税（销项税额）20 （3）应退增值税额： 借：其他应收款——应收出口退税（增值税）10 　贷：应交税费——应交增值税（出口退税）10 （4）收到退回的税款： 借：银行存款　　　　　　　　　10 　贷：其他应收款——应收出口退税（增值税）10
销售 （1）出口（免税） 借：应收账款（72万美元）　　　500 　贷：主营业务收入　　　　　　　500 （2）内销 借：银行存款　　　　　　　　　113 　贷：主营业务收入　　　　　　　100 　　　应交税费——应交增值税（销项税额）13 （3）结转成本 借：主营业务成本　　　　　　　350 　贷：库存商品　　　　　　　　　350	

图2-12　生产企业出口退免税的会计处理

任务 2.6　核算代理出口商品销售与国内商品销售

一、任务布置

【任务 2-6】核算代理出口商品销售

青岛宏远食品进出口有限公司 2022 年 12 月发生以下代理出口业务：

(1) 7 日，根据与通化华日食品加工厂的委托代理出口合同，代理华日食品加工厂向美国 GEOGRGE 食品公司出口蘑菇罐头 1 000 吨，成交价格为 CFR 1 400 美元/吨，总价为 140 万美元，信用证结算方式，手续费率为 3%。今收到华日食品加工厂发来的蘑菇罐头。发货单载明蘑菇罐头总价值为 7 500 000 元。

(2) 10 日，代理出口蘑菇罐头装运出口，向银行交单，汇率为 1 美元＝6.52 人民币元。

(3) 11 日，向外运公司支付代理出口蘑菇国外运费，计 55 000 美元，汇率为 1 美元＝6.55 人民币元。

(4) 11 日，向外运公司支付代理出口蘑菇罐头国内港杂费 9 680 元。

(5) 27 日，代理出口蘑菇罐头结汇（结账日汇率为 1 美元＝6.52 人民币元），开出出口代理手续费发票并与委托方结算。

要求：辨识以上业务的原始凭证，并进行相关账务处理。

二、知识链接

(一) 代理出口销售核算

1. 代理出口销售业务概述

具有进出口经营权的企业接受其他单位的委托，代理包括开拓国际市场、出口成交、办理发运及制单交单结汇等全过程工作，称为代理出口业务。

与自营出口业务相比，代理出口销售业务具有以下特点：

(1) 代理企业不垫付商品资金，不负担基本费用，不承担出口销售盈亏，不承担出口经营风险，有偿服务。

(2) 企业按出口发票的金额和双方协商议定的手续费率，向委托方计收手续费，作为经办代理出口业务的服务收入。

(3) 为划清双方责任，受托方与委托方应事先协商并签订代理出口协议，明确规定代理范围、经营商品、商品交接、储存运输、费用负担、手续费率、外汇划拨、索赔处理、结算方式和双方其他职责等。

(4) 代理业务发生的一切国内外直接费用都属于垫付性质，直接费用应由委托方负担，代理出口发生的间接费用则由向委托方收取的手续费中进行补偿。

(5) 代理出口业务的外汇结算有两种方式：一是异地结汇法（即委托单位结汇）。受托方向银行交单时办妥必要的手续，由银行在收到外汇货款时，向受托企业和委托单位分割收汇的方法，采取该方法时，银行收到外汇货款，将受托企业代垫的国外运费、保险费、佣金及代理手续费划给受托企业,将外汇余款原币划拨委托方,去委托地银行结汇。二是全额收汇法(也称当地结汇,即受托单位结汇)。由受托出口企业办理结汇收账,扣除各种代垫费用及代理手续费后,再将人民币余款划拨委托方。

(6) 代理出口销售业务的出口退税由委托方自行办理,但受托方应提供相应的证明与凭单。

(7) 代理出口销售是外贸企业的中介业务,而不是主体购销行为,代理出口赚取的是代销手续费收入。代理业务手续费收入的确认时间,原则上是代理方在代理出口商品出口交单后,即可向委托方开出代理业务手续费发票,确认代理业务的手续费收入。

注意,企业经营的代理出口业务使用的凭证均应加盖"代理业务"戳记,以便于识别。

2. 代理出口业务收入的确认

目前,代理出口业务一般有以下两种方式。

1) 视同买断方式

它是指由委托方与受托方签订协议,双方按协议价收取所代销商品货款,实际出口价格由委托方自定,实际出口售价与协议价之间的差额归受托方。该方式下委托代销商品收入实现的确认及账务处理,与本企业自营出口销售收入实现的确认及账务处理相同。

2) 收取手续费方式

它是指受托方根据所代销商品的货款金额向委托方收取手续费的销售方式。在该方式下,委托方应在受托方将商品销售后,并向委托方开具代销清单时确认收入的实现;受托方在商品销售后即可向委托方开具代理手续费增值税专用发票(代理业务手续费的增值税税率为6%),将应收取的手续费记入"主营业务收入"或"其他业务收入"账户,相应的增值税记入"应交税费——应交增值税(销项税额)"账户。

3. 代理出口销售核算的账户设置

1) "主营业务收入——代理出口销售收入"(或"其他业务收入——代理出口销售收入")账户

该账户属于损益类账户,用来核算企业代理出口销售取得的收入。代理出口业务构成企业主要经营业务的列入"主营业务收入——代理出口销售收入"账户核算。代理出口业务不多的企业,可通过"其他业务收入——代购代销收入"账户核算。

2) "应付账款——委托方"账户

该账户属于负债类账户,用来核算代理业务过程中应与委托方结算的款项。

3) "代管商品"账户

该账户属于资产类表外备查账户,用来核算代理出口业务过程中代理资产价值。

代理出口的货物,所有权归委托方。代理出口过程中,如果委托企业将该笔货物运交外贸仓库,由外贸企业接办托运装船出口等工作时,应根据业务部门开具的盖有"代理业务"的入库单,视同自营商品进行仓库管理,同时作备查记录:

借:代管商品

其后,在商品托运及出运时,凭盖有"代理业务"戳记的出库单,作如下备查记录:

借:发出代管商品
　　贷:代管商品

到商品装船出口交单确认收入时,再同时作如下备查记录:

  贷:发出代管商品

4. 代理出口销售核算实例

【例 2-14】 某进出口公司受 M 工厂的委托,代理出口甲商品 10 000 吨,成交价格为 CIF 纽约 USD 100 元/吨,手续费率为 3%,暗佣为 2%,汇付佣金。其他有关资料如下:付国外运保费 59 000 美元,汇率为 1 美元=6.72 人民币元;付国内各种费用 9 800 元。结汇方式采用全额收汇法,由受托出口企业办理结汇收账,扣除各种代垫费用及代理手续费后,再将人民币余款划拨委托方,企业结汇日汇率为 1 美元=6.75 人民币元。该进出口公司对汇兑损益采用逐笔结转法。各环节的业务处理如下:

(1) 收到代管商品。收到 M 工厂发来甲商品,根据业务部门开具的盖有"代理业务"戳记的入库单,进行表外备查登记如下:

  借:代管商品——甲商品——M 工厂   10 000 吨

(2) 代办出口托运。受托方根据代理出口合约及代管商品,代办出口单证并向运输单位办理托运手续时,应根据业务储运部门开具的盖有"代理业务"戳记的出库单,进行表外备查登记如下:

  借:发出代管商品——甲商品——M 工厂   10 000 吨
   贷:代管商品——甲商品——M 工厂   10 000 吨

(3) 代办出口交单。受托方在代理商品装运出口后,在信用证规定的日期内,将全套出口单证按合同规定结算方式向银行办理交单手续时,应凭储运部门通知,编制会计分录如下(设当日汇率为 1 美元=6.78 人民币元):

  借:应收账款——应收外汇账款——××客户(USD 1 000 000) 6 780 000
   贷:应付账款——M 工厂   6 780 000

(4) 结转发出商品同时根据代理业务商品出港通知单备查登记如下:

  贷:发出代管商品——甲商品——M 工厂   10 000 吨

(5) 确认代理出口手续费收入,代理业务收入的增值税税率为 6%。向委托方 M 工厂开出代理业务手续费增值税专用发票,确认代理出口手续费收入。编制会计分录如下:

  借:应付账款——M 工厂   215 604
   贷:其他业务收入——代理出口手续费收入   203 400
    应交税费——应交增值税(销项税额)   12 204

【温馨提示】
  商品出口交单后,受托方即可向委托方开出代理业务收取手续费的发票,确认对国内委托方的代理出口手续费收入。

(6) 出口收汇。银行收妥货款扣除银行费用 USD 300,结汇日美元买入价为 1 美元=6.75 人民币元,受托方根据银行结汇水单,编制会计分录如下:

借：银行存款——美元户(USD 999 700)	6 747 975
应付账款——M工厂(银行费用)	2 025
贷：应收账款——应收外汇账款——×客户(USD 1 000 000)	6 750 000
借：银行存款——人民币户	6 747 975
贷：银行存款——美元户(USD 999 700)	6 747 975

将结汇价差归委托方：

借：应付账款——M工厂(汇兑损益)	30 000
贷：应收账款——应收外汇账款——×客户	30 000

(7) 代付国外费用。

a. 代付海运费，共计50 000美元，当日汇率为1美元＝6.72人民币元。根据有关单据和银行购汇水单，编制会计分录如下：

借：应付账款——M工厂(国外运费)	336 000
贷：银行存款	336 000

b. 代付保险费，共计9 000美元，当日汇率为1美元＝6.72人民币元。根据有关单据和银行购汇水单，编制会计分录如下：

借：应付账款——M工厂(国外保险费)	60 480
贷：银行存款	60 480

c. 汇付境外佣金20 000美元，当日汇率为1美元＝6.75人民币元。根据有关单据和银行购汇水单，编制会计分录如下：

借：应付账款——M工厂(佣金)	135 000
贷：银行存款	135 000

(8) 代付国内费用。代理出口的国内各项直接运杂费用，假设支付人民币9 800元，应根据有关单据，编制会计分录如下：

借：应付账款——M工厂	9 800
贷：银行存款	9 800

【温馨提示】

代理出口支付的各项国外、国内费用，都属于代垫代付性质，支付时将费用转国内委托公司应付账款。

(9) 清算代理货款。代理出口业务在收妥货款、结汇入账、结清国内外费用及应收手续费后，应按代销合约的规定凭代理出口结算清单(表2-6)向委托方结清代理货款，并编制会计分录如下：

借：应付账款——M工厂	5 991 091
贷：银行存款	5 991 091

表 2-6　　　　　　　　　　　　代理出口结算清单

××××进出口公司代理出口结算清单			
日期：　　年　月　日			
委托单位：		委托代销合同号码：	
出口合同号码：	出口发票号码：	出口商品名称：	数量：
结算内容	外汇金额(美元)	汇率	折合人民币(元)
出口销售收入	1 000 000	6.78	6 780 000
减：国外费用			
应付国外佣金	20 000	6.75	135 000
国外运费	50 000	6.72	336 000
运输保险费	9 000	6.72	60 480
其他国外费用			
代理出口销售净收入			6 248 520
减：代理出口手续费价税款			215 604
应付代理出口货款净额			6 032 916
减：代付国内费用			
国内运杂费			9 800
银行手续费			2 025
加：汇兑收益(减：汇兑损失)			30 000
结算应付代销商品款			5 991 091

注：代管商品　　　结存：　　　商品：　　　数量：　　　附件：

【课堂小结】

现将自营出口与代理出口的会计核算要点列表对比，如表2-7所示。

表 2-7　　　　　　　　自营出口与代理出口的会计核算要点

核算内容	自营出口	代理出口
1. 出口货源	购入，做购进的会计处理	委托方自备货源，在备查簿记录为"代管商品"，根据储运部门的入库单据数量与金额，记入"代管商品"账户借方
2. 出口交单	(1)确认收入 (2)结转成本	(1)将应收外汇账款记入委托单位往来账款，即借记"应收外汇账款"账户，贷记"应付账款——委托方"账户 (2)商品发运出口后，在备查簿记录贷记"代管商品"账户

(续表)

核算内容	自营出口	代理出口
3. 支付国外费用（运/保/佣）	冲收入	代付性质,记入委托单位往来账,即借记"应付账款——委托方"账户,贷记"银行存款"账户
4. 支付国内费用	列销售费用	代付性质,记入委托单位往来账,即借记"应付账款——委托方"账户,贷记"银行存款"账户
5. 收汇并结汇	结清应收外汇账款处理	结清应收外汇账款,结汇手续后与汇率差价一般由委托单位承担,挂委托单位账 (1) 结清应收外汇账款 　　借：银行存款——外汇户 　　　　应付账款——委托方(手续费) 　　贷：应收账款——外汇 (2) 将应收外汇账款与应付外汇佣金的外汇差价,归计委托方 (假设外汇汇率上升,人民币汇率下降) 借：应收账款——外汇 　　应付账款——委托方(汇率差价) 　　贷：应付账款——应付外汇佣金 假设外汇汇率下降人民币汇率上升,则做相反的会计分录
6. 出口退税申报	出口退税会计处理	无,委托方自行办理出口退税
7. 开发票确认代理收入,并与委托方进行结算	无	(1) 向委托方开代理手续费发票确认代理出口收入 (2) 与委托单位结清"应付账款——委托方"账户

(二) 国内销售业务的核算

1. 国内商品销售业务概述

国内销售是指从国内市场采购商品再售给国内用货单位。其全部业务过程包括商品采购、商品储存、商品销售、货款结算四个环节。国内销售的销售方式从销售数量上分为批量销售和零星销售。批量销售按购进商品是否入库,分为仓库销售和直运销售(即按合同约定凭业务部门通知直接从采购地供货单位发运到用货单位指定的车站、码头);零星销售又分为门市部销售和委托其他单位代销。

内销销售,原则上以企业已将商品所有权上的主要风险和报酬转移给购货方,相关的经济利益能够流入企业为销售收入的确认时间,由于发货方式不同,货款结算方式不同,销售成立的标志也有一定的差别：

(1) 商品交接采用发货制,在货款结算采用托收承付或委托银行收款结算方式的情况下,以发出商品并向银行办妥托收手续的时间为商品销售收入的入账时间。

(2) 商品交接采用提货制,在货款结算采用支票、银行汇票、商业汇票、汇兑等结算方式的情况下,以向对方开出发票并收到对方的货款或票据的时间为商品销售收入的入账时间。

(3) 在委托其他企业代销商品的情况下,应在代销商品已经售出并收到代销清单作为商品销售收入的入账时间。

(4) 采用预收货款销售商品,以发出商品的时间为商品销售收入的入账时间。

对于内销销售收入的计量上,应注意对商业折扣、现金折扣与销售折让的不同会计处理。商业折扣在销售时已经确定,并不构成成交价的一部分,所以应当按照扣除商业折扣后的净额确认销售商品收入的金额。现金折扣是指债权人为鼓励债务人在规定的期限内付款而向债务人提供的债务扣除。现金折扣是预计可能发生的,在确认收入时,不考虑预计可能发生的现金折扣,而应按不含折扣的商品总价款确认销售商品收入和应收账款,待实际发生现金折扣时作为财务费用。销售折让是指企业因售出商品的质量不合格等原因而在售价上给予的减让。对于企业已经确认销售商品收入后发生销售折让时,应按折让额冲减已确认的销售商品收入金额。

2. 国内销售业务账户设置

内销业务构成进出口企业主营业务的,通过"主营业务收入"账户与"主营业务成本"账户核算,所占业务比重较小不构成企业主营业务的,通过"其他业务收入"账户与"其他业务成本"账户核算。

3. 国内商品销售核算实例

【例2-15】 甲外贸公司采用托收承付结算方式内销一批商品,开出的增值税专用发票上注明售价为600 000元,增值税额为78 000元;商品已经发出,并已向银行办妥托收手续;该批商品的成本为420 000元。分别根据销售发票和商品出库凭证等有关单据编制会计分录如下:

(1) 借:应收账款　　　　　　　　　　　　　　　　　　　　　678 000
　　　贷:主营业务收入——内销　　　　　　　　　　　　　　　　600 000
　　　　　应交税费——应交增值税(销项税额)　　　　　　　　　　78 000

(2) 借:主营业务成本——内销　　　　　　　　　　　　　　　　420 000
　　　贷:库存商品　　　　　　　　　　　　　　　　　　　　　　420 000

【例2-16】 甲外贸公司向乙公司销售一批商品,开出的增值税专用发票上注明售价为300 000元,增值税额为39 000元;甲公司已收到乙公司支付的货款339 000元,并将提货单送交乙公司;该批商品成本为240 000元。编制会计分录如下:

(1) 借:银行存款　　　　　　　　　　　　　　　　　　　　　339 000
　　　贷:主营业务收入——内销　　　　　　　　　　　　　　　　300 000
　　　　　应交税费——应交增值税(销项税额)　　　　　　　　　　39 000

(2) 借:主营业务成本——内销　　　　　　　　　　　　　　　　240 000
　　　贷:库存商品——内销　　　　　　　　　　　　　　　　　　240 000

【例2-17】 甲外贸公司委托丙零售公司销售商品200件,商品已经发出,每件成本为60元。合同约定丙零售公司应按每件100元的价格对外销售,甲外贸公司按售价的10%向丙零售公司支付手续费。丙零售公司对外实际销售100件,开出的增值税专用发票上注明的销售价格为10 000元,增值税额为1 300元,款项已经收到。甲外贸公司收到丙零售公司开具的代销清单时,向丙公司开具一张相同金额的增值税专用发票。假定:甲外贸公司发出商品时纳税义务尚未发生;甲外贸公司采用实际成本核算,丙零售公司采用进价核算代销商品。根据有关凭证,分别编制会计分录如下:

(1) 发出商品时:

借:委托代销商品　　　　　　　　　　　　　　　　　　　　　12 000
　　贷:库存商品　　　　　　　　　　　　　　　　　　　　　　12 000

(2) 收到代销清单时：

借：应收账款 11 300
　　贷：主营业务收入——内销 10 000
　　　　应交税费——应交增值税(销项税额) 1 300
借：主营业务成本——内销 6 000
　　贷：委托代销商品 6 000
借：销售费用(10 000×10%) 1 000
　　贷：应收账款 1 000

(3) 收到丙零售公司支付的货款时：

借：银行存款 10 300
　　贷：应收账款 10 300

最新政策

(1)《国务院办公厅关于加快发展外贸新业态新模式的意见》(国办发〔2021〕24号)。新业态新模式是我国外贸发展的有生力量,也是国际贸易发展的重要趋势。加快发展外贸新业态新模式,有利于推动贸易高质量发展,培育参与国际经济合作和竞争新优势,对于服务构建新发展格局具有重要作用。

(2)《关于进一步加大出口退税支持力度 促进外贸平稳发展的通知》(税总货劳发〔2022〕36号)。该通知是为了深入贯彻党中央、国务院决策部署,助力外贸企业缓解困难、促进进出口平稳发展,更好发挥出口退税这一普惠公平、符合国际规则政策的效用,并从多方面优化外贸营商环境。其主要内容包括:一是进一步加大助企政策支持力度;二是进一步提升退税办理便利程度;三是进一步优化出口企业营商环境。

(3)《国家税务总局关于进一步便利出口退税办理 促进外贸平稳发展有关事项的公告》(国家税务总局公告2022年第9号)。其主要内容包括:一是完善出口退(免)税企业分类管理;二是优化出口退(免)税备案单证管理;三是完善加工贸易出口退税政策;四是精简出口退(免)税报送资料;五是拓展出口退(免)税提醒服务;六是简化出口退(免)税办理流程;七是简便出口退(免)税办理方式;八是完善出口退(免)税收汇管理。

练 习 题

一、单项选择题

1. 由进口方向本地银行购买银行汇票自行寄给出口方,出口方凭以向汇票上指定银行取款的结算方法称为(　　)。
　　A. 托收　　　　B. 票汇　　　　C. 信汇　　　　D. 电汇

2. 我国核算自营出口销售收入时,是以(　　)价格条件为基础的。
　　A. CIF　　　　B. CFR　　　　C. FOB　　　　D. FCA

3. 在外贸实践中,出口单证的交付大多数通过(　　)。
   A. 中间商代替买方收受,称之为"交单"
   B. 中间商代替卖方收受,称之为"交单"
   C. 银行代替买方收受,称之为"交单"
   D. 银行代替卖方收受,称之为"交单"

4. 出口贸易业务是以(　　)为中心进行的。
   A. 外销商业发票   B. 出口业务合同
   C. 出口货物报关单   D. 货物出港通知单

5. 出口佣金是支付给中间商的一种报酬,当应支付的累计佣金无法认定到具体某笔销售额时,则应列入(　　)账户。
   A. "管理费用"   B. "销售费用"
   C. "财务费用"   D. "汇兑损益"

6. 外贸企业出口货物先征后退收到增值税退款时,应贷记(　　)账户。
   A. "主营业务收入"
   B. "其他应收款"
   C. "营业外收入"
   D. "应交税费——应交增值税(出口退税)"

7. 企业自营某外贸出口销售成本为100万元,增值税税率为13%,退税率为13%,则未退部分应计入(　　)。
   A. 冲减自营出口销售收入   B. 自营出口销售成本
   C. 销售费用   D. 管理费用

8. 下列存货发出的计价方法中,不利于外贸企业逐笔结转销售成本的存货成本结转方法是(　　)。
   A. 先进先出法   B. 移动加权平均法
   C. 月末一次加权平均法   D. 个别计价法

9. 外贸企业接受本埠或外地有关单位、企业的委托,代办对外销售业务及(　　)工作的业务称为代理出口业务。
   A. 出口商品出运   B. 出口商品加工整理
   C. 出口商品改装   D. 出口制单结算

10. 外贸企业代理出口销售业务发生的费用(　　)。
    A. 由委托单位负担
    B. 由外贸企业负担
    C. 国内费用由外贸企业负担,国外费用由委托单位负担
    D. 间接费用由外贸企业负担,直接费用由委托单位负担

11. 外贸企业代理出口销售的出口退税手续由(　　)办理,出口退税款归(　　)所有。
    A. 外贸企业　外贸企业   B. 委托单位　委托单位
    C. 外贸企业　委托单位   D. 委托单位　外贸企业

二、多项选择题

1. 自营出口销售的业务程序包括(　　)。

A. 出口贸易前的准备工作　　　　B. 出口贸易的磋商
C. 签订出口贸易合同　　　　　　D. 履行出口贸易合同
E. 办理出口收汇核销手续和出口退税手续

2. 自营出口销售业务在 CIF 价下,应红字冲减自营出口销售收入的有(　　)。
A. 国外运费　　　　　　　　　　B. 国外保险费
C. 出口佣金　　　　　　　　　　D. 出口口岸港杂费
E. 仓库到离岸港码头的搬运费

3. 根据盈亏责任归属不同,出口业务分为(　　)。
A. 加工补偿出口　　　　　　　　B. 自营出口
C. 代理出口　　　　　　　　　　D. 易货贸易出口
E. 援外出口

4. 出口货物退(免)税的税种有(　　)。
A. 增值税　　　　　　　　　　　B. 关税
C. 消费税　　　　　　　　　　　D. 城市维护建设税
E. 契税

5. 办理出口退税时,必须提供的凭证有(　　)。
A. 购进出口货物的增值税专用发票(抵扣联)或普通发票、出口销售发票
B. 盖有海关验讫章的出口货物报关单(出口退税专用)
C. 查账时提供出口货物销售明细账
D. 出口销售发票

6. 企业的出口货物必须同时具备(　　)等条件才能申报退税。
A. 属于增值税、消费税征税范围的,并取得增值税专用发票和专用缴款书的货物
B. 在财务上已做销售的货物
C. 报关离境取得出口货物报关单的货物
D. 在出口退税电子系统填报出口退税所需的各项电子资料

三、判断题

1. 明佣是在出口合同中规定而不在出口发票中注明的佣金。　　　　　　　(　　)
2. 我国为了使销售收入的记账口径一致,不论出口成交使用哪一种价格条款,出口销售收入的入账金额一律以离岸价(FOB 价)为基础。　　　　　　　　　　　　(　　)
3. 外贸企业自营出口商品应负责支付或预估的国外运费、保险费和佣金等应冲减销售收入,而不应计入商品销售成本。　　　　　　　　　　　　　　　　　　(　　)
4. 在代理出口过程中,由于经营盈亏由委托方负担,因此所发生的国内外直接费用与间接费用一律由委托方承担。　　　　　　　　　　　　　　　　　　　　(　　)
5. 代理出口虽然由受托企业对外代办销售业务和制单结汇等工作,但由于委托方承担出口盈亏责任,因此出口货物增值税款应退给委托企业。　　　　　　　　　(　　)

四、实务题

1. A 公司的记账本位币为人民币,对外币交易采用交易日的即期汇率折算。该公司本期发生以下业务:
(1) 根据合同规定出口待运甲商品一批,计 50 000 件,每件成本计人民币 48 元(不含增值

税),财务部门今接到出仓凭证。

(2) 上列出口甲商品发票金额为 CIF C 1.8% 纽约 USD 28/件(当日即期汇率为 1 美元＝6.58 人民币元),今日交单出口,收到发票副本和银行回单,发票列明扣除佣金后的出口销售净额为 1 374 800 美元,确认收入并结转出口成本。

(3) 银行收妥上述甲商品外汇并结汇,将人民币款项划入 A 公司账户(当日即期汇率中间价为 1 美元＝6.52 人民币元,买入价为 1 美元＝6.40 人民币元)。

(4) 收到外轮运输公司发票一张,应付上列出口甲商品海运费 7 600 美元,开出支票以外币存款支付(当日即期汇率为 1 美元＝6.52 人民币元)。

(5) 收到保险费发票,应付上列出口甲商品保险费 690 美元,开出转账支票以外币存款支付(当日即期汇率为 1 美元＝6.50 人民币元)。

(6) 银行存款支付出口甲商品市内运杂费计人民币 7 300 元。

(7) 商品的增值税税率为 13%,退税率为 10%,已满足退税条件,现申报出口退税。

要求:计算应收出口退税额与应计入成本的增值税额,并作相关会计处理。

2. 某进出口公司 2022 年 8 月出口商品一批,进货的增值税专用发票注明不含税金额为 500 万元,增值税税率为 13%,退税率为 6%。该商品消费税税率 20%,出口销售取得收入 850 万元,已经收汇核销。

要求:计算应退增值税、消费税的税额,并编制相关会计分录。

3. A 进出口公司受国内 B 化工厂的委托,代理出口甲商品 1 000 吨,成交价格为 CIF 纽约 USD 1 000 000,手续费率为 3%,暗佣为 2%,采用异地结汇法。该公司相关业务资料如下:

(1) 收到储运部门转来的代理业务入库单,列明入库甲商品 1 000 吨,每吨价格为 860 元。

(2) 收到储运部门转来的代理业务出库单,列明入库甲商品 1 000 吨,每吨价格为 860 元。

(3) 收到业务部门转来的代理销售甲商品给美国 C 公司的甲商品的商品出港通知单、发票副本和银行回单,发票列明货款总额 1 000 000 美元,佣金 20 000 美元(议付佣金),当日美元汇率的中间价为 1 美元＝6.52 人民币元。

(4) 向委托方 B 化工厂开出代理业务收取手续费的增值税专用发票,代理手续费收入为 30 000 美元,当日美元汇率的中间价为 1 美元＝6.52 人民币元,代理业务手续费的增值税税率为 6%。

(5) 签发转账支票,支付运输公司将甲商品运至启运港的运杂费和启运港的装船费共计 5 600 元。

(6) 签发转账支票,以外币户分别支付外运公司甲商品的国外运费 15 000 美元,保险费 6 000 美元。当日美元汇率中间价为 1 美元＝6.52 人民币元。

(7) 收到银行转来的分割收结汇的收账通知,应结算给 A 进出口公司的金额,按汇率 1 美元＝6.52 人民币元折算,折合美元合计为 53 658.90 美元,含代垫国外运费 15 000 美元,代垫保险费 6 000 美元,代理手续费 30 000 美元,代理手续费的增值税销项税额为 11 736 元,国内运杂费为 5 600 元。款项全部存入企业外币账户,当日美元汇率的中间价为 1 美元＝6.52 人民币元。其余外汇款项 926 341.10 美元直接划入委托方 B 化工厂。

要求:为以上业务编制会计分录。

4. 某进出口公司受 M 工厂的委托代理出口甲商品 1 000 吨,成交价格为 CIF 纽约

USD 1 000 000,手续费率为 3%。代付国外运费 USD 50 000,保险费 USD 5 000,佣金 USD 20 000;汇率一律按固定汇率 1 美元=6.52 人民币元结算;采用间接结汇(本地结汇)方式,银行结汇手续费率为 3‰;外贸代理手续费率为出口成交价格的 3%,此外代付国内各种费用 12 800 元。

要求:请填写代理出口结算清单(表 2-8),并计算实际应划拨净额(代理出口增值税税率为 6%)。

表 2-8   代理出口结算清单

委托客户					
合约号		出口发票号		价格条款	
商品名称			商品数量		
销售金额	出口成交原币额 USD 1 000 000				CNY 6 520 000
减:扣除费用	1. 出口运费原币 USD(50 000) 2. 出口保险费原币 USD(5 000) 3. 出口佣金原币 USD(20 000) 4. 结汇银行手续费原币 USD(3 000) 5. 外贸代理手续费 3%,增值税税率 6% 6. 市内运输劳务,刷唛费,商品检验费 7. 扣除费用合计				CNY(326 000) CNY(32 600) CNY(130 400) CNY(19 560) CNY(207 336) CNY(12 800) CNY(728 696)
8. 实际划拨净额					CNY(5 791 304)

公司结算章: 主管: 经办人:

项目 2 学习报告

班级：_____   姓名：_____   学号：_____   成绩：_____

学习目标	学习要点	
知识目标	学完本项目后，学生应该掌握以下几点： 1. 自营出口业务的流程 2. 国际贸易价格术语 3. 自营出口业务账务处理的步骤 4. 代理出口业务的两种处理方法	知识点列示： 1. 2. 3. 4.
技能目标	请比较出口货物退免税的几种情况，并完成下列表格。	

税种	出口免税并退税	出口免税不退税	出口不免税也不退税
增值税			
消费税			

素养目标	请阐述自营出口、代理出口以及出口退税的账务处理要点。学生应深入领会、完整落实出口退税政策，在进行出口退税核算时，做到依法纳税、诚信纳税。

项目 3

进口贸易业务

◎ 【重点和难点】

1. 掌握进口贸易业务流程。
2. 掌握进口贸易单证的构成及其审核要点。
3. 掌握自营进口商品采购成本的构成,以及自营进口贸易业务的账务处理。
4. 掌握代理进口贸易业务的账务处理。

◎ 【知识点思维导图】

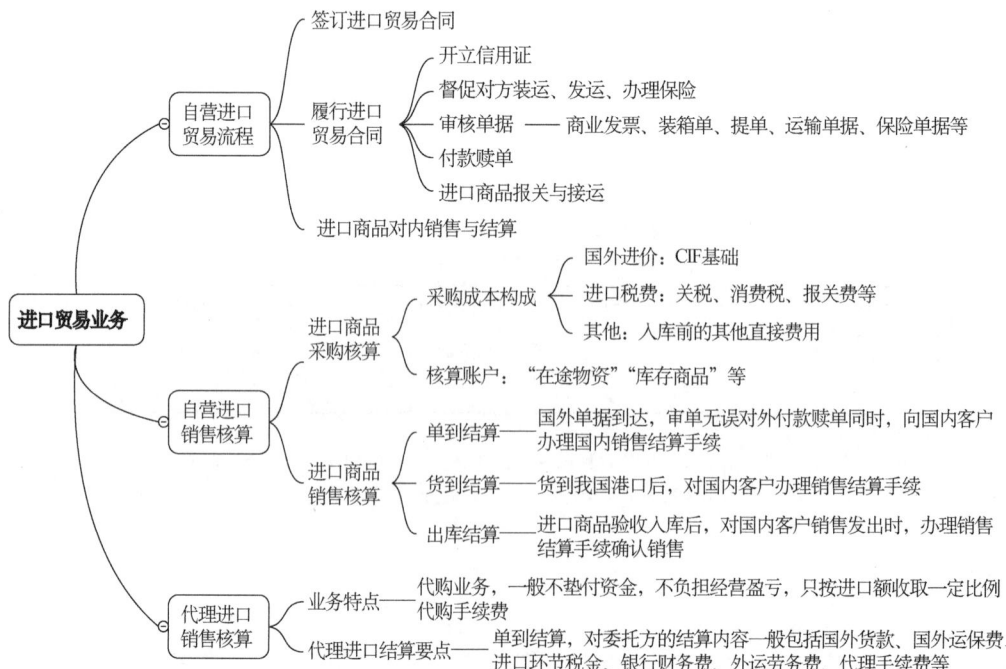

项目 3　进口贸易业务

 思政引领

阿富汗参展商阿里:进博会改变了我的人生轨迹

2022年11月8日,中央电视台东方时空报道了中国国际进口博览会(简称进博会)阿富汗参展商阿里,他的手工羊毛地毯由阿富汗人手工完成,一张地毯可以为一个阿富汗家庭带来一整年的收入。2022年,他在地毯图案中融入龙和熊猫等中国元素,已经收到2 000多个订单,可以为阿富汗人民创造许多就业机会。2021年,我国外交部发言人赵立坚为阿富汗松子"带货",使其成为进博网红产品,首次参展的阿里在短短的一个月间卖出了3吨松子;阿里与客商在地毯前的合影,被外交部发言人汪文斌点赞。因为进博会,阿里的人生轨迹彻底改变,他由北京搬到了上海,成立了自己的公司,创立了自己的品牌。

进博会是世界上第一个以进口为主题的国家级展会,由国家主席习近平亲自谋划、亲自提出、亲自部署、亲自推动,是中国着眼推进新一轮高水平对外开放作出的一项重大决策,是中国主动向世界开放市场的重大举措。

进博会联通中国和世界,成为国际采购、投资促进、人文交流、开放合作的四大平台,成为全球共享的国际公共产品。进博会展现了中国作为负责任大国,带动全球发展的决心与责任。

【讨论】请同学们搜索相关资料,谈谈中国为什么要举办进博会。

任务 3.1　认知进口贸易业务流程

一、任务布置

【任务 3-1】　认知进口贸易业务流程

对照进口贸易业务流程(图 3-1),回答以下问题:

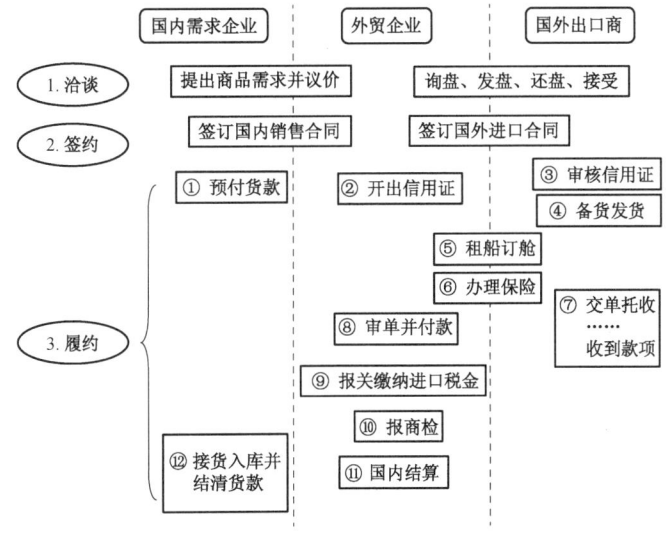

图 3-1　进口贸易业务流程

75

(1) 进口贸易业务流程主要有哪些环节？
(2) 不同的成交价格下，进口贸易业务流程的环节有何不同？

二、知识链接

进口贸易业务是指外贸企业以外汇在国际市场上采购设备或商品，以满足国内生产和人民生活需要的业务。它是外贸企业基本业务的重要组成部分，所以进口贸易业务的核算也就构成外贸企业会计核算的重要内容之一。在进口贸易中，一笔进口货物的交易程序是由交易洽谈、合同签订、合同履行和内销结算这四个部分组成的。整个交易程序都是围绕合同这个中心进行的。合同是交易双方的法律依据。

（一）进口贸易业务的种类

按经营责任，我国外贸企业进口贸易业务分以下两类。

1. 自营进口贸易业务

自营进口贸易业务是指外贸企业根据自身经营的需要和可能的外汇来源，以对内销售盈利为主要目的而经营的进口业务。其经营盈亏由外贸企业负责。

2. 代理进口贸易业务

代理进口贸易业务是指外贸企业接受其他单位的委托，以自己的名义为委托人设定权利和义务而经营的进口业务。代理进口不同于自营进口的最大特征是外贸企业处于中介服务地位，与委托单位没有购销关系，盈亏由委托单位承担，代理企业仅收取一定的手续费。

（二）进口贸易业务的程序

进口贸易业务所涉及的经济活动是进口企业会计工作的主要对象。为了能够对进口业务的会计事项进行及时、正确地计量、分类、汇总和列报，会计人员必须对进口业务的具体过程有一定程度的了解，并以此背景来组织原始凭证、设计会计科目和账簿格式，研究如何对经济事项进行确认、计量，保证会计信息的质量。

进口贸易业务主要包括进口贸易前的准备工作、签订进口贸易合同、履行进口贸易合同、对内销售和结算等。

1. 进口贸易前的准备工作

我国外贸企业主要是依据国内市场的需求情况、国际市场上商品的价格、供应商的资信情况和企业的利润来组织进口贸易。对于国家规定必须申请许可证的进口商品，外贸企业必须按规定申请许可证，方能与国内客户签订供货合同（只有少数政府限制进口的商品需要申请许可证，但 WTO 反对申请许可证，今后会越来越少）。

【温馨提示】

根据许可证有无限制，许可证可分为公开一般许可证和特种进口许可证。①公开一般许可证（open general licence）：它对进口国别或地区没有限制，凡列明属于公开一般许可证的商品，进口商只要填写此证，即可获准进口。②特种进口许可证（specific licence）：进口商必须向政府有关当局提出申请，经政府有关当局逐笔审查批准后才能进口。

> 根据进口许可证和进口配额的关系,进口许可证可分为有定额的进口许可证和无定额的进口许可证。①有定额的进口许可证:先规定有关商品的配额,然后在配额的限度内根据商人申请发放许可证。②无定额的进口许可证:主要根据临时的政治的或经济的需要发放。

2. 签订进口贸易合同

外贸企业在与国内客户签订供货合同后,应与国外的出口商通过询盘、发盘、还盘与反还盘、接受4个环节,在磋商的基础上签订进口贸易合同。

根据《中华人民共和国涉外经济合同法》的规定,合同必须以书面形式达成。进口贸易合同的主要条款有如下几项:

(1) 商品品种及数量。
(2) 商品品质条款。
(3) 商品包装条款。
(4) 装运保险条款。
(5) 价格条款。
(6) 检验和索赔条款。
(7) 支付结算条款等。

3. 履行进口贸易合同

外贸企业履行进口贸易合同的一般程序主要包括以下5个环节。

1) 开立信用证

进口商品如采用信用证结算方式,应严格按照合同规定期限,向中国银行办理申请开证手续,信用证的内容应与合同条款一致。

2) 督促对方及时发货和办理必要的手续

在合同规定的交货期前,外贸企业应督促国外出口商及时备货、按时装船及办理进口保险。在FOB价格条件下成交的进口合同,租船订舱由进口方负责。我国进口商品的租船订舱工作一般由外贸运输公司办理。租船订舱后,外贸运输公司应及时通知出口商船名和船期,以便对方按时发货。按FOB或CFR价格条件成交的进口商品,应由进口方办理保险手续。外贸运输公司根据各进口企业的委托与保险公司签订预约保险合同。因此,当收到国外装船通知时,外贸运输公司要及时将商品名称、数量、装船期、目的港、船名、开船日期、提单号等通知保险公司,办妥投保手续。

3) 审核单据和付款赎单

这是与财务部门关系最密切,也是最重要的一个环节。国外出口商在商品装船后,会将包括代表货物所有权的全套单据寄给议付行或开证行以收取货款。外贸企业在收到银行转来的国外出口商的全套单据后,应对照信用证,逐一审核单据的种类、份数和内容,只有在单证相符、单单相符的情形下,才能凭全套结算单据向开证行办理进口付款手续,赎回单据并凭相关单据提取货物。如果审核发现单证或单单不符,应立即由国内银行通过国外银行通知出口商,或凭担保付款或停止对外付款。

4) 海关报关和货物接运

进口商品到港后,由外贸企业或委托外贸运输公司根据进口单据填写"进口货物报关单",附发票、提单和保险单,向海关申报。办理海关报关和货物接运工作,计算缴纳税款和港口费用。

5) 商品检验和索赔

根据国家规定,凡属法定检验的进口商品,都必须在合同规定的期限内,由商检机关检验。未经检验的进口商品,不准销售,亦不准使用。如进口商品索赔期较短,发现有残损或提货不着等情况,均需在卸货港向商检机关报检、出证。进口商品如有残损短缺,凭商检部门出具的证书对外索赔;由于船方过失造成的货物短缺或残损,应向轮船公司提出索赔;发生承保范围内的损失,应向保险公司提出索赔。

4. 对内销售和结算

进口商根据合同向国内客户销售并办理结算。

以FOB价格条款和即期信用证结算方式成交的自营进口贸易业务流程如图3-2所示。

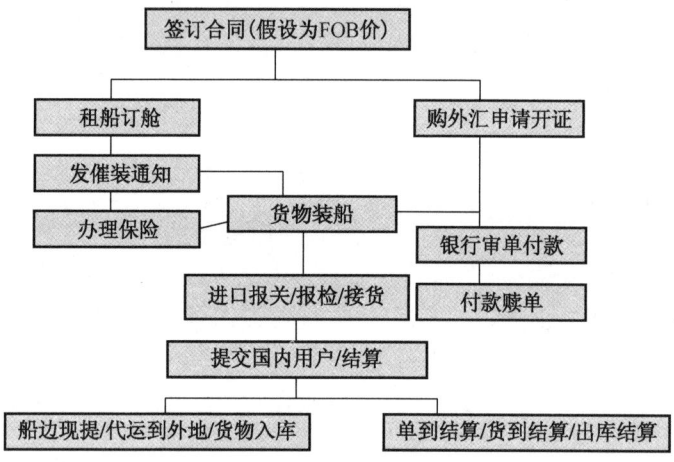

图3-2 自营进口贸易业务的流程

小思考

阅读并查看图3-2所示的自营进口贸易业务流程,填制表3-1。

表3-1　　　　　　不同成交价格下运输与保险手续的办理方

价格条款	租船订舱	办理保险
FOB		
CFR		
CIF		

(三) 进口贸易单证及其审核

1. 进口贸易单证的构成

进口贸易单证一般包括4套正本单据,其中:提供报关1套、对外付款1套、对内结算1套、留底1套。每套单据包含:1份商业发票;1份提单;1份装箱单;运输单据、保险单据和商品检验证书等。

2. 进口贸易单证的审核

根据国际结算的有关规定,银行履行付款责任的依据,是进口贸易的单证而不是相关的货物,因此,进口贸易单证不仅是履行进口合同的重要手段,而且是结算货款的重要依据,还是在发生贸易纠纷时处理事端的司法凭据。对进口贸易单证的审核工作是进口贸易业务的重要一环。以信用证结算方式为例,进口贸易单证的审核内容如下。

1) 对商业发票的审核

商业发票通常简称发票,在货物装出时,是出口商开立向进口商索取货款的价目清单,是商业交易的详细叙述,是进口贸易中的基本单据。商业发票应重点审核如下内容:

(1) 发票是否由信用证的受益人出具。

(2) 买方名称与信用证上的付款人是否一致。

(3) 货物的数量和发票的总金额是否超出信用证规定的范围。

(4) 单价是否按信用证规定的幅度开列。

(5) 是否有受益人的签字。

(6) 如为分批装运,是否符合信用证的规定等。

2) 对运输单据的审核

运输单据中最为常见的是海运提单。海运提单是货物承运人或其代理人签发,证明托运的货物已经收到或已装运上船,约定将该项货物运往目的地交予提单持有人的物权凭证。运输单据应重点审核如下内容:

(1) 收货人名称与信用证是否相符。

(2) 提单所列货物与信用证是否一致。

(3) 提单是否为不清洁提单。

(4) 装货港和卸货港是否符合信用证的规定。

(5) 是否提交了全套有效单据。

(6) 已装船批注日期是否迟于信用证规定的装船期。

(7) 是否按信用证规定证明运费已付及支付金额。

(8) 是否按信用证的规定签字或背书等。

3) 对商品检验证明书的审核

商品检验证明书是由政府商检机构或制造厂商或公证行等,对商品进行检验后出具的关于商品品质、规格、重量、数量、包装和检疫等方面或某一方面鉴定的书面证明文件。商品检验证明书应重点审核如下内容:

(1) 发货人的名称是否符合信用证的规定。

(2) 货名、重量、唛头是否与发票、提单上所注明的完全一致。

(3) 所证明的内容应与信用证的有关规定完全一致。

4) 对装箱单的审核

装箱单是货运单据的一项重要凭证,进口地海关验货,进口商核对货物均以此为依据。装箱单应重点审核如下内容:

(1) 装箱单的内容是否与货物实际包装相符。

(2) 是否与发票、提单等单据的各项内容一致。

(3) 装箱单上日期是否早于发票日期等。

3. 对进口贸易单证的处理

业务部门根据合同或信用证进行审单,若发现有不符合的地方,应立即通知财务部门,并将单据交回,写明详细拒付理由与全套单据一并退回银行,再由银行向国外议付行提出拒付。在拒付期间,全套单据由开证行持有,直接到国外补充更正单据,开证行再将原单据及更正单据送交进口公司。

业务部门审单如为单证相符、单单相符,同意对外付款,则填写"进口审单明细目录",注明商品品名、结算号、运保费及公司手续费的收取比例等内容,附上一套正本单据送财务部门据以付款。业务部门最后应至少保存一套正本单据,以便将来进口货物到港,我方检验发现问题时,凭正本单据向出口商提出索赔。

财会部门接到业务部门以上单据后,通知开证行对外付款,并办理对内结算,通过银行向用户托收货款,对照发票等进行会计处理。

用户接到托收凭证后,承付托收款,并凭其中一套单据到港口提货,另一套单据将交给运输部门办理报关手续。

任务 3.2 自营进口贸易业务核算

一、任务布置

【任务 3-2】 自营进出口业务的会计处理

青岛宏远食品进出口有限公司的记账本位币为人民币,对外币交易采用交易日的即期汇率折算。2022 年 12 月 2 日,该公司与德国 STEVEN 公司签订进口合同,向德国进口自动打包机 6 台,用于本公司出口商品的打包,价格条款为 FOB 汉堡 3 000 美元/台,结算方式为签合同日预付合同款的 1/3,运抵口岸后付余款。该公司 2022 年 12 月发生如下经济业务:

进口货物无纸化通关与海关缴款书的认证及打印

(1) 2 日,与德国 STEVEN 公司签订进口合同,向德国进口自动打包机 6 台,用于本公司出口商品的打包,用现汇账户电汇(T/T)6 000 美元(汇率为 1 美元=6.52 人民币元)。

(2) 9 日,拿到货代公司的散货仓位通知单与结算单,支付货代公司进口包装机国外运费 185 美元(汇率 1 美元=6.55 人民币元)。

(3) 9 日,向保险公司支付进口包装机国外保险费 158.4 美元(汇率为 1 美元=6.55 人民币元)。

(4) 21 日,进口包装机运抵口岸,相关单证已通过国际快递收到,经审核无误,依据合同汇付德国 STEVEN 公司 12 000 美元(汇率为 1 美元=6.54 人民币元)。

(5) 23 日,进口打包机到货,向海关申报进口,支付关税、增值税。

(6) 25 日,向报关行支付进口包装机代理报关费用 562 元,开出支票付款。

(7) 26 日,包装机送达公司,由仓储部门验收并投入使用。

要求:

(1) 请确定打包机进口成本的构成。

(2) 对以上业务进行会计处理。

二、知识链接

自营进口贸易业务是指外贸企业以营利为目的,从国外市场购进商品销售给国内用户的业务,外贸企业在商品购进和销售过程中自负盈亏。自营进口贸易业务一般包括进口商品采购和商品销售两个环节。其核算的主要内容包括:自营进口商品采购核算、自营进口商品销售核算等。

(一) 自营进口商品采购的核算

1. 自营进口商品采购成本的构成

自营进口商品采购成本是指进口商品到达目的地后,商品发出以前发生的各种支出,主要包括国外进价、进口税费和其他可归属于进口商品采购成本的费用。

1) 国外进价

按现行会计制度规定,进口商品的国外进价,一律以 CIF 价格为基础。如果外贸企业以 FOB 价格或 CFR 价格成交的进口商品,商品离开对方口岸后应由进口方支付的国外运费、保险费等应一律计入商品进价成本;外贸企业收到的进口佣金,凡是能够认定到进口商品的,应冲减国外进价成本;不能直接按商品认定的,如累计佣金,应冲减"销售费用"。

关于国外运费、保险费和佣金的说明如下:

(1) 在 CIF 价格及 CFR 价格条件下,国外运费应该由出口方支付;在 FOB 价格条件下,国外运费应该由进口方支付。

(2) 国外保险费在 CIF 价格条件下,由出口方支付;在 CFR 及 FOB 价格条件下,由进口方支付。国际上一般对出口货物险的投保金额按可保财产的实际价值全额投保,即按起运地的 CIF 价格投保,通常还要加上到达目的地后的预期利润,国际保险市场上通常为加成 10%。其计算公式如下:

$$保险费 = CIF \times 保险费率 \times 110\%$$

(3) 佣金是指按价格条件或合同规定支付给中间商的推销报酬,进出口交易均由卖方支付,通常都计入货价之内,称为含佣价。在对外贸易中,佣金主要有三种方式:明佣、暗佣、累计佣金。明佣又称发票内佣金,是指价格条件中规定的佣金。例如,CIF C 5% 表示到岸价含 5% 佣金。暗佣又称发票外佣金,是指价格条件中未作规定,但在合同中规定有佣金。累计佣金是指出口企业与国外包销商、代理商订立协议,按一定时期内累计销售金额及相应的佣金率定期计付佣金。

?小思考

外贸公司进口一批货物,发票总金额为 FOB 5 000 美元,进口方支付运费、保险费共 300 美元,则进口方记入"在途物资"账户的金额为(　　)美元。如果出口方汇付佣金 200 美元给外贸公司,则进口方记入"在途物资"账户的金额为(　　)美元。

A. 5 000　　　　　　B. 5 300　　　　　　C. 5 100　　　　　　D. 5 500

2) 进口税费

进口商品在进口环节应缴纳的税金主要有进口关税、消费税和增值税。其中由海关征收的进口关税和消费税计入进口商品的采购成本;进口环节的增值税不计入采购成本,而在"应交税费——应交增值税(进项税额)"账户中单独反映。进口商品在国内销售环节缴纳的各种税金,不在进口商品采购成本中核算。

(1) 进口关税。进口关税分从价计征与从量计征两种。其中,从价计征的应交关税＝关税完税价格×进口税率。关税完税价格是指海关以进出口货物的实际成交价格为基础,经调整确定的计征关税的价格。依据《中华人民共和国进出口关税条例》第十八条规定,进口货物的完税价格包括货物的货价、货物运抵我国境内输入地点起卸前的运输及其相关费用、保险费。即进口关税以海关审定的成交价格为基础的到岸价格(CIF价)作为完税价格。其计算公式如下：

$$进口货物关税完税价格 = 货价 + 采购费用(包括货物运抵我国关境内输入地起卸前的运输及其相关费用、保险费)$$

$$进口关税 = 关税完税价格 \times 关税税率$$

从量计征的应缴关税,其计算公式如下：

$$进口关税 = 货物数量 \times 单位税额$$

(2) 进口增值税及消费税。由组成计税价格计算,其计算公式如下：

$$消费税 = 组成计税价格 \times 消费税税率$$
$$= (关税完税价格 + 进口关税) \div (1 - 消费税税率) \times 消费税税率$$
$$组成计税价格 = 关税完税价格 + 进口关税 + 消费税$$
$$增值税 = 组成计税价格 \times 增值税税率$$
$$= (关税完税价格 + 进口关税 + 消费税) \times 增值税税率$$

进口商品在进口环节应缴纳的费用包括报关费、卸船费、码头费等,应计入进口商品采购成本。

3) 其他可归属于进口商品采购成本的费用

这主要包括进口商品采购过程中发生的国内运输费用、包装费、运输途中的合理损耗、入库前的挑选整理费、委托代理费等。委托代理费是指企业委托其他单位代理进口时,支付给受托单位的代理手续费和其他费用。

值得注意的是,进口商品到达目的地后,商品向国内销售用户发出以后发生的各种支出,如运杂费、保险费等,应计入"销售费用",而不计入进口商品采购成本。

【温馨提示】

进口商品的采购成本 = 国外进价 + 进口税费 + 其他可归属于
进口商品采购成本的费用(入库前的国内费用)
$CIF = FOB + 国外运费 + 保险费 = CFR + 保险费$

2. 账户设置

在进口商品采购业务核算中要设置"在途物资"账户和"库存商品——进口商品"账户。为了准确反映进口商品的采购成本,在"在途物资"总账账户下设置"进口商品采购"二级明细账。其基本结构如图3-3和图3-4所示。

在途物资——进口商品采购	
(1) 商品的国外进价(CIF 价) (2) 可直接认定的进口商品佣金(红字) (3) 进口税费:关税、消费税、报关费、码头费等 (4) 其他可归属于进口商品采购成本的费用	结转入库或销售的进口商品采购成本
余额:在途进口商品的采购成本	

图 3-3 "在途物资——进口商品采购"账户的结构

库存商品——进口商品	
结转入库商品的进口采购成本	结转已销进口商品的成本
余额:尚未销售的进口商品总成本	

图 3-4 "库存商品——进口商品"账户的结构

3. 进口商品采购的账务处理实例

【例 3-1】 某外贸公司为一般纳税企业,以人民币为记账本位币,其外币交易采用交易日即期汇率折算。应国内客户要求,该公司从日本进口甲商品 200 台,成交总价款为(FOB)160 000美元,日方收到货款后汇付给该公司佣金 5 000 美元。该公司以美元现汇账户支付境外运费 8 000 美元,保险费 2 000 美元,银行开证保证金 40 000 美元。该商品增值税税率为13%,关税税率为20%,消费税税率为10%。该进口商品报关费、港务费共计 12 000 元,商品从码头运到该公司仓库的运杂费为 8 700 元。该进口商品采购各业务环节的具体资料及相关账务处理如下:

(1) 申请开立信用证,使用美元现汇 40 000 美元存入开证保证金,当日美元即期汇率为1 美元=6.45 人民币元。

借:其他货币资金——信用证保证金(USD 40 000)　　　　　　　　　　　　258 000
　　贷:银行存款——美元户(USD 40 000)　　　　　　　　　　　　　　　　258 000

(2) 接到银行转来的全套进口单据,与合同、信用证核对无误,通过银行承付国外价款,当日汇率为 1 美元=6.52 人民币元,根据银行相关回单和外商发票进行账务处理如下:

借:在途物资——进口商品采购(甲商品)　　　　　　　　　　　　　　　　1 043 200
　　贷:银行存款——美元户(USD 120 000)　　　　　　　　　　　　　　　782 400
　　　　其他货币资金——信用证保证金(USD 40 000)　　　　　　　　　260 800

(3) 根据有关运保费结算清单和付款凭证,用现汇账户支付进口商品国外运保费共计10 000美元。支付日汇率为 1 美元=6.54 人民币元。

境外运费 = USD 8 000×6.54 = 52 320(元)
境外保险费 = USD 2 000×6.54 = 13 080(元)
合计 = 52 320+13 080 = 65 400(元)

借:在途物资——进口商品采购(甲商品)　　　　　　　　　　　　　　　　65 400
　　贷:银行存款——美元户(USD 10 000)　　　　　　　　　　　　　　　65 400

(4) 收到日本汇来的进口佣金 5 000 美元,当日汇率 1 美元=6.52 人民币元。

借：银行存款——美元户（USD 5 000） 32 600
　　贷：在途物资——进口商品采购（甲商品） 32 600

(5) 进口报关，计提进口环节税金，该商品增值税税率为13%，关税税率为20%，消费税税率为10%，计算税金的基础汇率为1美元=6.52人民币元。

$$关税完税价格 = USD(160\,000 + 8\,000 + 2\,000) \times 6.52 = 1\,108\,400(元)$$
$$关税 = 1\,108\,400 \times 20\% = 221\,680(元)$$
$$消费税 = (1\,108\,400 + 221\,680) \div (1 - 10\%) \times 10\%$$
$$= 147\,786.67(元)$$
$$增值税 = (1\,108\,400 + 221\,680 + 147\,786.67) \times 13\%$$
$$= 192\,122.67(元)$$
$$应计入进口商品采购成本的税额 = 221\,680 + 147\,786.67 = 369\,466.67(元)$$

借：在途物资——进口商品采购（甲商品） 369 466.67
　　贷：应交税费——进口关税 221 680.00
　　　　　　　——应交消费税 147 786.67

(6) 收到海关完税凭证，缴纳关税、消费税及增值税。

借：应交税费——进口关税 221 680.00
　　　　　　——应交消费税 147 786.67
　　　　　　——应交增值税（进项税额） 192 122.67
　　贷：银行存款 561 589.34

(7) 收到外运公司发票，开支票支付进口商品报关费、港务费共计12 000元，另支付该商品从码头运到外贸企业仓库的运杂费8 700元。

借：在途物资——进口商品采购（甲商品） 20 700
　　贷：银行存款 20 700

(8) 进口商品到货，验收入库，根据商品入库凭证。

借：库存商品——库存进口商品（甲商品） 1 466 166.67
　　贷：在途物资——进口商品采购（甲商品） 1 466 166.67

$$甲商品每台成本 = 1\,466\,166.67 \div 200 = 7\,330.83(元)$$

(二) 自营进口商品销售的核算

1. 自营进口商品销售结算的方式

进口商品的国内销售业务是指外贸企业将用外汇购进的各种商品物资，按国内协商作价，销售给国内用货企业，其盈亏由外贸企业自己负担的业务。它是进口业务的第二个环节。

自营进口商品销售收入的入账时间，在我国外贸企业中，传统上习惯以开出进口结算单向国内用户办理货款结算的时间为准。自营进口商品销售结算主要有货到结算、单到结算和出库结算三种方式。

(1) 货到结算。如果企业与国内用户签订货到结算的合同，只要货船到达我国港口并取得外运公司的船舶到港通知单，就可按合同规定向国内用货单位开出销售发票，确认收入，并向国内用户办理结算手续。

（2）单到结算。如合同规定对国内用户实行单到结算的，则不管进口商品是否已经到达我国港口，只要收到国外客户的全套进口单据，经审核确定符合合同规定及信用证条款，即可在承付国外货款的同时，向国内用货单位开出销售发票，确认收入，并向国内用户办理结算手续。

（3）出库结算。出库结算是指外贸企业的进口商品到货后先验收入库，销售时凭出库凭证、提货凭证和运输凭证等向国内用户开出结算凭证及增值税专用发票，确认销售收入的实现。

是采用货到结算、单到结算，还是出库结算，由外贸企业同国内企业协商并签订合同进行确定。单到结算对外贸企业以销定进、减少资金占用非常有利。采用不同的结算方式，其会计处理也不尽相同。

2. 账户设置

外贸企业主要设置"主营业务收入——自营进口销售收入"账户和"主营业务成本——自营进口销售成本"账户，来核算自营进口业务的销售收入和销售成本。

（1）"主营业务收入——自营进口销售收入"账户属于损益类账户，用来核算企业自营进口商品的销售收入。其贷方核算自营进口商品的销售收入；借方核算进口商品退货时还给订货单位的货款和数量短少、品质不符合合同规定的理赔款等；期末，将本期实现的销售收入转入"本年利润"账户的贷方。

（2）"主营业务成本——自营进口销售成本"账户属于损益类账户，用来核算企业自营进口商品的销售成本。企业结转自营进口商品销售成本时，记入借方；发生自营进口商品销货退回时，记入贷方；期末转入"本年利润"账户的借方。

【温馨提示】

三种进口商品销售结算方式的区别如表3-2所示。

表3-2　　　　　　　　　三种进口商品销售结算方式的区别

区别	货到结算（购销合一）	单到结算（购销合一）	出库结算（购销分离）
收入确认时点	不入库，到港就确认收入	不入库，付款赎单确认采购同时确认收入	商品先入库，待出库销售确认收入
成本确认时点	同收入确认时点	货物到港	同收入确认时点
会计分录	支付国内运杂费： 借：销售费用 　贷：银行存款 结转成本： 借：主营业务成本 　贷：在途物资	支付国内运杂费： 借：销售费用 　贷：银行存款 结转成本： 借：主营业务成本 　贷：在途物资	支付国内运杂费： 借：在途物资 　贷：银行存款 结转成本： 借：主营业务成本 　贷：库存商品

3. 核算程序和账务处理

自营进口商品销售时，由于向用户办理货款结算的时间不同，其账务处理也存在三种情况。

1) 货到结算

在这种结算方式下,进口货物到港后即发往国内用户单位,进口商品不通过库存核算,直接由"在途物资——进口商品采购"账户转入"主营业务成本——进口商品销售成本"账户。由于货到时进口商品的采购成本已计算完毕,因此货物到港确认进口商品销售收入的同时,结转进口商品销售成本。

【例3-2】 承[例3-1],当采用货到结算时,收到外运公司货到口岸的通知,即可向国内用户结算,商品不需入库。本例仍为向洪达公司销售120台甲商品,每台不含税单价10 000元,采用货到结算,其账务处理如下:

(1) 在收到外运公司到港通知时,向国内用户结算货款。

借:应收账款 1 356 000
　　贷:主营业务收入——自营进口销售收入 1 200 000
　　　　应交税费——应交增值税(销项税额) 156 000

(2) 同时结转进口商品销售成本。

应结转的销售成本＝7 330.83×120＝879 699.6(元)

借:主营业务成本——自营进口销售成本 879 699.6
　　贷:在途物资——进口商品采购(甲商品) 879 699.6

2) 单到结算

外贸企业在收到国外进口单据,审单无误,承付国外货款的同时就可以向国内用户开出销售发票并办理销售货款结算,即进口商品的采购和国内销售同时进行。由于这时进口商品采购成本尚未计算完毕,所以不能同时在销售时结转成本。只有在货物到港,计算完相应成本后才能结转销售成本。

【例3-3】 某外贸公司为一般纳税企业,以人民币为记账本位币,其外币交易采用交易日即期汇率折算。应国内客户要求,从纽约进口乙商品一批,共计100吨,合同规定:货款总计CIF纽约20 000美元,该商品关税税率为10%,增值税税率为13%。该进口商品报关费、港务费共计8 300元,商品从码头运到国内用户所在地运杂费为3 000元。与国内客户签订的销售合同规定:对内销售每吨1 800元(不含税),采用单到结算方式,从港口到国内客户所在地运费3 000元由外贸公司负担。其相关账务处理如下:

(1) 申请开立信用证,以人民币购买4 000美元存入开证保证金,当日美元中间汇率为1美元＝6.45人民币元,卖出汇率为1美元＝6.47人民币元。

借:银行存款——美元(USD 4 000) 25 800
　　财务费用 80
　　贷:银行存款——人民币户 25 880

借:其他货币资金——信用证保证金(USD 4 000) 25 800
　　贷:银行存款——美元(USD 4 000) 25 800

(2) 收到银行转来的国外单据,审单无误通过银行承付进口货款20 000美元。当日美元中间汇率为1美元＝6.45人民币元。

借：在途物资——进口商品采购(乙商品)   129 000
    贷：其他货币资金——信用证保证金(USD 4 000)   25 800
        银行存款——人民币户   103 200

(3) 向国内用户开出销售发票与相关结算凭证办理货款结算。

借：应收账款——某单位   203 400
    贷：主营业务收入——自营进口销售收入   180 000
        应交税费——应交增值税(销项税)   23 400

(4) 进口报关,计提进口环节税金,该商品增值税税率为13%,关税税率为10%,计算税金的基础汇率为1美元=6.45人民币元。

关税完税价格 = USD 20 000 × 6.45 = 129 000(元)
关税 = 129 000 × 10% = 12 900(元)
增值税 = (129 000 + 12 900) × 13% = 18 447(元)

借：在途物资——进口商品采购(乙商品)   12 900
    贷：应交税费——进口关税   12 900

(5) 收到海关完税凭证,缴纳关税、消费税及增值税。

借：应交税费——进口关税   12 900
        ——应交增值税(进项税额)   18 447
    贷：银行存款   31 347

(6) 收到外运公司发票,开支票支付进口商品报关费、港务费共计8 300元。另支付该商品从码头运到国内用户所在地的运杂费3 000元。

借：在途物资——进口商品采购(乙商品)   8 300
    销售费用   3 000
    贷：银行存款   11 300

(7) 进口采购成本结转进口成本。

借：主营业务成本——自营进口销售成本   150 200
    贷：在途物资——进口商品采购(乙商品)   150 200

3) 出库结算

在出库结算情况下,进口商品的采购成本已核算完毕,并已入库。因此可以在反映进口商品销售收入的同时结转进口商品的销售成本。

【例3-4】承[例3-1],该外贸公司将120件甲商品以每件10 000元的价格销售给洪达公司。已开出增值税发票并办理结算,接到商品出库单。增值税税率为13%。其账务处理如下：

(1) 接到商品出库单,确认国内销售成立。

借：应收账款(或银行存款)   1 356 000
    贷：主营业务收入——自营进口销售收入   1 200 000
        应交税费——应交增值税(销项税额)   156 000

(2) 结转进口商品国内销售成本。

应结转的销售成本 = 7 330.83 × 120 = 879 699.6(元)

借：主营业务成本——自营进口销售成本　　　　　　　　　　　　879 699.6
　　贷：库存商品——进口商品(甲商品)　　　　　　　　　　　　　879 699.6

任务 3.3　代理进口贸易业务核算

一、任务布置

【任务 3-3】 代理进口业务的会计处理

青岛宏远食品进出口有限公司的记账本位币为人民币，对外币交易采用交易日的即期汇率折算。该公司 2022 年 12 月份发生以下代理进口业务：

(1) 3 日，受青岛鸿运罐头食品加工厂委托从美国 SANLANDI 公司进口罐头食品生产设备一套，价款为 62 500 美元(CIF 青岛)，代理手续费率为 2%。收到青岛鸿运罐头食品加工厂预付的代理进口货款 425 000 元。

(2) 7 日，向美国 SANLANDI 公司开出信用证，信用证保证金为 15 000 美元(当日汇率为 1 美元＝6.52 人民币元)。

(3) 14 日，收到银行转来罐头生产设备的全套单证，审核无误后用现汇账户对外付款(当日汇率为 1 美元＝6.52 人民币元)。

(4) 14 日，按代理进口罐头生产设备货款的 3‰向青岛鸿运罐头食品加工厂计算代理手续费 15 533.02 元，开出发票。

(5) 20 日，代理进口罐头生产设备运抵我国口岸，委托曙光报关行向青岛海关办理报关手续，收到海关完税凭证，进口关税税率为 20%，增值税税率为 13%。

(6) 22 日，垫付罐头生产设备港杂费、搬运费 2 816 元。

(7) 25 日，与青岛鸿运罐头食品加工厂依据代理进口结算单结算代理进口款项。

要求：

(1) 辨识以上业务发生的原始凭证。

(2) 对以上业务进行会计处理。

二、知识链接

(一) 代理进口业务的特点

代理进口业务是指外贸企业接受国内订货单位的委托代办的进口业务。它包括对外洽谈成交、办理开证、运输、保险及审单付汇等全过程，受托人仅按到岸价(CIF)的一定比例收取代理手续费，不承担进口业务的盈亏风险，不垫付款项。如只代委托方办理对外成交，而不负责开证付款者，均不属于代理进口业务。

代理进口所需外汇，原则上由委托方自己解决，并按时划入受托方的专用外汇账户。如委托单位委托受托方购汇，所需人民币及手续费由委托方负担。代理进口属代理性质的业务，外贸企业不垫付资金，不承担进口业务盈亏，只按规定收取一定的手续费。代理进口业务与自营进口业务相比，有以下几个特点：

(1) 外贸企业在向委托方预收购货款或收妥现汇后，同国外出口商签订购货合同，不垫付外汇资金。

（2）代理进口业务的货款、国外运费、保险费、国内财务费用等，均由委托方承担，外贸企业不承担盈亏责任，只按有关规定收取一定手续费。

（3）代理进口的关税、增值税及消费税等，由委托方缴付。

（4）由于外贸企业经营代理进口业务前，已与委托单位签订了代理进口合同或协议，就代理进口商品名称、价款条件、运输方式、费用负担、风险责任和手续费率等有关内容做出了详细的规定，明确了双方的权利和责任。因此，当银行转来国外全套结算单据，经审核与合同无误，支付进口商品货款的同时，也就可以向国内委托单位开出代理手续费发票并办理相关货款结算，确认代理进口收入。即代理进口商品的国内销售只有单到结算一种方式，而自营进口商品的国内销售有单到结算、货到结算和出库结算三种方式。

（5）代理进口应向委托方结算的项目内容如下：①国外货款，即指进口合同中规定的商品价款。②国外运保费，即以FOB价或CFR价成交的进口商品，按合同规定支付的国外运输费、保险费。③进口环节关税、消费税、增值税。④银行财务费，即指银行办理进口商品国际结算时收取的费用。外贸企业可按定额向委托方收取，一般为货款的3‰～5‰。⑤外运劳务费，即指外运公司办理商品国外运输的代办手续费。⑥代理手续费，即指外贸企业办理进口业务收取的手续费，目前一般的比例是CIF价的1.5%～3%。

（二）代理进口业务的核算

1. 账户设置

1)"主营业务收入——代购代销收入"账户

外贸企业由于在代理进口业务过程中，不承担商品销售盈亏，所以不需要设置"在途物资"账户核算进口商品成本，也无须核算商品销售收入，而是设置"主营（其他）业务收入——代购代销收入"账户，用来核算企业代理进口业务所取得的代理手续费净收入。"主营业务收入——代购代销收入"账户属于损益类账户，其贷方反映外贸企业代理进口商品取得的手续费收入；期末应将手续费净额从借方转入"本年利润"账户。如代理进口业务属于外贸企业的其他业务，则取得的收入记入"其他业务收入——代购代销收入"账户。

2)"应收账款"账户

外贸企业代理委托方到国外去采购商品，由于代理企业不需要垫付商品资金，所以外贸企业在商品购进业务中，通常通过"应收账款（预收账款）"账户来反映同国内委托方之间的债权关系；"应收账款"账户，属于资产类账户，用于核算外贸企业与国内委托方的债权。该账户贷方核算收到委托单位的预付款；借方核算支付代理进口的各项成本；当委托进口业务结束时，应结清该账户。

【温馨提示】

"双抬头"完税凭证是指海关签发的进口税单，在一般情况下缴款单位被默认为是经营单位，即如果经营单位与收货单位不一致时，税单上打印出双抬头，在缴款单位栏，经营单位在上，收货单位在下方的括号中；如果收货单位与所选的缴款单位一致，则税单打印的缴款单位为单抬头的完税凭证。

2. 代理进口业务的账务处理

【例 3-5】 黄海进出口公司受国内某企业的委托,从法国一家企业进口一批香水,以 FOB 马赛价格成交。代理进口手续费率为 1‰,委托方预付进口货款 1 355 000 元人民币,由受托外贸公司代为购汇。经与开户银行洽商免收开户保证金(国际贸易实践中对信誉良好的客户可有此优惠)。该代理进口商品采购过程中各业务环节的具体资料及相关账务处理如下:

(1) 收到委托单位预付的款项。

借:银行存款　　　　　　　　　　　　　　　　　　　　　　　　　1 355 000
　　贷:预收账款——委托单位　　　　　　　　　　　　　　　　　　1 355 000

(2) 收到银行转来国外公司全套结算单据,开列香水 300 箱,每箱 300 美元 FOB 马赛,计货款 90 000 美元。审核无误后购汇支付货款,当日美元汇率卖出价为 1 美元=6.48 人民币元。

借:预收账款——委托单位　　　　　　　　　　　　　　　　　　　583 200
　　贷:银行存款　　　　　　　　　　　　　　　　　　　　　　　　583 200

(3) 购汇支付香水的国外运费 1 600 美元,保险费 200 美元,当日美元汇率卖出价为 1 美元=6.48 人民币元。

借:预收账款——委托单位　　　　　　　　　　　　　　　　　　　11 664
　　贷:银行存款　　　　　　　　　　　　　　　　　　　　　　　　11 664

若境外运费和保险费未与境外货款同时支付,则:

借:预收账款——委托单位　　　　　　　　　　　　　　　　　　　11 664
　　贷:应付外汇账款——外运公司　　　　　　　　　　　　　　　　10 368
　　　　　　　　　　——保险公司　　　　　　　　　　　　　　　　 1 296

(4) 开具服务业发票,按代理香水 CIF 价的 1‰计算收取代理手续费 918 美元,当日美元汇率中间价为 1 美元=6.45 人民币元,代理业务的增值税税率为 6%。

借:预收账款——委托单位　　　　　　　　　　　　　　　　　　　6 276.37
　　贷:主营业务收入——代购代销收入　　　　　　　　　　　　　　5 921.10
　　　　应交税费——应交增值税(销项税额)　　　　　　　　　　　　 355.27

(5) 香水运抵我国口岸,向海关申报应纳进口关税 145 230 元、消费税 345 670 元和增值税 193 980 元。收到海关出具的"双抬头"完税凭证,原件交委托方时:

借:应交税费——应交增值税(进项税额)　　　　　　　　　　　　　193 980
　　　　　　——应交消费税　　　　　　　　　　　　　　　　　　　345 670
　　　　　　——进口关税　　　　　　　　　　　　　　　　　　　　145 230
　　贷:银行存款　　　　　　　　　　　　　　　　　　　　　　　　684 880

借:预收账款——委托单位　　　　　　　　　　　　　　　　　　　684 880
　　贷:应交税费——应交增值税(进项税额)　　　　　　　　　　　　193 980
　　　　　　　——应交消费税　　　　　　　　　　　　　　　　　　345 670
　　　　　　　——进口关税　　　　　　　　　　　　　　　　　　　145 230

(6) 开出代理进口结算清单(表3-3),与国内委托方进行货款清算。

借:预收账款——委托单位　　　　　　　　　　　　　　　68 979.63
　　贷:银行存款　　　　　　　　　　　　　　　　　　　　　　　　68 979.63

表3-3　　　　　　　　　　　　　代理进口结算单

黄海进出口公司代理进口货款结算清单			
日期：　　年　　月　　日			
委托单位：	委托进口合同号码：		进口合同号：
进口国别：	到达口岸：		单价：
折合汇率：	船名：		总价：
结算内容	外币金额(美元)	汇率	折合人民币(元)
预收贷款			1 355 000.00
减：货值(FOB)	90 000	6.48	583 200.00
国外运费	1 600		10 368.00
国外保险费	200		1 296.00
货值(CIF)	91 800		594 864.00
进口关税			145 230.00
进口增值税			193 980.00
进口消费税			345 670.00
代理手续费			5 921.10
手续费销项税			355.27
减项合计			1 286 020.37
应结算净额			68 979.63

公司结算章：　　　　　　　　主管：　　　　　　　　经办人：

3. 自营进口销售与代理进口销售账务处理的区别

自营进口销售与代理进口销售账务处理的区别如表3-4所示。

表3-4　　　　　　　自营进口销售与代理进口销售账务处理要点

核算内容	自营进口	代理进口
1. 预收进口商品款项		借记"银行存款"账户,贷记"预收账款"账户
2. 开立信用证	信用证保证金,借记"其他货币资金"账户,贷记"银行存款"账户	借记"其他货币资金"账户,贷记"银行存款"账户
3. 收到银行转来发票汇票提单等单据,付款赎单	借记"在途物资"账户,贷记"其他货币资金""银行存款"账户	冲销"预收账款"账户,借记"预收账款"账户,贷记"其他货币资金"账户
4. 支付(代付)国外运保费	计入商品成本,即记入"在途物资"账户,借记"在途物资"账户,贷记"银行存款"账户	冲销"预收账款"账户,借记"预收账款"账户,贷记"银行存款"账户
5. 支付(代付)报关进口税金	关税与消费税,计入商品成本(即记入"在途物资"账户) 增值税记入"应交税费——应交增值税(进项税额)"账户	分两步：先借记"预收账款"账户,贷记"应交税费"账户；再借记"应交税费"账户,贷记"银行存款"账户

(续表)

核算内容	自营进口	代理进口
6. 支付（代付）港杂费	计入商品成本（即记入"在途物资"账户）	冲销"预收账款"账户
7. 进口货物到港后直发国内用户（或入库）	借记"主营业务成本"或"库存商品"账户，贷记"在途物资"账户	通知委托方自提到港货物
8. 对国内客户开销售发票，与国内购买方（或委托方）结算销售收入	按发票价税款，借记"应收账款"或"预收账款"账户，贷记"主营业务收入""应交税费——应交增值税（销项税额）"账户	借记"预收账款"账户，按发票价税款贷记"主营业务收入""应交税费——应交增值税（销项税额）"账户，其中增值税销项税额的税率为6%（代理销售服务）
9. 清算往来款	结平"应收账款"或"预收账款"账户	结平"预收账款"账户

最新政策

（1）《财政部 海关总署 税务总局关于"十四五"期间支持科技创新进口税收政策的通知》（财关税〔2021〕23号）等。2021年，财政部、海关总署、税务总局联合发布了支持科技创新、支持科普事业发展和能源资源勘探开发利用等一系列进口税收政策。

（2）商务部等8部门决定设立29个国家进口贸易促进创新示范区。2022年11月，为落实习近平主席在第四届进博会上宣布的"增设进口贸易促进创新示范区"重大开放举措，商务部、发展改革委、财政部、人民银行、海关总署、市场监管总局、外汇局、药监局决定，在全国增设29个国家进口贸易促进创新示范区。

练 习 题

一、单项选择题

1. 被委托方只代委托方办理对外进口成交，而不负责垫付开证费用，（   ）。
  A. 属于自营进口业务
  B. 属于代理进口业务
  C. 不属于代理进口业务
  D. 既不属于自营进口业务，也不属于代理进口业务

2. 计入进口采购商品国外进价的价格基础是（   ）。
  A. CIF   B. FOB   C. CNF   D. EXW

3. 进口合同成交价格为FOB，支付境外运费和保险费应计入（   ）。
  A. 采购成本   B. 销售费用   C. 冲减收入   D. 冲减采购成本

4. 自营进口商品，收到国外出口商佣金时应（   ）。
  A. 增加营业外收入   B. 冲减采购成本
  C. 增加销售收入   D. 冲减销售费用

5. 代理进口的商品,收入确认的条件是( )。
   A. 开出服务业发票　　　　　　　　B. 收到银行转来的进口单据,审单无误
   C. 收到进口货物　　　　　　　　　D. 进口商品出库

6. 按照《企业会计准则》,外贸企业购进商品时发生的运输费、装卸费等进货费用应计入( )。
   A. 商品成本　　　B. 销售费用　　　C. 管理费用　　　D. 财务费用

7. 外贸企业自营进口销售,对国内用户办理结算的方式是( )。
   A. 单到结算　　　B. 货到结算　　　C. 出库结算　　　D. 以上都可以

8. 外贸企业进口后内销的"货到结算",是指( )。
   A. 以进口企业收到运输部门转来的到港通知作为对国内用户的销售实现
   B. 以进口企业收到货款作为对国内用户的销售实现
   C. 以进口企业收到银行转来的国外提货单等单据对外付款时作为对国内用户的销售实现
   D. 以进口企业收到银行进账单时作为对国内用户的销售实现

9. 进出口企业代理进口业务时,应按进口( )的一定比例向委托方收取外汇代理手续费。
   A. FOB 价　　　　B. CIF 价　　　　C. CFR 价　　　　D. 商品国外进价

10. 外贸企业代理进口业务对内结算的方式是( )。
    A. 出库结算　　　B. 货到结算　　　C. 单到结算　　　D. 以上都可以

二、多项选择题

1. 进口贸易流程的主要环节有( )。
   A. 进口贸易洽商　　　　　　　　　B. 签订进口合同
   C. 履行进口合同　　　　　　　　　D. 国内销售
   E. 索赔理赔

2. 进口贸易的单据包括( )。
   A. 品质证书　　　B. 商业发票　　　C. 运输单据　　　D. 保险单据
   E. 装箱单据

3. 根据盈亏责任归属不同,进口业务分为( )。
   A. 易货贸易　　　　　　　　　　　B. 自营进口
   C. 代理进口　　　　　　　　　　　D. 记账外汇进口
   E. 补偿贸易进口

4. 自营进口商品的采购成本包括( )。
   A. 国外进价　　　　　　　　　　　B. 进口关税
   C. 海关代收的消费税　　　　　　　D. 海关代收的增值税
   E. 其他可归属于进口商品采购成本的费用

5. 在代理进口业务中,下列会计处理方法中,正确的有( )。
   A. 收取的货款作为受托方的商品销售收入
   B. 支付的国外运保费作为受托方的销售成本
   C. 支付的进口关税可从委托方预付款中抵扣
   D. 支付的进口增值税可作为受托方的进项税额
   E. 受托方设置"主营(其他)业务收入——代购代销收入"账户核算手续费收入

三、判断题

1. 进口商品采购成本包括国外进价和进口环节所缴纳的各种税金。（ ）
2. 进口商品销售收入应在货物出库托运时确认入账。（ ）
3. 商品入库后所发生的挑选整理费不应计入库存商品成本。（ ）
4. 进口商品的进口关税应是进口商品采购成本组成部分。（ ）
5. 自营进口商品在抵达我国口岸后的港务费、过港费等，由外运公司向进口企业收取，进口企业则将其作为"销售费用"。（ ）
6. 进口商品的国外进价一律以离岸价（FOB）为基础。（ ）
7. 外贸企业自营进口所缴纳的增值税应计入进口采购成本。（ ）
8. 商品进口过程中收到的佣金应冲减销售费用。（ ）

四、实务题

1. 某外贸公司的记账本位币为人民币，对外币交易采用交易日的即期汇率折算，该外贸公司向德国自营进口轴承1 000只，价格条款为FOB汉堡每只40美元，采用即期信用证结算方式。同时与国内B公司签订内销合同，采用出库结算方式，售价总额（不含税价）400 000元。存入开证银行保证金10 000美元，支付国外运费10 640美元，国外保险费1 000美元，海关代征增值税税率为13%，国内港杂费为2 000元。

要求：为以下业务进行相关账务处理：

（1）向银行申请开立信用证，以人民币购买美元10 000存入开证保证金，当日美元卖出价为1美元＝6.45人民币元。

（2）收到银行转来的国外单据，审单无误用人民币购买30 000美元支付货款。当日美元卖出价为1美元＝6.45人民币元。

（3）根据有关运保费结算清单和付款凭证，购汇支付进口商品国外运保费共计11 640美元。支付日美元卖出价为1美元＝6.54人民币元。

（4）进口报关，计提进口环节税金，该商品关税税率为10%，增值税税率为13%，计算税金的基础外汇牌价为1美元＝6.45人民币元。

关税完税价格 ＝
关税 ＝
增值税 ＝

（5）支付关税及增值税，收到海关完税凭证。

（6）收到外运公司发票，开出支票支付进口商品报关费、港务费共计2 000元。

（7）收到业务部门转来的进口轴承入库凭证，结转进口商品成本。

（8）将轴承发往B公司，开出增值税专用发票，列明价款为400 000元，增值税销项税额为52 000元，另代垫运费2 800元，已向银行办妥托收手续，确认收入并结转成本。

2. 某外贸公司的记账本位币为人民币，对外币交易采用交易日的即期汇率折算，从日本自营进口建筑钢材100吨，成交价为CIF上海每吨280美元，采用D/P结算方式。该钢材全部售给国内B厂，不含税售价为每吨4 200元，单到结算。

要求：为以下经济业务进行相关账务处理：

（1）收到银行转来的进口单证，审核无误，用自有外汇付款赎单（当日汇率为1美元＝6.54

人民币元)。

(2) 付款赎单同时向国内订货单位开出进口结算单,连同其他有关单据向银行交单,通过银行向 B 工厂托收取上述进口商品价款 420 000 元,增值税额 54 600 元。

(3) 进口报关,计提进口环节税金,该商品进口关税为 9 800 元,进口增值税为 25 079.60 元。

(4) 支付关税和增值税,收到海关完税凭证。

(5) 收到外运公司发票,开出支票支付进口商品报关费、港务费共计 4 200 元。

(6) 进口商品采购成本归集完毕,结转进口商品的内销成本。

(7) 收到银行转来的上述国内用货单位全部款项。

3. 某外贸公司受国内 A 企业的委托,从日本一家企业进口甲产品 1 000 件,以 FOB 大阪 100 美元/件的价格成交。代理进口手续费率为 2%,委托方预付进口货款 1 000 000 元人民币,由受托外贸公司代为购汇支付国外款项。进口关税税率为 10%,增值税税率为 13%,该代理进口商品采购过程中各业务环节的具体资料如下:

(1) 收到 A 企业预付的款项 1 000 000 元。

(2) 收到银行转来国外公司全套结算单据,审核无误后购汇支付货款,当日美元汇率卖出价为 1 美元＝6.48 人民币元。

(3) 购汇支付甲商品的国外运费 5 000 美元,保险费 1 200 美元,当日美元汇率卖出价为 1 美元＝6.48 人民币元。

(4) 开具增值税专用发票,按代理甲 CIF 价的 2% 计算收取代理手续费 2 124 美元,当日美元汇率中间价为 1 美元＝6.45 人民币元,代理业务增值税税率为 6%。

(5) 甲商品运抵我国口岸,向海关申报应纳进口关税与进口增值税。收到海关出具的"双抬头"完税凭证,原件交委托方。计算税金的基础外汇牌价为 1 美元＝6.45 人民币元。

(6) 开出代理进口结算单,与国内委托方进行货款清算。

要求:为以上业务编制会计分录。

4. 2022 年 7 月 18 日,某外贸公司接受 A 厂委托,代理进口甲商品一批,已预收 A 厂进口货款 120 000 元,设银行汇率为 1 美元＝6.52 人民币元,甲商品的有关资料如下:以 FOB 价成交的进口货款为 10 000 美元;国外运费为 1 600 美元;国外保险费为 800 美元;进口关税税率为 20%,增值税税率为 13%,银行财务费率为 3‰(CIF 价计算);代理手续费为 3‰(按 CIF 值计算)。

要求:填写代理进口结算单(表 3-5),并计算应向委托方结算的款项总额。

表 3-5　　　　　　　　　　　　　代理进口结算单

×××外贸公司代理进口货款结算清单			
日期:2022 年 07 月 08 日			
委托单位: 　　委托进口合同号码: 　　进口合同号:			
进口国别: 　　到达口岸: 　　单价:			
折合汇率: 　　船名: 　　总价:			
结算内容	外币金额(美元)	汇率	折合人民币(元)
预收贷款			
减:货值(FOB)			

(续表)

结算内容	外币金额(美元)	汇率	折合人民币(元)
国外运费			
国外保险费			
货值(CIF)			
进口关税			
进口增值税			
银行手续费			
代理手续费			
手续费销项税			
减项合计			
应结算净额			

公司结算章：　　　　　　　　主管：　　　　　　　　经办人：

项目3 学习报告

班级：＿＿＿＿＿　　姓名：＿＿＿＿＿　　学号：＿＿＿＿＿　　成绩：＿＿＿＿＿

学习目标		学习要点	
知识目标	学完本项目后,学生应该掌握以下几点： 1. 自营进口业务的流程 2. 进口商品采购成本的构成 3. 自营进口商品销售的三种结算方式	知识点列示： 1. 2. 3.	
技能目标	请比较自营出口与自营进口,并完成下列表格。		
	区别	自营出口	自营进口
	计价基础		
	确认时点		
	国外费用		
	国内费用		
	税费		
素养目标	请阐述自营进口销售与代理进口销售的账务处理要点。学生应结合实务中的单据进行账务处理,做到理论与实务结合,不断提高自己的职业素养,养成精益求精的工匠精神。		

项目 4

外贸企业费用与报表

◎ 【重点和难点】

1. 掌握外贸企业期间费用的内容与会计核算。
2. 掌握外贸企业期间费用的分摊原则与分摊方法。
3. 掌握外贸企业内部报表的编制,以及进出口效益评价指标。

◎ 【知识点思维导图】

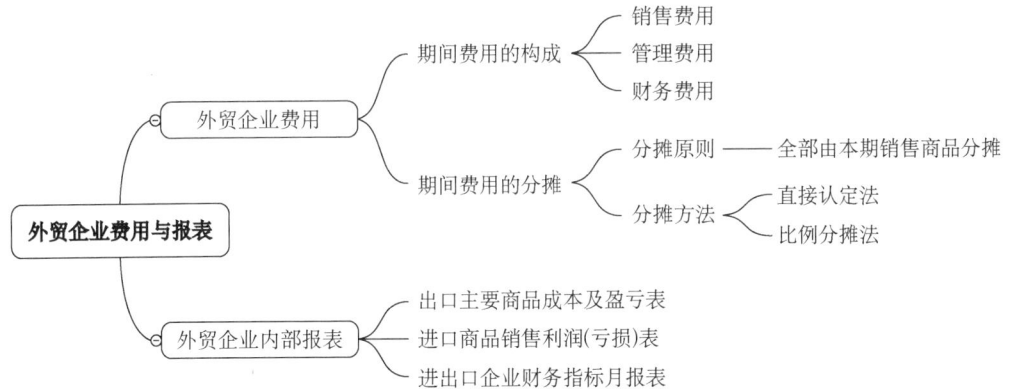

 思政引领

货源采全球,产品卖全球

2023年2月,央视财经频道《经济半小时》播出了对开创食品集团主力工厂菏泽盛庆工厂的专题采访。

"一根芦笋卖三国"。企业主营食品罐头出口,通过研究不同国家消费者的口味和喜

(续上)

好,如法国、德国、西班牙三大欧洲主销市场对整笋、笋尖、笋段、笋根部不同的喜好,将芦笋加工成不同形态的产品销往不同国家。这种模式实现了产品价值最大化,使企业的生产成本下降5%,产销量增加15%。

"货源采全球,产品卖全球"。企业进口泰国热带水果、意大利樱桃、以色列果汁等半成品及辅料,通过进料加工再出口,实现产品价值和利润的跃升;同时加大研发投入,促进新品迭代,实现产品漂洋过海、全球走俏。

"海铁联运,高质量物流保发货"。产品销路离不开畅通的商路,跨境贸易是一场争分夺秒的物流接力。铁路部门在菏泽曹县站设立了内陆港,同时还开通了黄岛港、日照港、董家口港的海铁联运集装箱班列业务,支持企业在仓库门口实现装卸。在港口和铁路部门的"无缝衔接"下,企业产品得以更快、更低碳、更低成本地运往全球。

"招兵买马,带动农村劳动力就业"。随着订单增多,2023年春节前夕,盛庆工厂为附近社区及农村剩余劳动力提供了1 000余个就业岗位。

2022年,我国进出口总值首次突破40万亿元,连续6年保持世界第一货物贸易国地位。出口贸易对我国经济发展、百姓就业等都具有极其重要的作用,是我国经济增长的"三驾马车"(出口、消费、投资)之一。

【讨论】请同学们结合菏泽盛庆工厂事例,谈谈对外贸易对我国经济发展的重要作用。

任务4.1 核算外贸企业费用

一、任务布置

【任务4-1】 进行外贸企业费用分摊
根据项目5中青岛宏远食品进出口有限公司2022年12月的业务资料,完成以下任务:
(1)归集12月的期间费用。
(2)将期间费用分摊到本期经营的进出口商品中。

二、知识链接

(一)期间费用的主要内容

外贸企业的期间费用是指一定时期发生的、与企业经营有关的但不能直接归属于某种特定商品成本的耗费,是保证外贸企业进出口业务顺利进行所必需的耗费。

期间费用是商品流转过程中必不可少的费用支出,是外贸企业商品经营成本的重要组成部分,降低期间费用能够降低进口和出口总成本,增加企业盈利;同时,期间费用水平是反映外贸企业经营管理水平和经济效益的综合指标,不断降低期间费用,能促进外贸企业管理水平和经济效益的提高,增强出口商品在国际市场上的竞争力。外贸企业的期间费用主要包括:为促进商品销售发生的销售费用,为组织和管理企业发生的管理费用,因筹集和使用资金以及汇率水平的变化而发生的财务费用。

1. 销售费用的具体内容

(1) 运杂费。运杂费是指企业在商品销售过程中,使用各种运输工具所支付的运输费和运输过程中发生的搬运费,以及同运输费有关的各项杂费,如调车费、站台、码头租用费、港口建设费等。

(2) 装卸费。装卸费是指企业的商品在车站、码头、仓库、货场发生的支付给装卸单位的各项费用。

(3) 整理费。整理费是指企业专门用于进行挑选、整理商品所发生的各种费用,如商品的分类、分等和其他整理工作所雇佣的工人的工资、工具消耗费用及其他零星费用等。

(4) 包装费。包装费是指企业包装或改变包装所支付的包装用品费,包装物折损和修理费,包装物挑选、洗刷和修补费,包装物租用费,以及不能列入包装物进价的运杂费等。

(5) 差旅费。差旅费是指企业按规定支付给因业务工作需要出差人员的住宿费、交通费以及伙食补助费等。

(6) 样展费。样展费是指企业为开展促销活动或宣传商品等举办商品展览和展销会所支付的各项样品费用、展览费用。

(7) 保管费。保管费是指企业的商品在储存过程中所支付的保管费用,包括倒库、晾晒、冷藏、保暖、消防、护仓、照明、保管用品、委托保管费、养护商品等耗费的物品和费用。

(8) 检验费。检验费是指企业按规定支付给商品检验检疫局检验商品时所发生的检验费、鉴定费和进出口商品的签证费。

(9) 劳务手续费。劳务手续费是指企业委托其他单位代购、代销、代储、代运商品,代办业务事项等,按规定支付的手续费。

(10) 广告费。广告费是指企业为向社会宣传而设置的宣传栏、印刷宣传材料,以及在报刊、电台、电视台刊登、播放业务广告所支付的费用。

(11) 商品损耗。商品损耗是指企业的商品在运输、保管和销售过程中所发生的自然损耗。

(12) 职工薪酬。职工薪酬是指企业支付给直接从事商品经营业务的人员的薪酬。

(13) 进出口商品累计佣金。进出口商品累计佣金是指企业进口或出口商品所需支付给代理人介绍买卖的不能由某种商品直接认定的报酬。若能由某种商品直接认定的佣金,则应计入该种商品的成本。

2. 管理费用的具体内容

(1) 职工薪酬。职工薪酬是指企业支付给从事管理和组织商品经营人员的薪酬。

(2) 业务招待费。业务招待费是指企业为促进商品流通、扩大经营的合理需要而支付的有关业务交际费用。

(3) 技术开发费。技术开发费是指企业研究开发新技术、新产品,包括企业改善商品的养护、保管、包装等而发生的各项不构成固定资产的样品或样机费、技术图纸资料费、研究人员工资、研究设备的折旧、新产品试制费、委托其他单位进行科研试制的费用以及试制失败、损失等费用。

(4) 董事会会费。董事会会费是指企业最高权力机构及其成员为履行其职能而发生的各项费用,包括差旅费、会议费等。

(5) 咨询费。咨询费是指企业向有关咨询机构进行科学技术、经营管理等咨询时,按有关规定所支付的费用。

(6) 诉讼费。诉讼费是指企业因经济纠纷起诉或应诉而发生的各项费用。

(7) 涉外费。涉外费是指企业按国家规定支付的因业务需要必须开支的有关费用,包括人员出国费用、接待外宾费用和驻外代表及驻外机构办公费用等开支。

(8) 折旧费。折旧费是指企业按照固定资产价值和规定的折旧方法计算提取的折旧额。

3. 财务费用的具体内容

(1) 利息支出。利息支出是指企业支付的短期借款利息、应付票据利息、商业汇票贴现利息以及长期借款利息和应付债券利息中非资本化的部分。

(2) 汇兑损益。汇兑损益是指企业因银行结售汇或购入外汇而产生的银行买入汇率、卖出汇率与记账汇率之间的差额,以及月度(季度、年度)终了,各种外币账户的期末余额,按照规定汇率折合的人民币金额与原账面金额之间的差额。借方发生额为汇兑损失,贷方发生额为汇兑收益。

(3) 手续费。手续费是指企业因办理国内结算和国际结算而支付的金融机构的手续费等。

(二) 期间费用的核算

1. 账户设置

期间费用的核算主要设置以下三个总账账户:

(1) "销售费用"账户。该账户属于损益类账户,用来核算外贸企业在组织购、销、存等业务环节过程中所发生的各项费用。其借方归集应由本期负担的各项经营费用;期末,将该账户的借方发生额从贷方转入"本年利润"账户。其明细账户为多栏式,按部门设账页,按费用项目设专栏。

(2) "管理费用"账户。该账户属于损益类账户,用来核算外贸企业行政管理部门为组织管理企业的生产经营活动而发生的各项费用。其借方登记应由本期负担的各项管理费用;贷方为期末结转至"本年利润"账户的数额;结转后该账户无余额。其明细账的设置方法及格式同"经营费用"账户。

(3) "财务费用"账户。该账户属于损益类账户,用来核算外贸企业为筹集和使用资金所发生的各项费用。其借方登记费用的发生额;贷方登记期末转至"本年利润"账户的数额;结转后该账户无余额。其明细账的设置方法同经营费用。

2. 外贸企业样展费的核算

外贸企业样展品较多。样展品费用一般列入企业销售费用。现以样展品业务为例说明外贸企业样展费的核算。

进出口企业样展品较多的,应在"库存商品"账户下设"样展品"专户进行总分类核算,按出口样品、进口样品、出国展品、国内陈列展品、交易会样展品等,并按品名进行明细分类核算,同时登记其数量与金额。"库存商品——样展品"账户用于核算进出口企业存放自库和陈列在国内外的样品、展品和卖品。

(1) 购进样展品,按采购成本记账;接受赠送的无价样品,按市场价格估价入账,并作为营业外收入处理。

(2) 企业若出售样展品给国内展销组织单位或出售样展品给国外客商,应确认商品销售收入。《国家税务总局关于出口退税若干问题的通知》规定,"出口企业报关出口的样品、展品,如出口企业最终在境外将其销售并收汇的,准予凭出口样品、展品的出口货物报关单(出口退税联)、出口收汇核销单(出口退税联)及其他规定的退税凭证办理退税。"若该样品最终销售给国外客户,并且样品寄送国外时履行了正常的出口报关程序,取得了相关文件,则该样品可办理出口退税;否则,应视同内销征收增值税。

(3) 对于发出在国内陈列展览的样展品,如果数量较小、价值较低,可作为销售费用列支。

(4) 无偿提供给国内外客商的样品,作为销售费用列支,并列为视同销售行为缴纳增值税。

【例 4-1】 某外贸企业由业务部门购进样展品一批,货款为 20 000 元,增值税额为 2 600 元,交样展品管理部门验收入库,款项已付。编制会计分录如下:

借:库存商品——样展品　　　　　　　　　　　　　　　　　　　20 000
　　应交税费——应交增值税(进项税额)　　　　　　　　　　　　2 600
　　贷:银行存款　　　　　　　　　　　　　　　　　　　　　　　　22 600

【例 4-2】 出售样品给国外客商,样品成本为 4 800 元,收到 1 000 美元,存入中国银行,汇率为 1 美元＝6.82 人民币元。编制会计分录如下:

借:银行存款——美元户(USD 1 000)　　　　　　　　　　　　　6 820
　　贷:其他业务收入　　　　　　　　　　　　　　　　　　　　　　6 820
借:其他业务成本　　　　　　　　　　　　　　　　　　　　　　　4 800
　　贷:库存商品——样展品　　　　　　　　　　　　　　　　　　　4 800

【例 4-3】 某企业无偿提供给国外客商样品,样品的成本计 4 800 元人民币。该企业为增值税一般纳税人,样品的增值税税率为 13%。该产品市场售价为 5 000 元。编制会计分录如下:

借:销售费用——样展品　　　　　　　　　　　　　　　　　　　5 450
　　贷:库存商品——样展品　　　　　　　　　　　　　　　　　　　4 800
　　　　应交税费——应交增值税(销项税额)　　　　　　　　　　　650

【例 4-4】 某食品进出口公司不计价提供给经办单位的样展品成本 5 000 元,样品已经发送。该公司为增值税一般纳税人,样品增值税税率为 13%。该产品的市场售价为 5 500 元。编制会计分录如下:

借:销售费用——样展品　　　　　　　　　　　　　　　　　　　5 715
　　贷:库存商品——样展品　　　　　　　　　　　　　　　　　　　5 000
　　　　应交税费——应交增值税(销项税额)　　　　　　　　　　　715

(三) 期间费用的分摊

外贸企业为了计算和考核出口商品的每美元成本和进口商品的每美元盈亏额,应将本期发生的期间费用正确、合理地摊销到本期已经出口、进口和内销的各种商品中去,从而对各种商品的销售净盈亏、出口每美元成本、进口每美元盈亏有一个比较科学的反映。

外贸企业期间费用分摊的结果,是其编制进口和出口商品销售利润(亏损)表的依据,也是企业考核各种商品盈亏、制定经营决策的依据。因此,期间费用的分摊,是建立外贸企业内部经营责任制、加强企业经营管理、提高企业经济效益的重要依据。

1. 期间费用分摊的原则

外贸企业在分摊费用时,应遵循下列三项原则:

(1) 费用全部由本期销售的商品负担。外贸企业发生的期间费用包括销售费用、管理费用和财务费用,这些费用应当全部由本期销售的商品负担,期末库存商品不负担。

(2) 费用的分摊要科学合理。费用分摊的方法要科学合理,对于当期发生的期间费用,如果能够认定是某种商品的费用,应采取直接认定的方法,将其直接计入该种商品。对于不能认定是某种商品发生的费用,则应采取比例分摊的方法,按合理的标准,将其分摊到各有关的商品中去。费用分摊的方法应力求科学、合理,同时又要简便易行。

(3) 费用分摊的方法和分摊标准要相对稳定。外贸企业费用分摊方法和标准确定以后,应保持其相对的稳定性,在同一会计年度内不得任意变更,以保持全年分摊的一致性。

2. 费用分摊的方法

费用分摊的方法主要有直接认定法和比率分摊法两种:

(1) 直接认定法。直接认定法是指对于能直接认定的费用,在发生时就直接予以认定,由该种商品负担的方法。能够直接认定的费用通常为直接费用,集中在销售费用中,如运杂费、装卸费、整理费、包装费、检验费、商品损耗等。采用直接认定法,可以在"销售费用"账户的各个子目中按商品的品名、规格设置细目。当发生直接费用时,直接予以认定,记入"销售费用"账户有关的子目和细目中去。

【例4-5】 康华外贸公司以银行存款支付出口运动鞋的国内运杂费5 800元,编制会计分录如下:

借:销售费用——运杂费——运动鞋　　　　　　　　　　　　　　　　5 800
　　贷:银行存款　　　　　　　　　　　　　　　　　　　　　　　　5 800

(2) 比例分摊法。比例分摊法是指对于那些间接发生的费用和用于多种商品的直接费用,应按照一定的比例分摊到本期销售商品中去的方法。比例分摊法通常在期末进行分摊,为了使各种商品负担的费用合理,外贸企业通常采用按商品销售收入的比例分摊、按商品销售成本、库存商品平均余额的比例分摊等分摊方法。

其一,按商品销售收入的比例分摊。这种分摊方法适用于与商品销售收入关系密切的费用项目,如销售费用中的差旅费、展览费、广告费、经营人员工资及福利费、邮电费、进出口商品累计佣金等,管理费用中的业务招待费、董事会会费、工会经费、职工教育经费、住房公积费等。其计算公式如下:

$$费用分摊率 = \frac{本期某项费用发生额}{本期商品销售收入} \times 100\%$$

$$某种商品应分摊的费用 = 本期该种商品销售收入 \times 费用分摊率$$

【例4-6】 康华外贸公司本月为进口运动鞋和运动装两类商品共支付展览费10 000元。本月运动鞋和运动装的销售收入分别为200 000元和300 000元,展览费分摊的计算如下:

$$费用分摊率 = 10\ 000 \div (200\ 000 + 300\ 000) \times 100\% = 2\%$$

$$运动鞋应分摊的展览费 = 200\ 000 \times 2\% = 4\ 000(元)$$

$$运动装应分摊的展览费 = 300\ 000 \times 2\% = 6\ 000(元)$$

其二,按商品销售成本和库存商品平均余额的比例分摊。这种分摊方法适用于与占用企业资金多少关系密切的费用项目,如财务费用中的利息支出。其计算公式如下:

$$\text{费用分摊率} = \frac{\text{本期某项费用发生额}}{\text{本期商品销售成本} + \text{库存商品平均余额}} \times 100\%$$

$$\text{库存商品平均余额} = (\text{库存商品期初余额} + \text{库存商品期末余额}) \div 2$$

$$\text{某种商品应分摊的费用} = (\text{本期该种商品销售成本} + \text{该种商品平均余额}) \times \text{费用分摊率}$$

其三,按库存商品平均余额的比例分摊。这种分摊方法适用于与库存商品关系密切的费用项目,如销售费用中的保管费。其计算公式如下:

$$\text{费用分摊率} = \frac{\text{本期某项费用发生额}}{\text{库存商品平均余额}} \times 100\%$$

$$\text{某种商品应分摊的费用} = \text{本期该种库存商品平均余额} \times \text{费用分摊率}$$

此外,比例分摊法还有其他分摊标准,如多种商品所共同发生的进货运杂费、装卸费可以按商品重量的比例分摊,计提的坏账准备可以按销售商品发生的应收账款的期末余额比例分摊。

进出口企业的内部报表主要有出口主要商品成本及盈亏表、进口主要商品成本分析表和进出口企业财务指标月报表。其中,出口主要商品成本及盈亏表是反映进出口企业年度内自营出口商品销售收入、销售成本、盈亏总额、出口关税、消费税退税和出口每美元经营成本等情况的会计报表;进口主要商品成本分析表也称进口商品销售利润(亏损)表,是反映进出口企业本年度内自营进口商品销售收入、销售成本、盈亏总额、进口每美元盈亏额等情况的会计报表,是进出口企业的主要内部管理报表之一;进出口企业财务指标月报表是反映进出口企业经营规模、财务状况等主要指标的报表,同时也为政府有关部门根据进出口企业运行状况、完善有关政策提供重要参考资料。

任务 4.2 编制外贸企业内部报表

一、任务布置

【任务 4-2】 编制外贸企业内部报表

1. 根据项目 5 中青岛宏远食品进出口有限公司 2022 年 12 月的业务资料,完成以下任务:
(1) 编制出口主要商品成本及盈亏表。
(2) 进行进出口效益的分析。
2. 某公司向加拿大出口某商品,外销价为每吨 600 美元 CIF 温哥华,支付运费为 70 美元,保险费 6.5 美元。如果该公司采购该商品的进货价为每吨 1 800 人民币元,且国内费用和间接费用按进货价的 8% 匡算,国内增值税税率为 13%,出口退税率为 5%,结汇时银行外汇买入价为 1 美元=6.18 人民币元。请分别计算该商品的出口总成本、出口净收汇和出口换汇成本。

二、知识链接

外贸企业的内部报表主要有出口主要商品成本及盈亏表、进口商品销售利润(亏损)表和进出口企业财务指标月报表。其中:出口主要商品成本及盈亏表是反映进出口企业年度内自营出口商品销售收入、销售成本、盈亏总额、出口关税、消费税退税和出口每美元经营成本等情况的会计报表;进口商品销售利润(亏损)表是反映进出口企业本年度内自营进口商品销售收入、销售成本、盈亏总额、进口每美元盈亏额等情况的会计报表;进出口企业财务指标月报表是反映进出口企业经营规模、财务状况等主要指标的报表,同时也为政府有关部门根据进出口企业运行状况、完善有关政策提供重要参考资料。

(一) 出口主要商品及成本盈亏表

1. 格式

出口主要商品及成本盈亏表如表4-1所示。

表4-1　　　　　　　　　　　出口主要商品及成本盈亏表

编制单位：　　　　　　　　　　　　　年　　　　　　　　　　　金额单位：人民币元

商品名称	计量单位	销售数量	销售收入			出口总成本								盈亏总额	出口每美元成本			
			折美元		人民币	总值	出口经营成本						出口间接费用		经营成本		总成本	
			单价(美元)	金额(美元)	金额		商品进价		出口直接费用	消费税退税	出口关税	合计			本期	上年同期	本期	上年同期
							单价	金额	其中增值税未退差额									
合计																		
1. 商品1																		
2. 商品2																		
……																		

财会负责人：　　　　　　　　　复核：　　　　　　　　　制表：

2. 编制说明

(1) 本表反映企业出口主要商品销售收入、销售成本和盈亏情况,本表的项目分商品填列。

(2) "销售收入"栏反映企业商品销售收入减去销售折扣与折让后的净额。

(3) "出口总成本"栏下设有关栏目的内容说明如下:

a. "单价"栏反映企业出口商品不含税购进价格。

b. "出口直接费用"栏反映能直接认定到该商品的间接费用。

c. "出口关税"栏反映企业出口商品的关税。

d. "出口间接费用"栏反映企业出口商品应负担的销售费用、管理费用和财务费用。

企业出口商品应负担的出口退税、流通费用、税金,凡能直接认定到商品的,应直接认定;不能直接认定的,应按一定的分摊方法分摊后填列,具体分摊方法由企业自行确定。

(4) "出口每美元成本"栏。出口每美元成本也称出口换汇成本,反映每出口创汇1美元所耗费的人民币成本。其计算公式如下:

$$出口每美元成本 = 自营出口商品总成本(人民币) \div 自营出口商品销售收入额(美元)$$

其中,自营出口商品总成本是指自营出口商品完全成本,包括商品购进成本、不予退还的增值税,以及分摊的销售费用、管理费用和财务费用。

通常,出口每美元成本越低越好。如果出口换汇成本低于市场汇率,则表明企业出口有利润;如出口每美元成本高于市场汇率,则表明企业出口处于亏损状态,此时一般不宜扩大出口。

(二) 进口商品销售利润(亏损)表

1. 格式

进口商品销售利润(亏损)表的格式如表 4-2 所示。

表 4-2　　　　　　　　　　　　进口商品销售利润(亏损)表

编制单位：　　　　　　　　　　　　　年　　　　　　　　　　　　金额单位：人民币元

项目及品名	计量单位	销售数量	销售收入		销售总成本					流通费用	销售税金	进口每美元盈亏额	
						商品进价							
							国外进价						
			单价	金额	总值	合计	美元单价(美元)	美元金额(美元)	人民币金额	进口税金			单位盈亏	总额
	1	2	3	4	5	6	7	8	9	10	11	12	13	14
自营进口销售合计													
1. 商品 1													
2. 商品 2													
……													

财会负责人：　　　　　　　　　复核：　　　　　　　　　制表：

2. 编制说明

(1) 本表反映企业进口主要商品销售收入、销售成本和盈亏情况。本表的项目可按进口类别,如自营进口销售、易货贸易进口销售等,按照主要商品分别填列。

(2) "销售收入"栏反映企业进口商品内销的销售收入减去销售折扣与折让后的净额。

(3) "销售总成本"栏下设的有关栏目内容说明如下:

a. "国外进价"栏反映企业进口商品的到岸价格。如对外合同以离岸价格成交的,商品离开对方口岸后,应由我方负担的运杂费、保险费、佣金等费用,计入商品的进价。本栏目应分别美元和人民币填列。

b. "进口税金"栏反映企业进口商品应缴纳的进口关税和进口商品消费税。

c. "流通费用"栏反映企业进口商品应负担的销售费用、管理费用和财务费用。

d. "销售税金"栏反映企业销售进口商品应负担的城市维护建设税和教育费附加。

企业进口商品应负担的"进口税金""流通费用"和"销售税金",凡能直接认定到商品的,应直接认定;不能直接认定的,应按一定的分摊方法分摊后填列,具体分摊方法由企业自行确定。

(4) "进口每美元盈亏额"栏。进口每美元盈亏额是指自营进口盈亏额与进口商品国外进价美元数之比。它反映了企业每自营进口 1 美元商品的获利能力。其计算公式如下:

进口商品美元盈亏额 = 进口商品盈亏总额 ÷ 进口商品国外进价总额（美元）

自营进口商品盈亏总额 = 自营进口商品销售收入 − 自营进口商品总成本

其中，进口商品总成本指自营进口商品完全成本，按国外进价、进口关税及消费税，加上应分摊的销售费用、管理费用、财务费用和税金及附加确定。

（三）进出口企业财务指标月报表

进出口企业财务指标月报表如表 4-3 所示。

表 4-3　　　　　　　　　进出口企业财务指标月报表

编制单位：　　　　　　　　　　年　月　　　　　　　　　　单位：万元

项　目	行号	本月数	本年累计	上年同期
		1	2	3
一、资产负债表指标				
1. 资产总额	1			
2. 负债总额	2			
3. 所有者权益总额	3			
二、利润表指标				
1. 销售（营业）收入净额	4			
2. 销售（营业）成本	5			
3. 销售（营业）费用	6			
4. 管理费用	7			
5. 财务费用	8			
6. 利润总额	9			
7. 净利润	10			
三、税收指标				
1. 应交税金总额	11			
2. 其中：应交增值税	12			
3. 应交消费税	13			
4. 应交所得税	14			
5. 已交税金总额	15			
6. 其中：已交增值税	16			
7. 　　已交消费税	17			
8. 　　已交所得税	18			
四、进出口指标				
1. 出口总额（千美元）（海关统计数）	19			
2. 进口总额（千美元）（海关统计数）	20			
3. 自营出口额（千美元）	21			
4. 自营出口总成本	22			
五、企业基本情况				

(续表)

项 目	行号	本月数	本年累计	上年同期
1. 职工人数	23			
2. 工资总额	24			
3. 企业应交各种保险费	25			
4. 企业法人户数(户)	26			

练 习 题

一、单项选择题

1. 企业当期应缴纳的增值税为54 000元,当期缴纳的城市维护建设税、教育费附加和地方教育附加分别为3 780元、1 620元、1 080元,则反映在利润表上的"税金及附加"项目的数额应为( )元。

A. 54 000　　B. 6 480　　C. 60 780　　D. 57 780

2. 下列报表中,不属于进出口企业内部报表的是( )。

A. 出口主要商品成本及盈亏表　　B. 进口商品销售利润(亏损)表
C. 进出口企业财务指标月报表　　D. 资产负债表

二、多项选择题

1. 出口每美元成本是用出口商品的进价总额(人民币)除以销售收入(美元)计算而得。其中,自营出口商品总成本包括( )。

A. 出口商品购进成本
B. 购进进项税额中不予退还的增值税
C. 出口商品应分摊的销售费用、管理费用和财务费用
D. 为出口商品支付的国外运费
E. 为出口商品支付的国外保险费

2. 在计算进口每美元盈亏额时,自营进口商品盈亏总额=自营进口商品销售收入－自营进口商品总成本,其中,进口商品总成本是指( )。

A. 进口商品国外进价　　B. 进口关税
C. 进口增值税　　D. 进口消费税
E. 进口商品应分摊的销售费用、管理费用、财务费用和税金及附加

三、判断题

1. 进口每美元盈亏与出口每美元成本都是越高越好。　　　　　　　　　　　( )
2. 外贸企业编制内部报表的目的之一,是为企业外部的经济利益关系人提供关于企业经营情况的经济信息。　　　　　　　　　　　　　　　　　　　　　　　　　　( )

四、实务题

某外贸公司全部经营出口业务,无内销与进口业务,有两个业务科室,有关资料如下:

(1) 各科室收入、成本、库存资料如表4-4所示。

表 4-4　　　　　　　　　　各科室收入、成本、库存资料

单位：万元

业务科室	销售收入（万元）	销售商品进价成本	库存平均余额
业务一科：	11 000	9 500	6 100
甲商品	8 500	7 600	2 800
乙商品	2 500	1 900	3 300
业务二科：	10 000	8 150	3 100
丙商品	3 600	3 050	1 040
丁商品	6 400	5 100	2 060
合　计			

（2）本年度出口发生的期间费用：销售费用 450 万元，管理费用 150 万元，财务费用 810 万元。其中，在销售费用中，直接认定到四种商品的费用 245 万元，认定到业务科室的费用 180 万元，其他间接费用 25 万元，销售费用的明细资料列示在销售费用分摊表（表 4-5）中。

表 4-5　　　　　　　　　　销售费用分摊表

单位：万元

业务科室	直接认定到商品的费用					直接认定到业务科室的费用					小计	其他间接费用	总计
	运杂费	包装费	商检费	损耗费	合计	差旅费	招待费	保险费	广告费	合计			
业务一科：	46	38	30	20	134	35	8	35		78	212		212
甲商品	30	21	18	12									
乙商品	16	17	12	8									
业务二科：	40	36	20	15	111	30	7	30	35	102	213		213
丙商品	15	16	9	6									
丁商品	25	20	11	9									
合计	86	74	50	35	245	65	25	65	35	180	425	25	450

要求：根据以上资料，将该公司的期间费用分摊到本期出口销售的各种商品中，完成销售费用分摊表（表 4-5）与期间费用分摊表（表 4-6）的填写。其中，各科室的销售费用按科室内各种商品销售收入比例分摊，其他共同耗费的间接费用及管理费用一律按销售收入比例分摊，财务费用按库存商品平均余额与销售商品的进价成本分摊。计算结果保留到万元整数位。

表 4-6　　　　　　　　　　期间费用分摊表

商品名称	销售费用分摊	管理费用分摊	财务费用分摊	费用分摊合计
甲商品				
乙商品				
丙商品				
丁商品				

项目4学习报告

班级：_____　　姓名：_____　　学号：_____　　成绩：_____

学习目标	学习要点	
知识目标	学完本项目后，学生应该掌握以下几点： 1. 外贸企业期间费用的构成	知识点列示： 1.
	2. 外贸企业期间费用的分摊方法	2.
	3. 外贸企业三类内部报表	3.
技能目标	请结合[例2-6]和[例2-11]，编制出口主要商品成本及盈亏表。	
素养目标	请寻找一家销售进口商品的企业，根据资料，编制进口商品销售利润（亏损）表，并形成一份完整的进口商品盈亏情况财务报告。	

项目 5

综 合 实 训

◎【重点和难点】

1. 掌握综合实训中模拟企业所发生的经济业务的手工会计账务处理。
2. 掌握综合实训中模拟企业所发生的经济业务的财务软件操作账务处理。
3. 掌握综合实训中模拟企业所发生的经济业务的出口退税软件的退税处理。

◎【知识点思维导图】

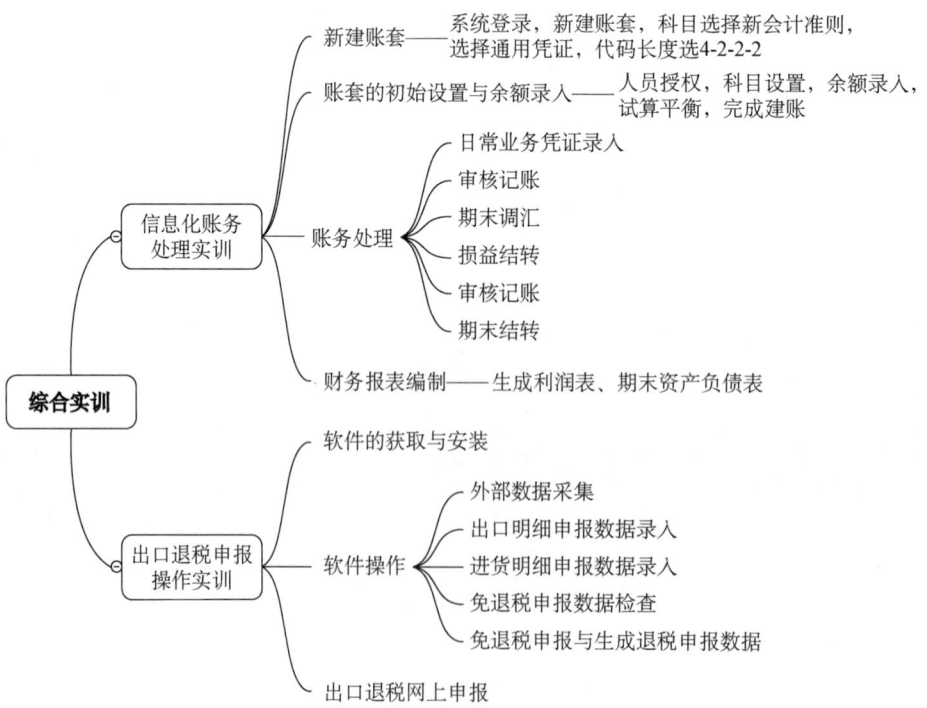

高信财税管理软件操作
与出口退税操作

一、企业基本情况

企业名称:青岛宏远食品进出口有限公司
企业代码:(海关代码)3864579863
社会信用代码(纳税登记税号):340502734711308643
企业类型:有限责任公司
注册资金:伍佰万元整
法人代表:张武强
经营范围:国际贸易、国内贸易
地址:青岛市城阳区文阳路 115 号
开户银行:中国银行青岛分行
基本存款户:中国银行青岛分行,账号:3145108567734058819
美元户:中国银行青岛分行,账号:3145108567734500163
电话:0532-69875432

二、企业组织机构与业务流程

青岛宏远食品进出口有限公司的企业组织机构与业务流程如图 5-1 所示。

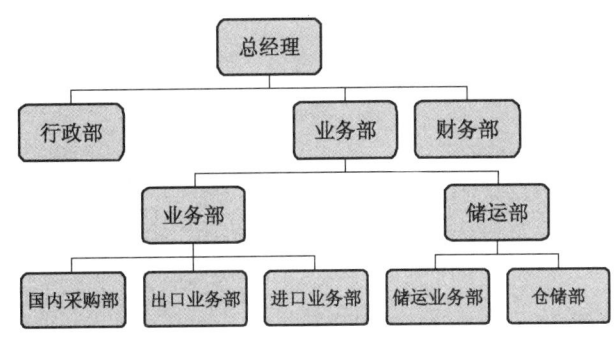

图 5-1　企业组织机构与业务流程

三、实训目的

通过本套综合实训的练习,学生能够系统掌握以下知识,具备以下基本技能:

(1)系统掌握流通性外贸企业从国内采购到对国外销售、办理运输保险、申报出口退税等一系列出口环节的核算内容与核算方法。

(2)系统掌握从国外购进、装船运输、办理保险、进口、报关支付进口环节税金等一系列进口环节的核算内容与核算方法。

(3)能够识别不同价格条件、不同结算方式下的自营进出口业务、代理进出口业务各业务环节的原始凭证,并能够根据原始凭证编制记账凭证,进行相应会计处理;能够切身感受到外贸会计在业务流程、工作方法等方面与一般企业会计的差异,强化技能训练。

(4)能够利用用友畅捷通 T3 企业管理信息化软件对本套综合实训进行电算化操作,生成日记账、各明细账与总账,生成利润表与资产负债表。

(5) 能够用外贸企业出口退税申报系统完成本套综合实训中的出口退税申报和单证申报工作。

四、企业财务制度及会计政策

(一)财务岗位设置

青岛宏远食品进出口有限公司的财务岗位设置如表 5-1 所示。

表 5-1　　　　　　　　　　　　财务岗位设置

职务	姓名	手工账分工	电算化操作权限
主管会计	刘杰	审核、总账、报表	所有权限
会计	孙志坚	稽核、明细账、往来、固定资产、工资等	账务处理中所有权限
出纳	毛美玲	出纳签字、现金日记账、银行存款日记账、收汇核销	出纳管理中所有权限
报税	王燕	报税、退税、税金明细账	无

(二)账务处理程序

青岛宏远食品进出口有限公司采用科目汇总表账务处理程序,科目汇总表每月汇总一次,利润的结转采用账结法,按月结转。

(三)记账本位币、出口结算货币、汇率制度

记账本位币:人民币　　出口结算货币:美元　　库存现金最高限额:20 000 元

汇率制度:外币业务按业务发生时的市场汇率折合为人民币记账,期末集中结转汇兑损益。

(四)需要缴纳的税费

本套综合实训涉及的税费包括:增值税、消费税、关税、城市维护建设税、教育费附加、企业所得税等。

该公司需要缴纳的税费及相关税率如下:

(1) 增值税:该公司经营的各种食品,增值税税率为 13%;代理进出口业务,按代理进口业务、代理出口业务收入的 6% 计算缴纳。

(2) 城市建设维护税:每月月末按应缴纳流转税的 7% 计算缴纳。

(3) 教育费附加:每月月末按应缴纳流转税的 3% 计算缴纳。

(4) 地方教育附加:每月月末按应缴纳流转税的 1% 计算缴纳。

(5) 关税:按给定的税率计算缴纳。

(6) 所得税:适用税率为 25%。

(五)结算方式

国内业务:现金、支票、银行汇票、商业汇票、委托收款、托收承付。

国外业务:汇付、托收、信用证。

(六)存货核算

发出存货采用移动加权平均法计价。

（七）职工薪酬核算

职工薪酬的核算程序为：每月15日发放上月工资，月末计算本月工资及公积金、社保费用等。

每月按应付职工薪酬计算并缴纳企业应该承担的"五险一金"，其中住房公积金的缴费比例为10%，基本医疗保险的缴费比例为7%，失业保险的缴费比例为2%，养老保险的缴费比例为20%，工伤保险的缴费比例为1.1%。

每月按应付职工薪酬的2%计提工会经费，并将应付职工经费的40%上缴到青岛市总工会，每月按职工薪酬的1.5%计提职工教育经费。

每月按应付职工薪酬计算代扣代缴职工个人应该负担的"五险一金"，其中住房公积金的缴费比例为10%，基本医疗保险的缴费比例为2%，失业保险的缴费比例为1%，养老保险的缴费比例为8%，负责计算职工个人所得税（起征点为5 000元）并计算代缴，负责代扣其他款项。

五、实训要求

（1）根据原始凭证手工编制记账凭证并装订。
（2）用财务软件输入业务发生的记账凭证，并在电脑上生成明细账与科目汇总表。
（3）编制年底的资产负债表与利润表。
（4）学习使用出口退税软件，并用该软件完成本月出口退税的申报。
（5）凭证、账簿、报表、出口退税资料的装订与整理。

六、总分类账户及其所属明细账户期初余额

青岛宏远食品进出口有限公司2022年12月初总分类账户及其所属明细账户期初余额如表5-2所示。

表5-2　　　　　　　　　　总分类账户及其所属明细账户期初余额
2022年12月01日　　　　　　　　　　　　　　　　　单位：元

编号	总账账户	明细账户	数量及单价	金额 借方	金额 贷方
1001	库存现金			18 000	
100201	银行存款	人民币户		950 000	
100202		美元户	75 000(6.840)	513 000	
101201	其他货币资金	信用证保证金		400 000	
122101	其他应收款	总经办备用金		5 000	
122102		应收出口退税		844 952.10	
11220101	应收账款——国内	乐华公司		200 000	
11220102	——国内	安奈公司		177 200	

(续表)

编号	总账账户	明细账户	数量及单价	金额 借方	金额 贷方
11220201	应收账款——国外	美国 RISON	250 000 美元	1 710 000	
11220202	——国外	英国 GOSO	78 000 美元	533 520	
140501	库存商品	罐装青啤	300 吨,@7 956 元	2 386 800	
140502		芦笋罐头	300 吨,@8 000 元	2 400 000	
1601	固定资产			15 100 000	
1602	累计折旧				220 000
2001	短期借款				1 253 725
2231	应付利息				90 545
2501	长期借款				15 119 775
22020101	应付账款——国内	清川公司			
22020102	——国内	鸿运食品厂			
22020201	应付账款——国外	美国 SANLANDI			
2203	预收账款				
221101	应付职工薪酬	工资			112 100
221102		社会保险			33 742.10
221103		住房公积金			11 210
22210101	应交税费	应交增值税——进项税额		813 756	
222102		未交增值税			20 000
222103		城市维护建设税			1 400
222104		教育费附加			600
4001	实收资本				5 000 000
4101	盈余公积				280 000
4103	本年利润				3 389 131
410401	利润分配	未分配利润			520 000
	合　计			25 238 472.10	25 238 472.10

七、本期发生的经营业务

青岛宏远食品进出口有限公司 2022 年 12 月份发生的经济业务如下:

(1) 1日,向青岛啤酒股份有限公司购入355毫升罐装青岛啤酒100吨,共计11 700箱,单价为70元/箱,8 190元/吨;增值税税率为13%,消费税采用从量定额计征,250元/吨。货已验收入库,通过银行承兑汇票付款。

(2) 2日,与德国STEVEN公司签订进口合同,向德国进口自动打包机6台用于本公司出口商品的打包,价格条款为FOB汉堡港每台3 000美元。结算方式为:签订合同日预付合同款的1/3,运抵口岸后付余款。公司用现汇账户电汇(T/T)6 000美元。公司的记账本位币为人民币,对外币交易采用交易日的即期汇率折算。

(3) 3日,受青岛鸿运罐头食品加工厂委托从美国SANLANDI公司进口罐头食品生产设备一套,价款为62 500美元(CIF青岛),代理手续费率为2%。收到青岛鸿运罐头食品加工厂预付的代理进口货款425 000元。

(4) 3日,向陕西乐华食品有限公司购入芦笋罐头100吨,单价为8 400元/吨,货物已入库,货款已付。

(5) 5日,缴纳上月应纳税金共计22 000元。

(6) 5日,购进样展品共计20 000元,税金为2 600元,验收入库,货款暂欠。

(7) 6日,将购入的价值11 300元的食品罐头,作为不计价的免费样展品,发送到省外商务系统组办的出口食品展销会。

(8) 6日,根据合同规定向美国Saint-Louis公司出口待运芦笋罐头一批,计325吨,财务部门今接到出仓凭证(合同条款为:发票金额为USD 500 000 FOB价,暗佣为2%,托收方式为汇付佣金)。

(9) 7日,根据与河北华日食品有限公司的委托代理出口合同,代理河北华日食品有限公司向美国GEOGRGE食品公司出口蘑菇罐头1 000吨,成交价格为CFR 1 400美元/吨,总价为140万美元,采用信用证结算方式,代理手续费率为3%。佣金率为成交总价的2%,计28 000美元,为议付佣金。今收到河北华日食品有限公司发来的蘑菇罐头。发货单载明的蘑菇罐头总价值为7 500 000元。

(10) 7日,付运输公司出口芦笋罐头从车站到冷藏仓库的运杂费3 000元,开出支票付款(原始凭证为运费发票、支票)。

(11) 7日,向美国SANLANDI公司开出信用证,信用证保证金为15 000美元。

(12) 8日,自营出口芦笋罐头发票金额为USD 500 000青岛FOB价,当日交单出口。

(13) 9日,以银行存款支付出口芦笋罐头港杂费、搬运费计人民币2 780元。

(14) 9日,拿到货代公司的散货仓位通知单与结算单据,支付货代公司进口打包机国外运费185美元,当日外汇汇率为1美元=6.55人民币元。

(15) 9日,向保险公司支付进口打包机国外保险费158.4美元,当日外汇汇率为1美元=6.55人民币元。

(16) 10日,代理出口蘑菇罐头装运出口,向银行交单,当日外汇汇率为1美元=6.52人民币元。

(17) 10日,收到以前的出口退税款844 952.10元。

(18) 10日,收到业务部门转来的已向银行交单的出口发票副本,发票列明:以信用证结算方式向英国ALISEN公司出口罐装青岛啤酒400吨(计46 800箱,CIF 2%伦敦15美元/箱,出口销售合同于11月18日签订),CIF C 2%伦敦1 755美元每吨,向银行交单,当日外汇汇率为1美元＝6.52人民币元。

(19) 11日,收回美国RISON公司25万美元欠款,按1美元＝6.53人民币元的汇率结汇,扣除手续费260美元。

(20) 11日,收到外运公司出口啤酒港杂费单据,费用为1 258元,开出支票付款。

(21) 11日,向外运公司支付代理出口蘑菇海运运费计55 000美元。

(22) 11日,向外运公司支付代理出口蘑菇罐头国内港杂费9 680元。

(23) 12日,收到银行转来的电信公司单据,托收上月电话费14 358元(原始凭证为电话费发票、委托收款单据)。

(24) 12日,收到外运公司开具的出口啤酒海运运费结算单,列明2 000美元,款项已付。

(25) 12日,收到外运公司转来的10日出口啤酒保险费发票,该业务按发票金额的110%投保,保费率为0.80%,保险费计6 054.05美元。

(26) 13日,总经理办公室报销住宿服务费等共计3 773.6元,支付现金补足其备用金。

(27) 13日,业务员王国强出差,预借差旅费3 000元,支付现金。

(28) 14日,收到银行转来罐头生产设备的全套单证,审核无误后用现汇账户对外付款,当日汇率为1美元＝6.52人民币元。

(29) 14日,向山西大森集团公司销售芦笋罐头50吨,单价为9 600元,计480 000元,税款为62 400元,已办妥托收手续。

(30) 14日,按代理进口罐头生产设备货款的3%向青岛鸿运罐头食品加工厂计算代理手续费12 225元,增值税733.5元,价税合计12 958.5元,已办妥托收手续。

(31) 15日,发放上月工资84 910元。

(32) 16日,上缴上月社会保险费与住房公积金。

(33) 16日,收到陕西乐华食品有限公司前欠货款100 000元。

(34) 18日,持全套单据到银行办理交单议付,银行审核无误后扣除利息与手续费,合计859.95美元,将余款687 100.05美元转入企业账户。

(35) 19日,王国强出差回来,报销差旅费2 686元,余款交回现金。

(36) 20日,代理进口罐头生产设备运抵我国口岸,委托曙光报关行向青岛海关办理报关手续,收到海关完税凭证,支付进口关税。关税税率为20%,增值税税率为13%。

(37) 21日,进口打包机运抵口岸,相关单证已通过国际快递收到,经审核无误,依据合同汇付德国STEVEN公司12 000美元。

(38) 22日,为青岛鸿运罐头食品加工厂垫付罐头生产设备港杂费、搬运费2 816元。

(39) 23日,进口打包机到货,向海关申报进口,支付关税、增值税。

(40) 25日,向报关行支付进口打包机代理报关费562元,开出支票付款。

(41) 25日,与青岛鸿运罐头食品加工厂结算代理进口款项(原始凭证为代理进口结算单)。

(42) 26日,打包机送达企业,由仓储部门验收并投入使用。

(43) 26日,工资计算。

(44) 27日,代理出口蘑菇罐头结汇(结账日汇率为1美元＝6.52人民币元)。

(45) 27日,向河北华日食品公司开出出口代理手续费发票。

(46) 28日,开出代理出口划款结算清单,与河北华日食品公司结算。

(47) 28日,银行收妥12月8日芦笋罐头出口款项499 375美元,将款项划入公司账户

（当日即期汇率为1美元＝6.52人民币元）。

(48) 28日，将购入的价值8 700元的商品无偿提供给国外客商作为样品。

(49) 29日，汇付佣金10 000美元，汇率为1美元＝6.55人民币元。

(50) 31日，计提本月折旧45 600元。

(51) 31日，结转内销货物成本。

(52) 31日，计算本月应交税金及附加、城市维护建设税、教育费附加等。

(53) 31日，计算申报本月出口退税（芦笋罐头和啤酒的退税率为13%）。

(54) 31日，计算结转汇兑损益（期末市场汇率为1美元＝6.52人民币元）。

(55) 31日，结转损益。

(56) 31日，计算所得税并进行所得税汇算。

(57) 31日，结转所得税。

(58) 将"本年利润"账户余额转入"利润分配——未分配利润"账户。

八、经济业务的原始凭证资料

业务1-1

青岛市增值税专用发票

3764986496　　　　　　　　　　　　　　　　　　　　　　　No. 19874673

发票联　　开票日期：2022年12月01日

购买方	名　　　　称：青岛宏远食品进出口有限公司 纳税人识别号：340502734711308643 地　址、电话：青岛市城阳区文阳路115号　0532-86987568 开户行及账号：中国银行青岛分行　3145108567734058819	密码区	（略）

货物或应税劳务、服务名称	规格型号	单位	数量	单价	金额	税率	税额
罐装青岛啤酒	355 ml	吨	100	8190.00	819000.00	13%	106470.00
合　　计					￥819000.00		￥106470.00

价税合计（大写）	⊗玖拾贰万伍仟肆佰柒拾元整	（小写）￥925470.00

销售方	名　　　　称：青岛啤酒股份有限公司 纳税人识别号：370213785058368023 地　址、电话：青岛市香港中路青啤大厦　0532-85717831 开户行及账号：交通银行青岛香港路支行　3706987945892387488	备注	（青岛啤酒股份有限公司 370213785058368023 发票专用章）

收款人：赵璇梅　　　　复核：李明春　　　　开票人：王坚　　　　销售方：（章）

第三联　发票联　购买方记账凭证

业务 1-2

青岛宏远食品进出口有限公司
入 库 单

商品品名：355 ml 罐装青岛啤酒
商品类别：库存出口商品
供应单位：青岛啤酒股份有限公司　　　　　　　　　　　　　　　　12001
发票号码：19874673　　　　　　2022 年 12 月 01 日　　　　　　仓库：1 号仓库

商品名称	规格	计量单位	数量 应收	数量 实收	买价 单价	买价 金额	运杂费	其他	合计	单位成本
罐装青岛啤酒	355 ml	吨	100	100	8 190.00	819 000.00			819 000.00	8 190.00
合　计			100	100		819 000.00			819 000.00	8 190.00

记账：孙志坚　　　　　　收货：文春贵　　　　　　制单：王强

第三联　记账联

业务 1-3①

银行承兑汇票(存根)　3

出票日期
（大写）　　貳零貳貳年壹拾貳月零壹日　　汇票号码 7895

出票人全称	青岛宏远食品进出口有限公司	收款人	全　称	青岛啤酒股份有限公司
出票人账号	3145108567734058819		账　号	3706987945892387488
付款行全称	中国银行青岛分行		开户银行	交通银行青岛香港路支行

汇票金额	人民币（大写）玖拾贰万伍仟肆佰柒拾元整	千	百	十	万	千	百	十	元	角	分
			¥	9	2	5	4	7	0	0	0

汇票到期日（大写）	貳零貳貳年零貳月零壹日	付款行	行号	中国银行青岛分行
承兑协议编号	2020876		地址	青岛市福州南路 12 号

备注：　　　　　　　　　　　　　　　　复核　　　　记账

此联由出票人存查

---

① 业务 1-3 表示经济业务 1 共涉及 3 张原始凭证，此张凭证为第 3 张原始凭证。

业务 2-1

中国银行 BANK OF CHINA		外汇支款凭证 ① 签发日期 2022 年 12 月 02 日												
付款单位	全 称	青岛宏远食品进出口有限公司	收款单位	全 称	STEVEN Co., Ltd.									
	账 号	3145108567734500163		账 号	FI89349384938839									
	开户银行	中国银行青岛分行		开户银行	CITIBANK SOUTHBAND									
支款货币及金额 USD 6 000.00					亿	千	百	十	万	千	百	十	元	角	分
								$	6	0	0	0	0	0
牌价	牌价：652.00/100	人民币			亿	千	百	十	万	千	百	十	元	角	分
								￥	3	9	1	2	0	0	0
附言	预付进口打包机货款		借方科目 _____ 对方科目 _____											
银行信息	转讫													
审核印鉴：	复核：	经办：	（单位预留印鉴）											

业务 2-2

中国银行 **DEBIT ADVICE**
BANK OF CHINA　　　　　借记通知

TO：　　　　　　　　　　　　　DATE：
致：　　　　　　　　　　　　　日期：2022/12/02

L/C No.：　　　　　　　　　　　DRAFT AMT：
信用证号：　　　　　　　　　　单据金额：USD 6 000.00

AB No.：　　　　　　　　　　　CONTRACT No.：
银行流水号：　　　　　　　　　合同号：

WITH REFERANCE TO THE CAPTIONED ITEMS. PLEASE BE ADVISED THAT WE HAVE TADAY DEBITED YOUR ACCOUNT No. 314510856773450 01 WITH THE FOLLOWING AMOUUNT PAYMENT UNDER THE LC ABOVE MENTIONED.
我行已于今日将上述业务之下列金额借记你司第 31451085677345001 号账户。

DEDUCT AMT
付款金额：USD 6 000.00

BUYING RATE：　　SELLING RATE：　　REALING RATE：
650.22/100　　　　653.38/100　　　　652.00/100
　　　　　　　　　　　　　　　　BANK OF CHINA QINGDAO BRANCH
　　　　　　　　　　　　　　　　中国银行青岛分行
　　　　　　　　　　　　　　　　　　　　　　　银行签章

业务 2-3

进口销售合同

合同号：JK20201201
合同签订时间：2022 年 12 月 02 日
买方： 青岛宏远食品进出口有限公司　　　　地址： 青岛市城阳区文阳路 115 号
电话： 0086-532-69875432
卖方： STEVEN Co.，Ltd.　　　　　　　　地址： 12Tavistock Place，London，England
电话： 0044-020-76585479

卖方与买方在平等、互利基础上，经双方协商一致同意按下列条款履行，并严格信守。

第一条　货物名称、规格、包装及唛头：

货物名称 Marks & Nos.	数量/种类 Quantities & descriptions	规格、原产地国与制造商	包装及唛头 Packaging and Marks
automatic packer	6 sets	KZB-I，Germany， STEVEN Co.，Ltd.	

第二条　数量、单价、总值：

品名 Marks & Nos.	数量/种类 Quantities & descriptions	单价 Unit price	金额 Amount
automatic packing machine	6 sets	FOB Hamburg USD 3 000.00/SET	USD 18 000.00

第三条　装运期限：自合同签订日起 1 个月内。
第四条　装运口岸：德国汉堡港。
第五条　目的口岸：中国青岛港。
第六条　付款条件：买方通过 T/T（电汇）方式先预付 6 000 美元，卖方收到预付款后 2 日内发货，货物发运后，卖方出具以买方为付款人的付款跟单汇票，按即期付款交单（D/P）方式，向买方转交单证，换取货物。
第七条　单据：从略。
第八条　装运条款：FOB 交货方式，卖方应在合同规定的装运日期前 30 天，以电报方式通知买方合同号、品名、数量、金额、包装件、毛重、尺码及装运港可装日期，以便买方安排租船/订舱。装运船只按期到达装运港后，如卖方不能按时装船，发生的空船费或滞期费由卖方负担。在货物越过船舷并脱离吊钩以前一切费用和风险由卖方负担。
第九条　装运通知：卖方在货物装船后，立即将合同号、品名、件数、毛重、发票金额、载货船名及装船日期以电报通知买方。
第十条　保险：自装船起由买方自理，但卖方应按本合同规定通知买方。如卖方未能按此办理，买方因而遭受的一切损失全由卖方负担。
第十一条　检验和索赔：货卸目的口岸，买方有权申请本国商品检验局进行检验。如发现货物的品质及/或数量/重量与合同或发票不符，除属于保险公司及/或船公司的责任外，买方有权在货卸目的口岸后 90 天内，根据本国商品检验局出具的证明书向卖方提出索赔，因索赔所发生的一切费用（包括检验费用）均由卖方负担。FOB 价格条件时，买方有权同时索赔短重部分的运费。

(续上)

第十二条 不可抗力:由于人力不可抗拒事故,使卖方不能在合同规定期限内交货或者不能交货,卖方不负责任。但卖方必须立即以电报通知买方,并以挂号函向买方提出有关政府机关或者商会所出具的证明,以证明事故的存在。由于人力不可抗拒事故致使交货延期1个月以上时,买方有权撤销合同,卖方不能取得出口许可证,不得作为不可抗力。

第十三条 延期交货及罚款:除不可抗拒原因外,如卖方不能如期交货,买方有权撤销该部分的合同,或经买方同意在卖方缴纳罚款的条件下延期交货。买方可同意给予卖方15天的优惠期。罚款率为每10天按货款总额的1%。不足10天则按10天计算。罚款自第16天起计算,最多不超过延期货款总额的5%。

第十四条 仲裁:一切因执行本合同或与本合同有关的争执,应由双方通过友好方式协商解决。如经协商不能得到解决时,应提交中国国际经济贸易仲裁委员会,按照该委员会仲裁程序进行仲裁。仲裁委员会的裁决为终局裁决,对双方均有约束力,仲裁费用除仲裁委员会另有决定外,由败诉一方负担。

第十五条 本合同于2022年12月02日于中国青岛市用英文签署,正本一式两份,买卖双方各持一份。

买　方：_____(盖章)　　　　　　卖　方：_____(盖章)

代表人：张武强　　　　　　　　　　　　代表人：Steven Spielberg

　　　　　　　　　　　　　　　　　　　2022年12月02日订立

业务 3-1

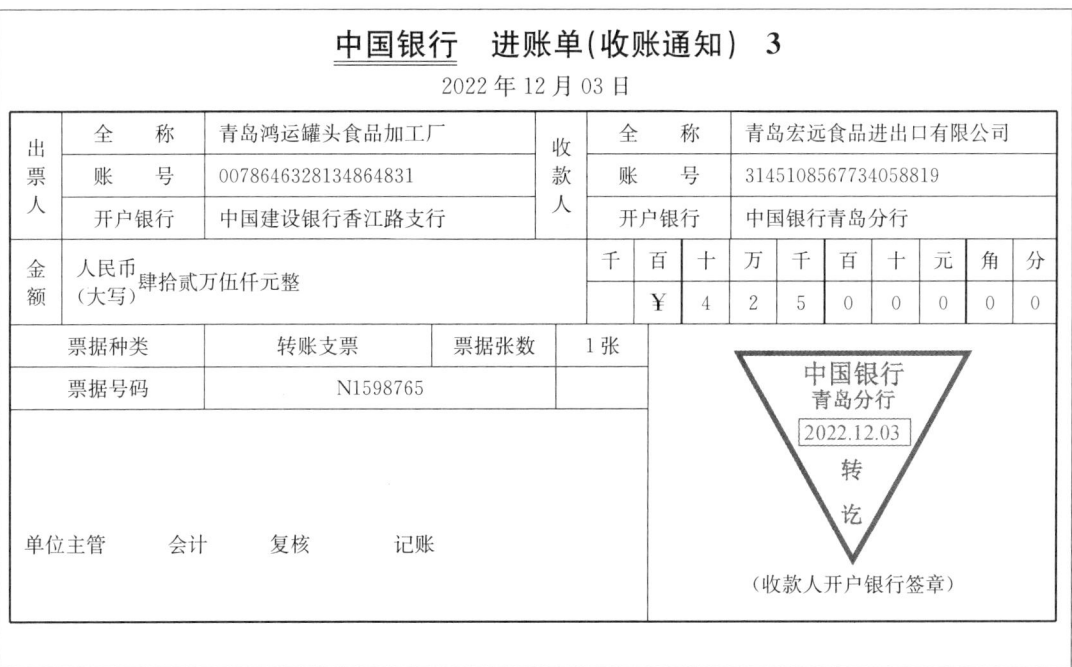

业务 3-2

收 款 收 据
2022 年 12 月 03 日

今收到　青岛鸿运罐头食品加工厂委托代理进口货款（预收款）

金额（大写）人民币肆拾贰万伍仟元整　（小写）¥425 000.00

收款单位（财务专用章）
财务专用章

核准	会计	记账	出纳	经手人

业务 3-3

代理进口销售合同

合同号：DLJK20201201
合同签订时间：2022 年 12 月 03 日
委托方（甲方）：青岛鸿运罐头食品加工厂
代理方（乙方）：青岛宏远食品进出口有限公司

　　根据《中华人民共和国合同法》和《中华人民共和国对外贸易法》，双方经友好协商，就甲方委托进口合同号、数量、合同总金额达成如下协议：

　　一、甲方授权乙方以乙方名义与外商签订进口合同。甲方作为进口商品采购商，就甲方委托乙方代理进口本合同项下货物事宜达成一致，双方同意按照下述条款签订本合同。

　　二、委托内容：
　　委托进口商品的名称、数量、价格、货币种类、支付、运输交货要求如下：
　　1. 进口商品名称、数量、规格及价格：

货物名称 Marks & Nos.	数量/种类 Quantities & Descriptions	原产地国与制造商	单价 Unit Price	金额 Amount
Cannedfood production equipment	1 sets	America, Sanlandi Co., Ltd.	CIF Qingdao USD 62 500.00/SET	USD 62 500.00

　　2. 付款方式：信用证付款，由甲方青岛宏远食品进出口有限公司对外开出信用证。
　　3. 运输交货：CIF 青岛交货。
　　三、委托方的主要义务：
　　1. 办理报批手续：在签订合同前向乙方提交进口许可证及其他有关批准文件。
　　2. 审核进口合同并签字确认：甲方对进口合同内容负有审核义务，并在进口合同文本上签字确认。如认为进口合同与本代理合同不符且不能接受此种不符，应在收到进口合同或在应当知道进口合同内容的 3 日内向乙方提出书面异议，否则视为默认。
　　3. 如进口商品为加工复出口商品，甲方应在开立信用证前向乙方提供相关出口核销手册。出口核销手册应严格按乙方提供的进口合同内容填写进口料/件合同号及进口料/件的内容。
　　4. 支付进口合同价款及费用：甲方应按本代理合同第五条的规定及时、足额支付进口合同价款及乙方代理进口所需的各项费用，以确保乙方全面履行进口合同的付款义务，否则乙方有权留置进口货物/提单。
　　5. 支付进口关税和费用：所有与代理进口有关的关税（包括增值税）和费用（包括订舱、报关、商检、检疫、运输、保险及银行费用等）均由甲方按规定承担，如乙方垫付，甲方最迟应于提货前付清，否则乙方有权留置进口货物/提单。

(续上)

6. 商检和检疫:甲方按规定办理商检或检疫,如发现货物的品质、数量与进口合同不符,应立即申请第三方权威机构检验,出具检验证书及损失证明,直接向责任方或通过乙方向相关责任方提出索赔。因甲方延误造成的损失由甲方自行承担。

7. 办理国内运输:货到目的港后的一切港口费用由甲方承担。在接到乙方货物到港通知后,由甲方自行办理国内运输(包括国内运输保险)。

四、受托方的主要义务:

1. 谈判并签订进口合同:乙方负责进口合同的商务谈判并以乙方的名义与外商订立合同,协助甲方进行进口技术谈判,及时将进口合同的执行情况通知甲方。根据自己的技能和判断,善意、谨慎履行代理职责。

2. 申请开立信用证:根据进口合同要求,在信用证付款情况下,乙方负责以自己的名义申请银行开立信用证及/或修改信用证。但甲方未按本合同第五条的规定履行付款义务的,乙方有权拒绝申请开证。

3. 审核单据:根据进口合同及信用证的规定,审核外商提供的单据(如发票、汇票、提单及检验证书等),如认为符合对外付款条件,及时通知甲方付款。

4. 根据进口合同的规定,及时要求外商履行交货义务。

5. 协助甲方办理政策允许项下的免税事宜。

五、进口合同价款、费用的计算及支付要求:

1. 货款:合同金额×即期汇率。

2. 银行手续费:合同金额×0.15‰×即期汇率。

4. 国内报关、港杂费理货费由乙方垫付。

5. 税款:由乙方垫付。

6. 代理手续费:合同金额×即期汇率×3‰(开具代理费发票)。

7. 支付要求:在乙方申请开立信用证以前,甲方必须预付货款 RMB 425 000.00 作为履行本合同的定金,余款及全部费用在收到乙方提供的货物装运通知后 10 个工作日内全部付清。甲方违反前款规定迟延支付或无理拒付,乙方有权留置进口货物/提单,并按银行规定收取代垫利息(月息 4.5‰)和违约金。在经乙方书面通知后 30 日内甲方仍不支付的情况下,乙方有权处置进口货物/提单,变卖所得价款优先补偿乙方损失,由此产生的一切责任、损失和费用均由甲方承担。

六、订舱、报关与保险:由乙方办理,甲方支付费用。双方另有约定或进口合同另有规定的除外。

七、对外商的索赔与理赔:

1. 甲方对进口合同的执行发生争议,有权按进口合同的约定直接与外商交涉(包括仲裁或诉讼)。

2. 因外商不履行进口合同给甲方造成损失的,如甲方选择委托乙方按进口合同的规定向外商提起仲裁或诉讼,甲方应向乙方另行出具书面委托,支付仲裁或诉讼费用并承担裁判结果。

3. 因甲方原因致使乙方不能履行进口合同导致外商先向乙方索赔的,甲方应承担裁判结果和乙方参与仲裁或诉讼的全部费用。

八、争议的解决:双方因履行本合同发生争议,可协商解决;协商不成时,向乙方所在地有管辖权的人民法院提起诉讼,按《中华人民共和国合同法》和《中华人民共和国对外贸易法》处理。

九、本合同一式两份,经双方签字盖章后生效。甲、乙双方各执一份。

十、其他约定:

委托方(盖章):青岛鸿运罐头食品加工厂   代理方(盖章):青岛宏远食品进出口有限公司

代表人:任力群   代表人:张武强

业务 4-1

陕西省增值税专用发票

3764986497　　　　　　　　　　　　　　　　　　　　　　　No. 20467883

发票联　　　　　　　　　　　　　　　　　开票日期：2022 年 12 月 03 日

购买方	名　称：青岛宏远食品进出口有限公司 纳税人识别号：340502734711308643 地　址、电话：青岛市城阳区文阳路115号　0532-86987568 开户行及账号：中国银行青岛分行　3145108567734058819	密码区	（略）

货物或应税劳务、服务名称	规格型号	单位	数量	单价	金额	税率	税额
芦笋罐头	500克/罐	吨	100	8400.00	840000.00	13%	109200.00
合　计					¥840000.00		¥109200.00

价税合计（大写）	⊗玖拾肆万玖仟贰佰元整	（小写）¥949200.00

销售方	名　称：陕西乐华食品有限公司 纳税人识别号：874954578321453254 地　址、电话：西安路奋进路53号　0532-78548395 开户行及账号：西安市工商银行奋进路支行　0897235402687632133	备注	（陕西乐华食品有限公司 874954578321453254 发票专用章）

收款人：章宗婵　　　　复核：赵元程　　　　开票人：林清　　　　销售方：（章）

第三联　发票联　购买方记账凭证

业务 4-2

中国银行　支付系统收付款通知　　　No. 178677156

汇兑支付往来凭证

业务编号：CMTT412209006087
发报日期：2022/12/03
交易流水号：0000031

报文种类：CNAPS-SBS　CMI100　汇兑支付报文
记录状态：W 经办　　所属部门：60　　普通汇　　优先级：0　普通
发起行行号：104452005025　　发起名称：中国银行青岛分行
接收行行号：103458765866　　接收名称：西安市工商银行奋进路支行

收款人账号：0897235402687632133
收款人名称：陕西乐华食品有限公司
收款人地址：

付款人账号：3145108567734058819
付款人名称：青岛宏远食品进出口有限公司
付款人地址：

汇款货币：001　汇款金额　RMB 949 200.00
　　　　　　大写金额：人民币玖拾肆万玖仟贰佰元整

附言：
费用账号：
柜员代码：JJPW　　打印日期：2022/12/03　　打印时间：09.48.53

第三联　业务部门留底或客户回单　　　复核　　　经办

业务 4-3

青岛宏远食品进出口有限公司
入 库 单

商品品名:500 克/罐　芦笋罐头
商品类别:库存出口商品
供应单位:陕西乐华食品有限公司　　　　　　　　　　　　　　12002
发票号码:20467883　　　2022 年 12 月 03 日　　　仓库:1 号仓库

商品名称	规格	计量单位	数量		实际成本					
			应收	实收	买价		运杂费	其他	合计	单位成本
					单价	金额				
芦笋罐头	500 克	吨	100	100	8 400.00	840 000.00			840 000.00	8 400.00
合　计			100	100		840 000.00			840 000.00	8 400.00

记账:孙志坚　　　　　收货:文春贵　　　　　制单:王强

第三联 记账联

业务 5-1

中华人民共和国税收通用缴款书

注册类型:有限责任公司　　填发日期:2022 年 12 月 05 日　　征收机关:青岛税务局

缴款单位	代　码	3864579863	预算科目	编码	10106109
	全　称	青岛宏远食品进出口有限公司		名称	所得税
	开户银行	中国银行青岛分行		级次	中央
	账　号	3145108567734058819	收款国库		青岛市城阳支库

缴款所属时期	2022 年 11 月		税款限缴日期		2022 年 12 月 10 日
品目名称	课税数量	计税金额或销售收入	税率或单位税额	已缴或扣除额	实缴金额
增值税					20 000.00
金额合计(大写)	人民币贰万元整				￥20 000.00

缴款单位(人盖章)经办(章)　税务机关(盖章)填票人(章)　　上列款项已收妥无划转收款单位账户　国库(银行)盖章
财务专用章　　征税专用章　　　　　　　　　　中国银行股份有限公司
　　　　　　　　　　　　　　　　　　　　　　青岛分行
　　　　　　　　　　　　　　　　　　　　　　2022 年 12 月 05 日
　　　　　　　　　　　　　　　　　　　　　　业务专用章
记账:孙志坚　　　　　　　　　　　　制单:王强

第一联(收据)国库(银行)收款盖章后退缴款单位做完税凭证

业务 5-2

中华人民共和国税收通用缴款书

注册类型：有限责任公司　　　　填发日期：2022 年 12 月 05 日　　　　征收机关：青岛税务局

缴款单位	代　码	3864579863			预算科目	编　号	
	全　称	青岛宏远食品进出口有限公司				名　称	
	开户银行	中国银行青岛分行				级　次	
	账　号	3145108567734058819				收款国库	
缴款所属时期		2022 年 11 月			税款限缴日期		2022 年 12 月 10 日
品目名称		课税数量	计税金额或销售收入	税率或单位税额	已缴或扣除额		实缴金额
城市维护建设税							1 400.00
教育费附加							600.00
金额合计（大写）		人民币贰仟元整					￥2 000.00
缴款单位（人）盖章经办人（章）财务专用章		税务机关（盖章）填票人（章）征税专用章			上列款项已收妥并划转款单位账户国库（银行）盖章2022 年 12 月 05 日业务专用章		备注：
记账：孙志坚				制单：王强			

业务 6-1

青岛宏远食品进出口有限公司
入　库　单

商品品名：食品罐头
商品类别：样展品
供应单位：陕西清川罐头食品厂　　　　　　　　　　　　　　　　12003
发票号码：19874673　　　　2022 年 12 月 05 日　　　　仓库：1 号仓库

商品名称	规格	计量单位	数量		实际成本		运杂费	其他	合计	单位成本
			应收	实收	买价					
					单价	金额				
黄桃罐头		箱	100	100	45.00	4 500.00			4 500.00	45.00
小白蘑菇罐头		箱	100	100	70.00	7 000.00			7 000.00	70.00
雪梨罐头		箱	100	100	85.00	8 500.00			8 500.00	85.00
合　计			100	100					￥20 000.00	

记账：孙志坚　　　　收货：文春贵　　　　制单：王强

业务 6-2

3764986497	陕西省增值税专用发票					No. 98764365		
	发票联					开票日期:2022 年 12 月 05 日		

购买方	名　　称：青岛宏远食品进出口有限公司 纳税人识别号：340502734711308643 地　址、电　话：青岛市城阳区文阳路 115 号　0532-86987568 开户行及账号：中国银行青岛分行　3145108567734058819				密码区	(略)		
货物或应税劳务、服务名称	规格型号	单位	数量	单价	金额		税率	税额
黄桃罐头		箱	100	45.00	4500.00		13%	585.00
小白蘑菇罐头		箱	100	70.00	7000.00		13%	910.00
雪梨罐头		箱	100	85.00	8500.00		13%	1105.00
合　　计					￥20000.00			￥2600.00
价税合计(大写)	⊗贰万贰仟陆佰元整					(小写)￥22600.00		
销售方	名　　称：陕西清川罐头食品厂 纳税人识别号：396859759432186369 地　址、电　话：宝鸡市团结路 45 号　0917-89754321 开户行及账号：宝鸡市农业银行团结路支行　0356235404578945768				备注	陕西清川罐头食品厂 396859759432186369 发票专用章		
收款人：赵璇梅		复核：李明春		开票人：王坚		销售方：(章)		

业务 7-1

青岛宏远食品进出口有限公司
出　库　单

商品品名：食品罐头
商品类别：样展品　　　　　　　　2022 年 12 月 06 日
发货地点：济南出口食品展销会(不计价)　　　　　　　　仓库:2 号仓库

商品名称	规格	计量单位	数量		加权平均成本	
			请发	实发	单位成本	总成本
黄桃罐头		箱	60	60	45.00	2 700.00
小白蘑菇罐头		箱	50	50	70.00	3 500.00
雪梨罐头		箱	60	60	85.00	5 100.00
合　　计			170	170		￥11 300.00

记账：孙志坚　　　　发货：文春贵　　　　制单：王强

业务 8-1

青岛宏远食品进出口有限公司
出 库 单

商品品名:芦笋罐头
商品类别:出口商品　　　　2022 年 12 月 06 日　　　　发货地点:青岛港码头

商品名称	规格	计量单位	数量		加权平均成本	
			请发	实发	单位成本	总成本
芦笋罐头		吨	325	325	8 100.00	2 632 500.00
合计			325	325		¥2 632 500.00

记账:孙志坚　　　　发货:文春贵　　　　制单:王强

第三联 记账联

业务 9-1

青岛宏远食品进出口有限公司
收 料 单

商品品名:蘑菇罐头
商品类别:河北华日食品有限公司代管物资　　2022 年 12 月 07 日　　港口:青岛前湾港码头

商品名称	规格	计量单位	数量		实际成本
			应收	实收	
蘑菇罐头	500 克	吨	1 000	1 000	7 500 000.00
合计			1 000	1 000	¥7 500 000.00

记账:孙志坚　　　　收货:文春贵　　　　制单:王强

第三联 记账联

业务 9-2

代理出口销售合同

合同号:DLCK20201201　　　　　　　　　　合同签订时间:2022 年 12 月 07 日
委托方:河北华日食品有限公司　　　　　　代理方:青岛市宏远食品进出口有限公司

　　依照国家有关法律、法规,签约双方就委托代理出口业务有关事项协商一致,订立本合同:

　　一、委托代理出口商品名称:蘑菇罐头

　　出口口岸:青岛;总金额:140 万美元,分 6 个批次在 2022 年年底前履行完毕。具体型号、规格、数量、金额在每批出口前另行确认。

　　二、双方权利义务:

　　(一) 代理方:

　　1. 代理委托方办理有关货物出口报关、报检、托运手续及结汇、退税事宜,但因出口合同及其附件的瑕疵所产生的一切责任由委托方自行承担。

(续上)

2. 因委托方原因致使出口合同不能履行、不能完全履行或迟延履行的，代理方有权解除本代理合同，委托方应承担由此产生的一切费用和后果。

3. 因外商原因致使合同不能履行、不能完全履行或延迟履行，代理方应及时通知委托方采取补救措施。如委托方在诉讼时效内书面要求对外索赔的，代理方应根据其出口合同，积极协助委托方对外索赔，委托方承担由此产生的一切费用和后果，并应在索赔前，依据代理方书面通知将预付费用划至代理方账户。若委托方未支付有关索赔费用，而由代理方先行支付的，则委托方丧失享有索赔产生的权利，但不免除因索赔而产生的义务。上述义务包括但不限于承担代理方先行代垫的律师费、诉讼费、仲裁费、差旅费、通信费等；反之，如外商索赔，由代理方应诉/应裁，但委托方应无条件协助并承担应诉/应裁的一切费用和后果。

（二）委托方：

1. 应提供以下有效证件复印件：

（1）企业法人营业执照（含非法人营业执照）。

（2）增值税一般纳税人资格证书或申请认定表（正在申请一般纳税人的企业）。

若以上证照到期后，委托方在年审后半个月内应提供上述资料复印件给代理方。

2. 保证所委托出口的货物符合出口国、进口国的国家政策法律规定，并保证委托出口的货物不侵犯他人知识产权。

3. 负责组织出口货源，并根据出口合同的规定按时将委托出口货物运至出运口岸及承担运费，并保证所委托的实际货物与报关品名、规格、数量、质量、包装等相符。若委托方违反本条规定，则应承担由此产生的对外及对代理方的赔偿责任。

4. 协助代理方办理报关、报检、制单、结汇等具体业务，保证从代理方处取得的所有单证的安全，不得挪作他用。

5. 代理方原则上不接受拼柜货物。若确有必要，委托方应于货物报关出口前1周书面通知代理方，由代理方决定是否接受。

6. 委托方应如实申报，不得虚报数量，高报价值。

7. 如委托方指定货代以及需异地报关出口的货物，委托方应通知代理方其货代名称、地址、联系人、电话、传真等详细资料，并允许代理方与货代直接联系，在货物正式报关出口前，由货代将装箱单、发票传真给代理方确认。

8. 保证增值税发票和专用缴款书真实、有效、合法。

9. 未经代理方同意，委托方不得擅自更改确认后的合同条款，不得对外商作出合同之外的承诺。

10. 承担因委托方原因致使本合同及与外商签订之合同不能履行的一切责任。

11. 对外商资信负责，承担因外商原因致使与外商签订之合同不能履行或与外商签订之合同已部分履行但无法收汇核销的责任。前述外商违约导致本合同不能履行或不能完全履行，不影响本协议项下代理方收取代理费的权利。

12. 保证在报关日后30日内将报关单等退税单据交还代理方，并保证报关单的所有内容与相应的增值税发票和专用缴款书内容一致。

13. 因委托方的原因，导致增值税发票和专用缴款书未能退税时，代理方有权向委托方追索该部分退税款。委托方应在收到代理方书面通知后3个工作日内将该部分退税款，付到代理方指定的银行账户上。

三、费用与代理手续费结算：

1. 代理出口过程中所发生的一切费用，除退税外均由委托方承担，如因需要由代理方代为缴纳的，委托方应在每笔费用实际发生前转入代理方账户，代理方也可直接在货款中扣除。本合同项下的出口费用

（续上）

包括:保险费、港口码头费、装运港市内短途运杂费、仓储费、出口检验费、检疫费、报关费、国内银行费用等。

  2. 代理方负责接收国外客户货款,该货款应于60天内汇到代理方指定的银行账户。在代理方收到委托方国外货款,扣除代理费和代垫费用后,将剩余货款按委托方的通知汇入同增值税发票上相符的银行账户。

  3. 如出口合同外商付款期至时,代理方未实际全部收汇,代理方对委托方就该笔货款保留追索权。

四、违约责任:

  1. 在本合同项下,如一方违约,除依法依约应承担违约责任及赔偿责任及赔偿守约方的实际损失外,还应承担守约方为实现债权而支付的费用,该费用包括但不限于律师费用、诉讼费用、差旅费、通讯费。

  2. 自违约方违反本合同约定及法定义务之日起,其于后支付的任何款项按以下顺序清偿:

  （1）守约方为实现权利支付的费用。

  （2）利息或违约金、损失赔偿金。

  （3）货款本金。

五、争议解决方式:

  1. 本合同适用《中华人民共和国合同法》及我国对外贸易代理的有关规定。

  2. 委托代理过程中发生纠纷,由双方协商解决,协商未果的,由合同签订地法院裁决。

  六、本合同一式两份,双方各执一份,经双方签章后生效。如有未尽事宜须补充或修改的应以书面提出并经双方签章后生效,并与本代理出口合同具有同等的法律效力。

委托方:河北华日食品有限公司　　　　代理方:青岛宏远食品进出口有限公司
（盖章）　　　　　　　　　　　　　　　（盖章）
代表人:章立涵　　　　　　　　　　　　代表人:张武强

业务10-1

中国银行
转账支票存根
10203322
01596421

附加信息 _____

出票日期 2022 年 12 月 07 日

收款人	青岛运通国际货运代理有限公司
金　额	￥3 000.00
用　途	运费

单位主管 刘杰　　会计 毛美玲

业务 10-2

青岛市增值税普通发票

3702167453　　　　　　　　　　　　　　　　　　　　　　　　No.00696794

发票联　　　　　　　　　　　　　　　　　开票日期:2022 年 12 月 07 日

购买方	名　　　称:青岛宏远食品进出口有限公司 纳税人识别号:340502734711308643 地　址、电　话:青岛市城阳区文阳路 115 号　0532-69875432 开户行及账号:中国银行青岛分行　3145108567734058819	密码区	（略）

货物或应税劳务、服务名称	规格型号	单位	数量	单价	金额	税率	税额
运杂费			1	3000.00	3000.00	免税	—
合　　计					￥3000.00		—

价税合计(大写)	⊗叁仟元整		(小写)￥3000.00

销售方	名　　　称:青岛运通国际货运代理有限公司 纳税人识别号:370202096837863759 地　址、电　话:青岛市香港中路 34 号　0532-85715647 开户行及账号:中国工商银行青岛香港路支行　3706987945892387426	备注	（销售方发票专用章） 青岛运通国际货运代理有限公司 370202096837863759 发票专用章

收款人:郭玉梅	复核:张春华	开票人:李丽	销售方:(章)

业务 11-1

开证申请书(受理回单)　　1

编号:L8964859　　　　　申请日期:2022 年 12 月 07 日

银行:中国银行

开证方式:信开□　电开☑

有效期及有效地点:

申请人名称、账号、地址及邮政编码:青岛宏远食品进出口有限公司;31451085677345001

受益人名称、地址、账号及开户行:U.S. SANLANDI COMPANY, 81 EAST ROAD, NEW YORK

运输方式:　　　　　　　　交单期:

分批装运:允许□　不允许□　　金额:

转　　运:允许□　不允许□　　付款方式:即期付款☑　延期付款□　议讨□

货物运输起止地:自＿＿至＿＿　　　最迟装运日期:＿＿年＿＿月＿＿日

付款期限:即期□　运输单据日后＿＿＿＿＿天　　合同号码:

货物描述:罐头生产设备(略)

□我公司在贵行开立的以下账户为本笔信用证业务的保证金账户,我公司现向以下账户存入下述金额的保证金,作为贵行在本笔信用证项下债权的质押担保:

保证金币种 USD 金额(大写) 壹万伍仟美元整　　,存入的保证金账号:　31451085677345002　。

□其他:

联系人:

电话:

（开证申请人签章：青岛宏远食品进出口有限公司财务专用章）

注:开证申请书一式三联,第一联为受理回单;第二联为开证依据;第三联为开证存查。用途及联次应分别印在"开证申请书"右端括弧内和括弧与编号之间。

业务 11-2

中国银行 BANK OF CHINA — 外汇支款凭证 ①

签发日期 2022 年 12 月 07 日

付款单位	全 称	青岛宏远食品进出口有限公司	收款单位	全 称	青岛宏远食品进出口有限公司
	账 号	3145108567734500163		账 号	3145108567734500218
	开户银行	中国银行青岛分行		开户银行	中国银行青岛分行

支款货币及金额	亿	千	百	十	万	千	百	十	元	角	分
USD 15 000.00				$	1	5	0	0	0	0	0

牌价	牌价：652.00/100	人民币	亿	千	百	十	万	千	百	十	元	角	分
						¥	9	7	8	0	0	0	0

附言：转信用证保证金　　借方科目_____　对方科目_____

银行信息：转讫

审核印鉴：　　复核：　　经办：　　（单位预留印鉴）

业务 12-1

发票代码　137020964502

山东省青岛市出口专用发票
QINGDAO SHANDONG PROVINCE SPECIAL INVOICE FOR EXPORT

出口专用 Special Use for Export

购货方
To Messrs　SAINT-LOUIS Co., Ltd.

日期
Date　Dec.08, 2022

BUYER'S SIGNATURE
青岛宏远食品进出口有限公司
QINGDAO HONGYUAN FOOD IMP. & EXP. CO.,LTD.
张武强
GENERAL MANAGER

发票号码
Invoice No.　00396469

合同号码
Contract No.　20221208

信用证号
L/C No_____

航班/次
Vessel/Flight_____

起运地(港)
From　QingDao, China

目的地(港)
To　New York, America

品名 Marks & Nos.	数量/种类 Quantities & descriptions	单价 Unit price	金额 Amount
Cannend Asparagus 本日汇率：654.00/100	325 TONS	FOB QINGDAO USD 1 538.461 5 企业名称：(盖章)	USD 500 000.00 TOTAL: USD 500 000.00

业务 12-2

青岛宏远食品进出口有限公司货物出港通知单

制单日期:2022 年 12 月 08 日

承购商:SAINT-LOUIS CO.,Ltd.		委托号:	核销单号:
提货人(CONSIGNEE) SAINT-LOUIS CO.,Ltd.		信用证号:1798SL803134	
		合同号:20201208	
提单通知人(NOTIFY) SAINT-LOUIS CO.,Ltd.		国别:美国	目的港:NEW YORK
		交货条件:	可否分批:
		装期:	有效期:
		产地:	存放地:
总件数:325 吨	总毛重:KGS 350 000	总净重:KGS 325 000	总容重:L 380 000 L
唛头及货物描述	数量	单价	总值
Cannend Asparagus SHIPPING MARKS:	325 TONS	FOB QINGDAO USD 1 538.4615	USD 500 000.00
重要条款:1. 集装箱在场地停放期间不能接受阳光直接暴晒。 2. 集装箱在各程船运期间必须放在吃水线下远离热源的位置。			

业务 12-3

出口销售合同

合同号:CK20221101　　　　　　　　　　　合同签订时间:2022 年 11 月 08 日①

卖方:　青岛宏远食品进出口有限公司　　　　地址:　青岛市城阳区文阳路 115 号

电话:　0086-532-69875432　　　　　　　　买方:　SAINTLOUIS Co.,Ltd.

地址:20 West 79th Street, 10024 New York　　电话:　001-212-48009835

卖方与买方在平等、互利基础上,经双方协商一致同意按下列条款履行,并严格信守。

第一条　货物名称、规格、包装及唛头:

货物名称 Marks & Nos.	数量/种类 Quantities & descriptions	规格 Specification	包装及唛头 Packaging and Marks
Cannend Asparagus	325 tons		20 counters

第二条　数量、单价、总值:

品名 Marks & Nos.	数量/种类 Quantities & descriptions	单价 Unit price	金额 Amount
Cannend Asparagus	325 tons	FOB QINGDAO USD 1 538.461 5	TOTAL: USD 500 000.00

卖方有权在 3% 以内多装或少装。上述价格内包括给买方中间商的佣金 2% 按 FOB 价计算。收到出口款项后 5 天内由卖方向中间商汇付佣金。

---

①　出口合同从签订到执行合同,在收到信用证后才开始国内采购,所以签订相关出口合同的时间都比实际执行合同的时间提前 1 个月左右。

(续上)

第三条　装运期限：自合同签订日起 1 个月内。
第四条　装运口岸：中国，青岛，前湾港。
第五条　目的口岸：美国，纽约。
第六条　保险：由买方办理。
第七条　付款条件：买方应通过买卖双方同意的银行，开立以卖方为受益人的、不可撤销的、可转让和可分割的、允许分批装运和转船的信用证。
第八条　单据：卖方应向银行提供已装船清洁提单、发票、装箱单/重量单。
第九条　装运条件：

1. 载运船只由买方安排，允许分批装运并允许转船。
2. 卖方于货物装船后，应将合同号码、品名、数量、船只、装船日期以电报通知买方。

第十条　品质和数量/重量的异议与索赔：货到目的口岸后，买方如发现货物品质及/或数量/重量与合同规定不符，除属于保险公司及/或船公司的责任外，买方可以凭双方同意的检验机构出具的检验证明向卖方提出异议。品质异议须于货到目的口岸之日起 30 天内提出，数量/重量异议须于货到目的口岸之日起 15 天内提出，卖方应于收到异议后 30 天内答复买方。

第十一条　不可抗力：由于不可抗力使卖方不能在本合同规定期限内交货或者不能交货，卖方不负责任。但卖方必须立即电报通知买方。如果买方提出要求，卖方应以挂号函向买方提供由有关机构出具的事故的证明文件。

第十二条　因执行本合同有关事项所发生的一切争执，应由双方通过友好方式协商解决。如果不能取得协议时，则在被告国家根据被告国家仲裁机构的仲裁程序规则进行仲裁。仲裁决定是终局的，对双方具有同等的约束力。仲裁费用除非仲裁机构另有决定外，均由败诉一方负担。

本合同一式两份，双方各执一份，经双方签章后生效。如有未尽事宜须补充或修改的，应以书面提出，经双方签章后生效，并与本出口合同具有同等的法律效力。

卖　方：_____（盖章）张武强　　　　买　方：_____（盖章）WILLIAM HURT
代表人：张武强　　　　　　　　　　　　代表人：William Hurt

SELLER'S SIGNATURE　QINGDAO HONGYUAN FOOD IMP. & EXP. CO., LTD.　GENERAL MANAGER
BUYER'S SIGNATURE　SAINT-LOUIS CO., LTD.　GENERAL MANAGER

2022 年 11 月 08 日订立

业务 13-1

| 3702161236 | 青岛市增值税普通发票 | No. 00696794 |

开票日期：2022 年 12 月 07 日

购买方	名　　称：青岛宏远食品进出口有限公司 纳税人识别号：340502734711308643 地　址、电　话：青岛市城阳区文阳路 115 号　0532-69875432 开户行及账号：中国银行青岛分行　3145108567734058819	密码区	（略）

货物或应税劳务、服务名称	规格型号	单位	数量	单价	金额	税率	税额
港杂费（芦笋罐头）			1	2780.00	2780.00	免税	—
合　　计					￥2780.00		—

价税合计（大写）　⊗贰仟柒佰捌拾元整　　　　　　　　　　（小写）￥2780.00

销售方	名　　称：青岛运通国际货运代理有限公司 纳税人识别号：370202096837863759 地　址、电　话：青岛市香港中路 34 号　0532-85715647 开户行及账号：中国工商银行青岛香港路支行　3706987945892387436	备注	青岛运通国际货运代理有限公司 370202096837863759 发票专用章

收款人：郭玉梅　　　复核：张春华　　　开票人：李丽　　　销售方：（章）

第三联　发票联　购买方记账凭证

业务 13-2

```
中国银行
转账支票存根
10203322
01596422

附加信息_____
_____
_____
_____

出票日期 2022 年 12 月 09 日

收款人  青岛运通国际货运代理有限公司
金　额  ￥2 780.00
用　途  出口港杂费

单位主管 [刘杰]    会计 [毛美玲]
```

业务 14-1

中国银行 BANK OF CHINA			外汇支款凭证　① 签发日期　2022 年 12 月 09 日												
付款单位	全称	青岛宏远食品进出口有限公司	收款单位	全称	青岛运通国际货运代理有限公司										
	账号	3145108567734500163		账号	8765887022987656517										
	开户银行	中国银行青岛分行		开户银行	招商银行青岛香港路支行										
支款货币及金额			亿	千	百	十	万	千	百	十	元	角	分		
USD 185.00									$	1	8	5	0	0	
牌价	牌价：655.00/100	人民币	亿	千	百	十	万	千	百	十	元	角	分		
								￥	1	2	1	1	7	5	
附言			借方科目_____ 对方科目_____												
银行信息　转讫															
审核印鉴：	复核：		经办：[张武 强印]		（单位预留印鉴）财务专用章 青岛宏远食品进出口有限公司										

业务 14-2

中国银行
BANK OF CHINA

DEBIT ADVICE
借记通知

TO： 致：	DATE： 日期：2022/12/09
L/C No.： 信用证号：	DRAFT AMT： 单据金额：USD 185.00
AB No.： 银行流水号：	CONTRACT No.： 合同号：

WITH REFERANCE TO THE CAPTIONED ITEMS. PLEASE BE ADVISED THAT WE HAVE TADAY DEBITED YOUR ACCOUNT No. 31451085677345001 WITH THE FOLLOWING AMOUMENT PAYMENT UNDER THE LC ABOVE MENTIONED.

我行已于今日将上述业务之下列金额借记你司第 3145108567734500163 号账户。

DEDUCT AMT
付款金额：USD 185.00

BUYING RATE：	SELLING RATE：	REALING RATE：
652.38/100	656.23/100	655.00/100

BANK OF CHINA QINGDAO BRANCH
中国银行青岛分行

（中国银行股份有限公司 青岛分行 业务专用章）

银行签章

业务 14-3

青岛市增值税普通发票

发票代码：3702163421
No. 00696738
开票日期：2022 年 12 月 09 日

购买方	名　　称：青岛宏远食品进出口有限公司 纳税人识别号：340502734711308643 地　址、电　话：青岛市城阳区文阳路 115 号　0532-69875432 开户行及账号：中国银行青岛分行　3145108567734058819	密码区	（略）

货物或应税劳务、服务名称	规格型号	单位	数量	单价	金额	税率	税额
海运费			1	1211.75	1211.75	免税	—
合　计					￥1211.75		—

价税合计（大写）	⊗壹仟贰佰壹拾壹元柒角伍分	（小写）￥1211.75

销售方	名　　称：青岛运通国际货运代理有限公司 纳税人识别号：370202096837863759 地　址、电　话：青岛市香港中路 34 号　0532-85715647 开户行及账号：中国工商银行青岛香港路支行　3706987945892387436	备注	（青岛运通国际货运代理有限公司 370202096837863759 发票专用章）

收款人：郭玉梅　　　复核：张春华　　　开票人：李丽　　　销售方：（章）

业务 15-1

中国银行 BANK OF CHINA　　外汇支款凭证　　①

签发日期 2022 年 12 月 09 日

付款单位	全称	青岛宏远食品进出口有限公司	收款单位	全称	青岛运通国际货运代理有限公司
	账号	3145108567734500163		账号	8765887022987656517
	开户银行	中国银行青岛分行		开户银行	招商银行青岛香港路支行

支款货币及金额			亿	千	百	十	万	千	百	十	元	角	分
USD 158.40									$	1	5	8	4	0

牌价	牌价：655.00/100	人民币	亿	千	百	十	万	千	百	十	元	角	分
								¥	1	0	3	7	5	2

附言：借方科目_____　对方科目_____

银行信息：转讫

审核印鉴：　　复核：　　经办：　　财务专用章（单位预留印鉴）

业务 15-2

中国银行 BANK OF CHINA　　**DEBIT ADVICE** 借记通知

TO：
致：

DATE：
日期：2022/12/09

L/C No.：　　　　DRAFT AMT：
信用证号：　　　单据金额：USD 158.40
AB No.：　　　　CONTRACT No.：
银行流水号：　　合同号：

WITH REFERANCE TO THE CAPTIONED ITEMS. PLEASE BE ADVISED THAT WE HAVE TADAY DEBITED YOUR ACCOUNT No. 3145108567734500163 WITH THE FOLLOWING AMOUUNT PAYMENT UNDER THE LC ABOVE MENTIONED.

我行已于今日将上述业务之下列金额借记你司第 3145108567734500163 号账户。

DEDUCT AMT
付款金额：USD 158.40

BUYING RATE：	SELLING RATE：	REALING RATE：
652.38/100	656.23/100	655.00/100

BANK OF CHINA QINGDAO BRANCH
中国银行青岛分行
业务专用章　　银行签章

业务 15-3

PICC
中国人保财险　　　　　　　　货物运输保险单
CARGO TRANSPORARTATION INSURANCE POLYCY

印刷号(Printed Number)SZPICC　0209865　　保险单号(Policy No.)294850
发票号(Invoice No.)00399876　　　　　　　合同号(Contract No.)20221209
信用证号(L/C No.)
被保险人(Insured)青岛宏远食品进出口有限公司
中国人民财产保险股份有限公司(以下简称本公司)根据被保险人的要求,以被保险人向本公司缴付约定的保险费为对价,按照本保险单列明条款承保下述货物运输保险,特订立本保险单。
THIS POLICY OF INSUREANCE WITNESS THAT PICC PROPERTY AND CASUALTY COMPANY LIMITED (HEREINFAFTER CALLED "THE CAMPANY") AT THE REQUEST OF INSURED AND IN CONSIDERATION OF THE AGREED PREMIUM PAID TO THE COMPANY BY THE INSURED, UNDERTAKES TO INSURE THE UNDERREMENTIONED GOODS IN TRANSPORTATION SUBJECT TO THE CONDITIONS OF THIS POLICY AS PER THE CLAUSES PRINTED BELOW.

标记 MARKS & NOS.	包装及数量 QUANTITY	保险货物项目 GOODS	保险金额 AMOUNT INSURED
Packing Machine	6 sets		USD 158.40

总保险金额:
Total Amount Insured: USD 18 000.00
保费(Premium): USD 158.40　起运日期(Date of Commencement) 2022/12/09
装载运输工具(PER CONVEYANCESS.)
自:德国汉堡　　　　　　至中国青岛
From　Hamburg, Germany　　　TO　QingDao, China
承保险别(Conditions)
所保货物如发生保险单项下可能引起索赔的损失,应立即通知本公司或下述代理人查勘。如有索赔,应向本公司提供正本保险单(本保险单共有　份正本)及有关文件。如一份正本已用于索赔,其余正本自动失效。
IN THE EVENT OF LOSS OR DAMAGE WHICH MAY RESULT IN A CLAIM UNDER THIS POLICY, IMMEDIATE NOTICE MUST BE GIVEN TO THE COMPANY'S AGENT AS MENTIONED HEREUNDER. CLAIM, IF ANY, ONE OF THE ORINGAL POLICY WHICH HAS BEEN INSSUED IN ORIGINAL (S) TOGETHER WITH THE RELEVANT DOCUMENTS SHALL BE SURRENDERED TO THE COMPANY. IF ONE OF THE ORIGINAL POLICY HAS BEEN ACCOMPLISHED, THE OTHERS TO BE VOID.
　　　　　保险人:中国人民财产保险股份有限公司青岛分公司
　　　　　PICC PROPERTY AND CASUALTY COMPANY LIMITED QINGDAO BRANCH
　　　　　电话(TEL):86-532-85736960
　　　　　传真(FAX):86-532-85736988
　　　　　地址(ADD):中国山东省青岛市香港中路 26 号
赔款偿付地点:
CLAIM PAYABLE AT ＿＿＿＿＿
出单日期:
INSUING DATE ＿＿＿＿＿
核保人:　　　　　　　　　　制单人:　　　　　　　　　　经办人:
UNDERWRITER:＿＿＿＿　　　ORIGINATOR:＿＿＿＿　　　OPERATOR:＿＿＿＿

业务 15-4

青岛市增值税普通发票

3702163762　　　　　　　　　　　　　　　　　　　　　　　　　　　No. 00696984

发票联　　　　　　　　　　　　　　　　　　　　　开票日期:2022 年 12 月 09 日

购买方	名　　称:青岛宏远食品进出口有限公司 纳税人识别号:340502734711308643 地址、电话:青岛市城阳区文阳路 115 号　0532-69875432 开户行及账号:中国银行青岛分行　3145108567734058819	密码区	(略)

货物或应税劳务、服务名称	规格型号	单位	数量	单价	金额	税率	税额
保险费			1	1037.52	1037.52	免税	—
合　　计					￥1037.52		—

价税合计(大写)	⊗壹仟零叁拾柒元伍角贰分	(小写)￥1037.52

销售方	名　　称:青岛运通国际货运代理有限公司 纳税人识别号:370202096837863759 地址、电话:青岛市香港中路 34 号　0532-85715647 开户行及账号:中国工商银行青岛香港路支行　3706987945892387436	备注	USD 158.40

收款人:郭玉梅　　　　　复核:张春华　　　　　开票人:李丽　　　　　销售方:(章)

第三联　发票联　购买方记账凭证

业务 16-1

青岛宏远食品进出口有限公司货物出仓通知单

制单日期:2022 年 12 月 10 日

承购商:SAINT-LOUIS CO., LTD.		委托号:3569876	核销单号:
提货人(CONSIGNEE) GEORGE FOODS		信用证号:1798SL803134	
		合同号:20201203	
提单通知人(NOTIFY) GEORGE FOODS		国别:美国	目的港:MIAMI
		交货条件:	可否分批:
		装期:	有效期:
		产地:	存放地:
总件数:1 000 吨	总毛重:KGS	总净重:KGS	总容重:L
唛头及货物描述	数量	单价	总值
Cannend Mushrooms SHIPPING MARKS:	1 000 TONS	CFR MIAMI USD 1 400.00	USD 1 400 000.00

重要条款:1. 集装箱在场地停放期间不能接受阳光直接暴晒。
　　　　　2. 集装箱在各程船运期间必须放在吃水线下远离热源的位置。

业务 16-2

发票代码　137020964503

山东省青岛市出口专用发票
QINGDAO SHANDONG PROVINCE SPECIAL INVOICE FOR EXPORT

出口专用 Special Use for Export

购货方
To Messrs　George　Foods

日期
Date　Dec.10, 2022

发票号码
Invoice No. 87547632

合同号码
Contract No. 20221210

信用证号
L/C No.　1798SL80376

航班/次
Vessel/Flight＿＿＿＿＿

起运地(港)
From　QingDao, China

目的地(港)
To　New York, America

BULLER'S SIGNATURE
青岛宏远食品进出口有限公司
QINGDAO HONGYUAN FOOD IMP. & EXP. CO.,LTD.
张　武　强
GENERAL MANAGER

品名 Marks & Nos.	数量/种类 Quantities & descriptions	单价 Unit price	金额 Amount
Cannend Mushrooms 本日牌价： 652.00/100	1 000 TONS	CFR NEW YORK USD 1 400.00	USD 1 400 000.00 TOTAL: USD 1 400 000.00

（企业名称：盖章）
青岛宏远食品进出口有限公司
代理业务专用章

业务 16-3

出口销售合同

合同号：CK20201102
卖方：青岛宏远食品进出口有限公司
电话：0086-532-69875432
地址：Martin 68th Street, 10053 New York

合同签订时间：2022 年 11 月 13 日
地址：青岛市城阳区文阳路 115 号
买方：GEOGRGE　Foods
电话：001-212-8769543

卖方与买方在平等、互利基础上，经双方协商一致同意按下列条款履行，并严格信守。

第一条　货物名称、规格、包装及唛头：

货物名称 Marks & Nos.	数量/种类 Quantities & descriptions	规格 Specification	包装及唛头 Packaging and Marks
Cannend Mushrooms	1 000 tons		65 counters

第二条　数量、单价、总值：

品名 Marks & Nos.	数量/种类 Quantities & descriptions	单价 Unit price	金额 Amount
Cannend Mushrooms	1 000 tons	CFR New York USD 1 400.00	TOTAL： USD 1 400 000.00

(续上)

卖方有权在3%以内多装或少装。上述价格内包括给买方中间商的佣金2%按CFR价计算。收到出口货款时由卖方向中间商议付佣金。

第三条　装运期限:自合同签订日起1个月内。

第四条　装运口岸:中国,青岛,前湾港。

第五条　目的口岸:美国,纽约。

第六条　保险:由买方办理。

第七条　付款条件:开立以卖方为受益人的、不可撤销的、可转让和可分割的信用证。

第八条　单据:卖方应向银行提供已装船清洁提单、发票、装箱单/重量单。

第九条　装运条件:卖方于货物装船后,应将合同号码、品名、数量、船只、装船日期以电报通知买方。

第十条　品质和数量/重量的异议与索赔:货到目的口岸后,买方如发现货物品质及/或数量/重量与合同规定不符,除属于保险公司及/或船公司的责任外,买方可以凭双方同意的检验机构出具的检验证明向卖方提出异议。品质异议须于货到目的口岸之日起30天内提出,数量/重量异议须于货到目的口岸之日起15天内提出,卖方应于收到异议后30天内答复买方。

第十一条　不可抗力:由于不可抗力使卖方不能在本合同规定期限内交货或者不能交货,卖方不负责任。但卖方必须立即电报通知买方。如果买方提出要求,卖方应以挂号函向买方提供由有关机构出具的事故的证明文件。

第十二条　因执行本合同有关事项所发生的一切争执,应由双方通过友好方式协商解决。如果不能取得协议时,则在被告国家根据被告国家仲裁机构的仲裁程序规则进行仲裁。仲裁决定是终局的,对双方具有同等的约束力。仲裁费用除非仲裁机构另有决定外,均由败诉一方负担。

本合同一式两份,双方各执一份,经双方签章后生效。如有未尽事宜须补充或修改的,应以书面提出,经双方签章后生效,并与本出口合同具有同等的法律效力。

卖　方:_____(盖章)　　　　买　方:_____(盖章)
代表人:张武强　　　　　　　　　代表人:Corrine White

2022年11月13日订立

业务17-1

中华人民共和国 税收收入退还书			2022128026 (20204)青国退电　No.0001900		
注册类型:外贸企业		填发日期:2022年12月10日	税务机关:青岛市国家税务局		
预算科目	编码	101010301	收款单位(人)	代　码	3864579863
	名称	出口货物退增值税		全　称	青岛宏远食品进出口有限公司
	级次	中央100%		开户银行	中国银行青岛分行
退款国库		国家金库青岛分库		账　号	3145108567734058819
退库性质		原税款征收品目名称		退库金额	
出口退税		增值税		¥844 952.10	
金额合计(大写)		⊗捌拾肆万肆仟玖佰伍拾贰元壹角整		¥844 952.10	
税务机关			上列款项已办妥退库手续并划转收款单位账户。国库(银行)盖章　年　月　日	备注	
负责人		填票人			
(盖章)	(章)	(章)			

业务 18-1

发票代码　137020964501

山东省青岛市出口专用发票
QINGDAO SHANDONG PROVINCE SPECIAL INVOICE FOR EXPORT

出口专用 Special use for export

购货方　　　　　　　　　　　　　　　　日期
To Messrs　Alisen Co., Ltd.　　　　　Date　Dec.10, 2022

发票号码
Invoice No.　00396467

合同号码
Contract No.　20221210

信用证号　　　　　　　　　　　　　　　航班/次
L/C No.　1798SL802158　　　　　　　 Vessel/Flight_____

起运地(港)　　　　　　　　　　　　　　目的地(港)
From　QingDao, China　　　　　　　　To London, England

品名 Marks & Nos.	数量/种类 Quantities & descriptions	单价 Unit price	金额 Amount
Tsing tao beer 本日牌价： 652.00/100	400 tons	CIFC2%London USD 1 755.00	TOTAL：USD 702 000.00 NET：USD 687 960.00
		企业名称：(盖章)	

业务 18-2

青岛宏远食品进出口公司货物出港通知单

制单日期：2022 年 12 月 10 日

承购商：Alisen CO., LTD.	委托号：	核销单号：
提货人(CONSIGNEE) TO ORDER	信用证号：1798SL802158	
	合同号：CK1105	
	国别：	目的港：
提单通知人(NOTIFY) Alisen CO., LTD. London	交货条件：	可否分批：
	装期：	有效期：
	产地：	存放地：
总件数：46 800 件(箱)	总毛重：KGS 4 100 000	总净重：KGS 4 000 000	总容重：L 4 000 000 L
唛头及货物描述	数量	单价	总值
Tsing tao beer SHIPPING MARKS：	400 TONS	CIFC2%LONDON USD 1 755.00	USD 702 000.00

重要条款：1. 集装箱在场地停放期间不能接受阳光直接暴晒。
　　　　　2. 集装箱在各程船运期间必须放在吃水线下远离热源的位置。

业务 18-3

青岛宏远食品进出口有限公司
出 库 单

商品品名：355 ml 罐装青岛啤酒
商品类别：库存出口商品　　　　　2022 年 12 月 10 日　　　　　仓库：1 号仓库

商品名称	规格	计量单位	数量		加权平均成本	
			请发	实发	单位成本	总成本
罐装青岛啤酒	355 ml	箱	46 800	46 800	68.50	3 205 800.00
合　　计			46 800	46 800		￥3 205 800.00

记账：孙志坚　　　　　　发货：文春贵　　　　　　制单：王强

第三联　记账联

业务 18-4

出口销售合同

合同号：CK20221103　　　　　　　　　　　　　　合同签订时间：2022 年 11 月 18 日
卖方：青岛宏远食品进出口有限公司　　　　　　　地址：青岛市城阳区文阳路 115 号
电话：0086-532-69875432　　　　　　　　　　　　买方：Alisen Co.，Ltd.
地址：12 Tavistock Place，London，England　　　电话：0044-020-76585479

卖方与买方在平等、互利基础上，经双方协商一致同意按下列条款履行，并严格信守。

第一条　货物名称、规格、包装及唛头：

货物名称 Marks & Nos.	数量/种类 Quantities & Descriptions	规格 Specification	包装及唛头 Packaging and Marks
Tsing tao beer	400 tons	355 ml	30 counters

第二条　数量、单价、总值：

品名 Marks & Nos.	数量/种类 Quantities & Descriptions	单价 Unit price	金额 Amount
Tsing tao beer	400 tons	CIFC2%London USD 1 755.00	USD702 000.00

卖方有权在 3% 以内多装或少装。上述价格内包括给买方佣金 2% 按 CIF 价计算。扣除佣金后的净价为 USD 687 960.00。

第三条　装运期限：自合同签订日起 1 个月内。
第四条　装运口岸：中国、青岛、前湾港。
第五条　目的口岸：英国、伦敦。
第六条　保险：由卖方按发票金额 110% 投保。
第七条　付款条件：买方应通过买卖双方同意的银行，开立以卖方为受益人的、不可撤销的、可转让和可分割的、允许分批装运和转船的信用证。该信用证凭装运单据在　中　国的中信银行见单即付。该信用证必须在 2020 年 12 月 01 日前开出。信用证有效期为装船后 15 天。

（续上）

第八条 单据：卖方应向银行提供已装船清洁提单、发票、装箱单/重量单；如果本合同按 CIF 条件，应再提供可转让的保险单或保险凭证。

第九条 装运条件：
1. 载运船只由卖方安排，允许分批装运并允许转船。
2. 卖方于货物装船后，应将合同号码、品名、数量、船只、装船日期以电报通知买方。

第十条 品质和数量/重量的异议与索赔：货到目的口岸后，买方如发现货物品质及/或数量/重量与合同规定不符，除属于保险公司及/或船公司的责任外，买方可以凭双方同意的检验机构出具的检验证明向卖方提出异议。品质异议须于货到目的口岸之日起 30 天内提出，数量/重量异议须于货到目的口岸之日起 15 天内提出，卖方应于收到异议后 30 天内答复买方。

第十一条 不可抗力：由于不可抗力使卖方不能在本合同规定期限内交货或者不能交货，卖方不负责任。但卖方必须立即电报通知买方。如果买方提出要求，卖方应以挂号函向买方提供由有关机构出具的事故的证明文件。

第十二条 因执行本合同有关事项所发生的一切争执，应由双方通过友好方式协商解决。如果不能取得协议时，则在被告国家根据被告国家仲裁机构的仲裁程序规则进行仲裁。仲裁决定是终局的，对双方具有同等的约束力。仲裁费用除非仲裁机构另有决定外，均由败诉一方负担。

本合同一式两份，双方各执一份，经双方签章后生效。如有未尽事宜须补充或修改的，应以书面提出，经双方签章后生效，并与本出口合同具有同等的法律效力。

卖 方：_____（盖章） 张武强   买 方：_____（盖章） JOHN SMITH
代表人：张武强   代表人：John Smith   2022年

业务 19-1

中国银行 外币汇款/托收贷记通知

业务编号：IRTT412209003778
交易日期：2022-12-11
汇出行业务编号：43100526000694F   记录状态：S   解付   入账日期：2022-12-11
汇入货币：美元   汇款金额：USD 249 740.00
汇款行：BSABESDDXXX
汇款人名称：/008100445600004445633 IDB04569406 RISON CO.，LTD.
地址：
开户行：
汇款附言：

解付序号：01   解付金额：USD 249 740.00   汇率：653.00/100   起息日期：2022/12/11
入账账号：3145108567734500163   入账金额：USD 249 740.00
收款人名称：青岛宏远食品进出口有限公司
费用账号：   手续费：0.00
核销单号：   申报单号：37021200010109075IR015
备注：
交易机构：4988   部门：67   机构名称：中国银行青岛分行

第二联：客户回单   复核：   经办：

业务 20-1

3702164572	青岛市增值税普通发票			No.00697893		
	发票联			开票日期:2022 年 12 月 11 日		

购买方	名　　称：青岛宏远食品进出口有限公司 纳税人识别号：340502734711308643 地　址、电　话：青岛市城阳区文阳路 115 号　0532-69875432 开户行及账号：中国银行青岛分行　3145108567734058819	密码区	（略）		
货物或应税劳务、服务名称	规格型号	单位	数量	单价	金额	税率	税额
港杂费(啤酒 400 吨)			1	1258.00	1258.00	免税	—
合　　计					￥1258.00		
价税合计(大写)	⊗壹仟贰佰伍拾捌元整				（小写）￥1258.00		
销售方	名　　称：青岛运通国际货运代理有限公司 纳税人识别号：3702020968378637599 地　址、电　话：青岛市香港中路 34 号　0532-85715647 开户行及账号：中国工商银行青岛香港路支行　3706987945892387436	备注	青岛运通国际货运代理有限公司 3702020968378637599 发票专用章		
收款人:郭玉梅	复核:张春华	开票人:李丽			销售方:(章)		

业务 20-2

中国银行
转账支票存根
10203322
01596423

附加信息＿＿＿＿＿＿＿＿＿＿＿＿
＿＿＿＿＿＿＿＿＿＿＿＿＿＿＿＿
＿＿＿＿＿＿＿＿＿＿＿＿＿＿＿＿

出票日期 2022 年 12 月 11 日

收款人　青岛运通国际货运代理有限公司
金　额　￥1 258.00
用　途　出口港杂费

单位主管　刘杰　　　会计　毛美玲

外贸会计

业务 21-1

青岛市增值税普通发票							
3702163476	发票联				No. 00695725 开票日期：2022年12月11日		
购买方	名　　称：河北华日食品有限公司 纳税人识别号：360502734812567991 地　址、电　话：河北省石家庄市宁安路　0311-86987542 开户行及账号：中国建设银行河北省石家庄市分行 　　　　　　　0078646328134864688				密码区	（略）	
货物或应税劳务、服务名称	规格型号	单位	数量	单价	金额	税率	税额
海运运费			1	360250.00	360250.00	免税	—
合　计					￥360250.00		—
价税合计（大写）	⊗叁拾陆万零贰佰伍拾元整				（小写）￥360250.00		
销售方	名　　称：青岛运通国际货运代理有限公司 纳税人识别号：370202096837863759 地　址、电　话：青岛市香港中路34号　0532-85715647 开户行及账号：中国工商银行青岛香港路支行　3706987458923874			备注	出口蘑菇罐头海运运费 55 000 美元 370202096837863759 发票专用章		
收款人：郭玉梅	复核：张春华		开票人：李丽		销售方：（章）		

业务 21-2

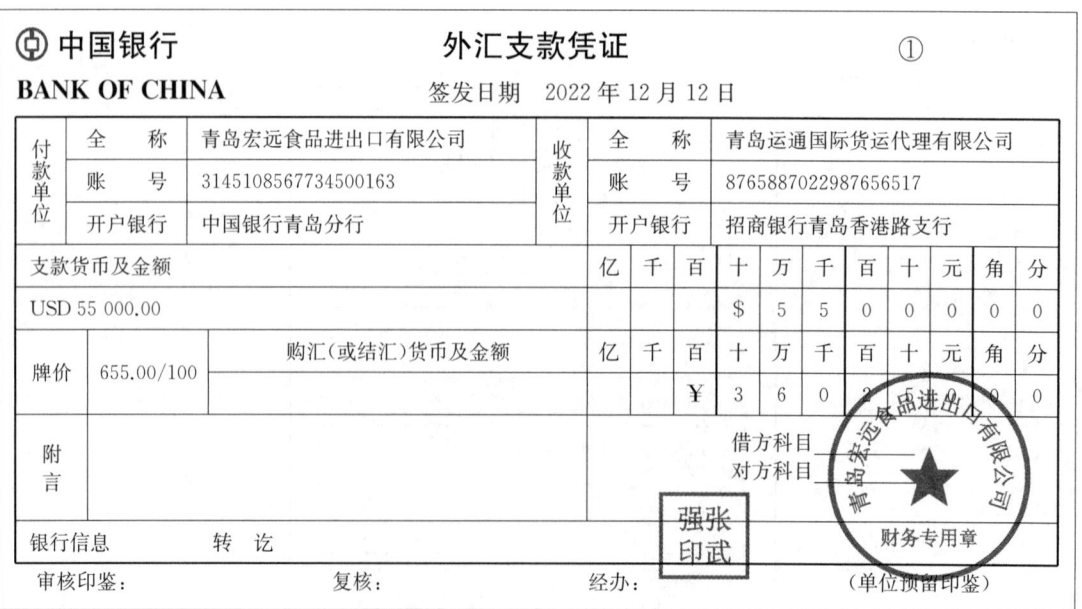

中国银行　外汇支款凭证　①
BANK OF CHINA　签发日期 2022年12月12日

付款单位	全　称	青岛宏远食品进出口有限公司	收款单位	全　称	青岛运通国际货运代理有限公司
	账　号	3145108567734500163		账　号	8765887022987656517
	开户银行	中国银行青岛分行		开户银行	招商银行青岛香港路支行

支款货币及金额			亿	千	百	十	万	千	百	十	元	角	分
USD 55 000.00					$	5	5	0	0	0	0	0	0
牌价	655.00/100	购汇（或结汇）货币及金额	亿	千	百	十	万	千	百	十	元	角	分
					￥	3	6	0	2	5	0	0	0

附言：

借方科目
对方科目

银行信息：　　转讫

审核印鉴：　　复核：　　经办：　　（单位预留印鉴）

业务 21-3

中国银行 DEBIT ADVICE
BANK OF CHINA 借记通知

TO：
致：

DATE：
日期：2022/12/11

L/C No.：
信用证号：1798SL80376

AB No.：
银行流水号：

DRAFT AMT：
单据金额：USD 55 000.00

CONTRACT No.：
合同号：

WITH REFERANCE TO THE CAPTIONED ITEMS, PLEASE BE ADVISED THAT WE HAVE TODAY DEBITED YOUR ACCOUNT No. 3145108567734500163 WITH THE FOLLOWING AMOUNT PAYMENT UNDER THE L/C ABOVE MENTIONED.

我行已于今日将上述业务之下列金额借记你司第 3145108567734500163 号账户。

DEDUCT AMT
付款金额：USD 55 000.00

BUYING RATE：
652.68/100

SELLING RATE：
656.15/100

REALING RATE：
655.00/100

BANK OF CHINA QINGDAO BRANCH
中国银行青岛分行

银行签章

业务 22-1

业务22-2

中国银行
转账支票存根
10203322
01596424

附加信息_____
_____
_____

出票日期 2022年12月11日

收款人	青岛运通国际货运代理有限公司
金　额	￥9 680.00
用　途	支付代理出口港杂费

单位主管 刘杰　　　会计 毛美玲

业务23-1

项目5 综合实训

业务 23-2

青岛市增值税电子普通发票

机器编号：499099378694

发票代码：037021604115
发票号码：02458695
开票日期：2022 年 12 月 11 日
检验码：11870331037634578635

购货单位	名称：青岛宏远食品进出口有限公司 纳税人识别号：340502734711308 地址、电话：青岛市城阳区文阳路 115 号　69875432 开户行及账号：中国银行青岛分行　31451085677340588	密码区	略

货物或应税劳务、服务名称	规格型号	单位	数量	单价	金额	税率	税额
增值业务费			1	9 680.00	2 452.45	0%	
通话费					4 478.22		
国际通话费					3 677.33		
新业务费					468		
互联网费					3 282		
合计					¥14 358.00		* * *

价税合计（大写）：人民币壹万肆仟叁佰伍拾捌元整	（小写）¥14 358.00

销货单位	名称：中国电信股份有限公司青岛分公司 纳税人识别号：913702121267906834 29 地址、电话：青岛市崂山区松岭路 34 号　客服电话：1000 开户行及账号：中国工商银行青岛崂山支行　37069879458923873458	备注	（发票专用章）

收款人：崂山吴■　　　复核：李秀娟　　　开票人：王晨　　　销售单位：（章）

业务 24-1

149

业务 24-2

中国银行 BANK OF CHINA 外汇支款凭证 ①

签发日期 2022 年 12 月 12 日

付款单位	全称	青岛宏远食品进出口有限公司	收款单位	全称	青岛运通国际货运代理有限公司
	账号	3145108567734500163		账号	8765887022987656517
	开户银行	中国银行青岛分行		开户银行	招商银行青岛香港路支行

支款货币及金额			亿	千	百	十	万	千	百	十	元	角	分
USD 2 000.00								$	2	0	0	0	0	0

牌价	655.00/100	购汇(或结汇)货币及金额	亿	千	百	十	万	千	百	十	元	角	分
							¥	1	3	1	0	0	0	0

附言

借方科目_____
对方科目_____

银行信息   转讫

审核印鉴：   复核：   经办：   (单位预留印鉴)

业务 24-3

中国银行 BANK OF CHINA   DEBIT ADVICE 借记通知

TO：
致：

DATE：
日期：2022/12/12

L/C No.：
信用证号：1798SL802158

DRAFT AMT：
单据金额：USD 2 000.00

AB No.：
银行流水号：

CONTRACT No.：
合同号：

WITH REFERANCE TO THE CAPTIONED ITEMS. PLEASE BE ADVISED THAT WE HAVE TODAY DEBITED YOUR ACCOUNT No. 3145108567734500163 WITH THE FOLLOWING AMOUUNT PAYMENT UNDER THE LC ABOVE MENTIONED.

我行已于今日将上述业务之下列金额借记你司第 3145108567734500163 号账户。

DEDUCT AMT
付款金额：USD 2 000.00

BUYING RATE：
652.68/100

SELLING RATE：
656.15/100

REALING RATE：
655.00/100

BANK OF CHINA QINGDAO BRANCH
中国银行青岛分行

银行签章

业务 25-1

PICC

中国人保财险　　　　　　货物运输保险单
CARGO TRANSPORARTATION INSURANCE POLYCY

印刷号(Printed Number)SZPICC　0208965　保险单号(Policy No.)

发票号(Invoice No.)00396467　　合同号(Contract No.)20221212

信用证号(L/C No.)1798SL802158

被保险人(Insured)青岛宏远食品进出口有限公司

　　中国人民财产保险股份有限公司(以下简称本公司)根据被保险人的要求,以被保险人向本公司缴付约定的保险费为对价,按照本保险单列明条款承保下述货物运输保险,特订立本保险单。

标记 MARKS & NOS.	包装及数量 QUANTITY	保险货物项目 GOODS	保险金额 AMOUNT INSURED
Tsing tao beer	400 TONS		USD 687 960.00

总保险金额：
Total Amount Insured：　USD 687 960.00

保费(Premium)：　USD 6 054.05　起运日期(Date of Commencement)　2022/12/12

　　装载运输工具(PER CONVEYANCESS)_____

自:中国青岛　　　　　　　　至 英国伦敦
From　QingDao, China　　　　TO　London, UK

承保险别(Conditions)

所保货物如发生保险单项下可能引起索赔的损失,应立即通知本公司或下述代理人查勘。如有索赔,应向本公司提供正本保险单(本保险单共有_____份正本)及有关文件。如一份正本已用于索赔,其余正本自动失效。

　　　　保险人:中国人民财产保险股份有限公司青岛分公司
　　　　PICC PROPERTY AND CASUALTY COMPANY LIMITED QINGDAO BRANCH
　　　　　电话(TEL):86-532-85736960
　　　　　传真(FAX):86-532-85736986
　　　　　地址(ADD):中国山东省青岛市香港中路26号

赔款偿付地点：
CLAIM PAYABLE AT_____

出单日期：
INSUING DATE_____

核保人：　　　　　　　　制单人：　　　　　　　　经办人：
UNDERWRITER:_____　　ORIGINATOR:_____　　OPERATOR:_____

(业务专用章签章)

业务 25-2

3702169856		青岛市增值税普通发票				No.00699865		
		发票联				开票日期：2022 年 12 月 12 日		
购买方	名　　　称：青岛宏远食品进出口有限公司 纳税人识别号：340502734711308643 地　址、电　话：青岛市城阳区文阳路 115 号　0532-69875432 开户行及账号：中国银行青岛分行　3145108567734058819					密码区	（略）	
货物或应税劳务、服务名称	规格型号	单位	数量	单价	金额		税率	税额
保险费（啤酒）			1	39654.02	39654.02		免税	—
合　　计					￥39654.02			—
价税合计（大写）		⊗叁万玖仟陆佰伍拾肆元零贰分					（小写）￥39654.02	
销售方	名　　　称：青岛运通国际货运代理有限公司 纳税人识别号：370202096837863759 地　址、电　话：青岛市香港中路 34 号　0532-85715647 开户行及账号：中国工商银行青岛香港路支行　3706987945892387426					备注	出口啤酒保险费 6 054.05 美元 370202096837863759 发票专用章	销售方：（章）
收款人：郭玉梅			复核：张春华			开票人：李丽		

第三联　发票联　购买方记账凭证

业务 25-3

中国银行 BANK OF CHINA		外汇支款凭证 ① 签发日期　2022 年 12 月 12 日													
付款单位	全　称	青岛宏远食品进出口有限公司		收款单位	全　称	青岛运通国际货运代理有限公司									
	账　号	3145108567734500163			账　号	8765887022987656517									
	开户银行	中国银行青岛分行			开户银行	招商银行青岛香港路支行									
支款货币及金额				亿	千	百	十	万	千	百	十	元	角	分	
USD 6 054.05									$	6	0	5	4	0	5
牌价	牌价： 655.00/100	购汇（或结汇）货币及金额		亿	千	百	十	万	千	百	十	元	角	分	
								￥	3	9	6	5	4	0	2
附言				借方科目_____ 对方科目_____											
银行信息　　　转　讫															
审核印鉴：		复核：		经办：				（单位预留印鉴）							

业务 25-4

中国银行 BANK OF CHINA	DEBIT ADVICE 借记通知	
TO： 致：		DATE： 日期：2022/12/12
L/C No.： 信用证号：1798SL802158		DRAFT AMT： 单据金额：USD 6 054.05
AB No.： 银行流水号：		CONTRACT No.： 合同号：

WITH REFERANCE TO THE CAPTIONED ITEMS, PLEASE BE ADVISED THAT WE HAVE TO-DAY DEBITED YOUR ACCOUNT No. 3145108567734500163 WITH THE FOLLOWING AMOUUNT PAYMENT UNDER THE LC ABOVE MENTIONED.

我行已于今日将上述业务之下列金额借记你司第 3145108567734500163 号账户。

DEDUCT AMT
付款金额：USD 6 054.05

BUYING RATE： 652.68/100	SELLING RATE： 656.15/100	REALING RATE： 655.00/100
		BANK OF CHINA QINGDAO BRANCH 中国银行青岛分行

业务 26-1

业务 27-1

借 支 单
2022 年 12 月 13 日

借款部门	业务一科	职别		职员		出差人姓名	王国强
借款事由	走访货源供应单位						
借款金额人民币(大写)叁仟元整					￥3 000.00		
批准人	王 桐	部门负责人	王 辉	财务负责人		刘 杰	

现金付讫   收款人：王国强

业务 28-1

U.S. SANLANDI Company
81 EAST ROAD, NEW YORK
PROFORMA INVOICE

BUYER：Qingdao Hongyuan Foodstuffs Inport & Export Co., Ltd.

INVOICE No.：R09ET231
DATE：Dec.14，2022
PAYMENT TERMS：L/C

PRODUCT, PACKING & DESCRIPTION	QUANTITY	UNIT PRICE	TOTAL AMOUNT
CANNED FOOD PRODUCTION EQUIPMENT	1 SET	CIF Qingdao USD 62 500.00/SET	USD 62 500.00 USD 62 500.00

业务 28-2

中国银行 BANK OF CHINA   外汇支款凭证 ①

签发日期 2022 年 12 月 14 日

付款单位	全 称	青岛宏远食品进出口有限公司	收款单位	全 称	美国 SANLANDI 公司
	账 号	3145108567734500163		账 号	8882107231
	开户银行	中国银行青岛分行		开户银行	Wells Fargo Bank

支款货币及金额	亿	千	百	十	万	千	百	十	元	角	分
USD 62 500.00				$	6	2	5	0	0	0	0

牌价	牌价： 652.00/100	人民币	亿	千	百	十	万	千	百	十	元	角	分
						￥	4	0	7	5	0	0	0

附言：   借方科目_____
                     对方科目_____

银行信息   转讫

审核印鉴：   复核：   经办：   (单位预留印鉴)

业务 28-3

中国银行 BANK OF CHINA	DEBIT　ADVICE 借记通知

TO：　　　　　　　　　　　　　　　DATE：
致：　　　　　　　　　　　　　　　日期：2022/12/14

L/C No.：　　　　　　　　　　　　DRAFT AMT：
信用证号：　　　　　　　　　　　　单据金额：USD 47 500.00
AB No.：　　　　　　　　　　　　　CONTRACT No.：
银行流水号：　　　　　　　　　　　合同号：

WITH REFERANCE TO THE CAPTIONED ITEMS, PLEASE BE ADVISED THAT WE HAVE TADAY DEBITED YOUR ACCOUNT No.3145108567734500163 WITH THE FOLLOWING AMOUNT PAYMENT UNDER THE LC ABOVE MENTIONED.
我行已于今日将上述业务之下列金额借记你司第3145108567734500163号账户。

　　DEDUCT AMT
　　付款金额：USD 47 500.00

BUYING RATE：　　SELLING RATE：　　REAL IN RATE：
650.46/100　　　　652.00/100　　　　1.00/100

　　　　　　　　　　BANK OF CHINA QINGDAO BRANCH
　　　　　　　　　　中国银行青岛分行
　　　　　　　　　　　　　　　　银行签章

业务 28-4

中国银行 BANK OF CHINA	DEBIT　ADVICE 借记通知

TO：　　　　　　　　　　　　　　　DATE：
致：　　　　　　　　　　　　　　　日期：2022/12/14

L/C No.：　　　　　　　　　　　　DRAFT AMT：
信用证号：　　　　　　　　　　　　单据金额：USD 15 000.00
AB No.：　　　　　　　　　　　　　CONTRACT No.：
银行流水号：　　　　　　　　　　　合同号：

WITH REFERANCE TO THE CAPTIONED ITEMS, PLEASE BE ADVISED THAT WE HAVE TADAY DEBITED YOUR ACCOUNT No.3145108567734500163 WITH THE FOLLOWING AMOUNT PAYMENT UNDER THE LC ABOVE MENTIONED.
我行已于今日将上述业务之下列金额借记你司第3145108567734500163 号账户。

　　DEDUCT AMT
　　付款金额：USD 15 000.00

BUYING RATE：　　SELLING RATE：　　REAL IN RATE：
650.46/100　　　　652.00/100　　　　1.00/100

　　　　　　　　　　BANK OF CHINA QINGDAO BRANCH
　　　　　　　　　　中国银行青岛分行
　　　　　　　　　　　　　　　　银行签章

业务 29-1

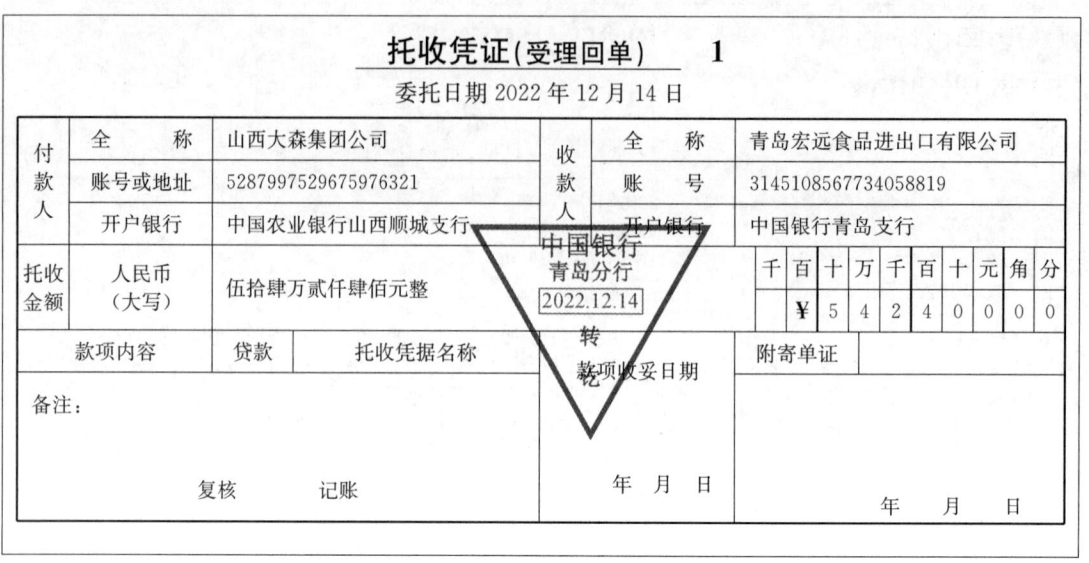

业务 29-2

业务 30-1

青岛市增值税专用发票

376498649746　　　　　　　　　　　　　　　　　　　No. 1987469581

发票联　　　　　　　　　　　　　开票日期：2022 年 12 月 14 日

购买方	名　　　　　称：青岛鸿运罐头加工食品厂 纳税人识别号：598589654323321546 地　址、电话：青岛市市南区香江路 12 号　0532-62871356 开户行及账号：中国建设银行香江路支行　0078646328134864816	密码区	（略）

货物或应税劳务、服务名称	规格型号	单位	数量	单价	金额	税率	税额
代理手续费					12225.00	6%	733.50
合　　计					￥12225.00		￥733.50

价税合计（大写）	⊗壹万贰仟贰佰贰拾伍元整	（小写）￥12958.50

销售方	名　　　　　称：青岛宏远食品进出口有限公司 纳税人识别号：340502734711308643 地　址、电话：青岛市城阳区文阳路 115 号　0532-86987568 开户行及账号：中国银行青岛分行　3145108567734058819	备注	青岛宏远食品进出口有限公司 340502734711308643 发票专用章

收款人：赵璇梅　　　　复核：李明春　　　　开票人：王坚　　　　销售方：（章）

第三联　发票联　购买方记账凭证

业务 31-1

青岛宏远食品进出口有限公司应付职工薪酬汇总表

编报单位：青岛宏远食品进出口有限公司　　　　2022 年 11 月　　　　金额单位：元

部门人员		基本工资	奖金津贴	应扣		应付职工薪酬	代扣项目					实付职工薪酬
部门	人数（人）			病假	事假		住房公积金	医疗保险	失业保险	养老保险	所得税	
业务部	16	38 000	12 800			50 800	5 080	1 016	508	4 064	1 968	38 164
仓储物流	12	29 800	8 600			38 400	3 840	768	384	3 072	885	29 451
行政管理	8	15 600	7 300			22 900	2 290	458	229	1 832	796	17 295
合计	36					112 100	11 210	2 242	1 121	8 968	3 649	84 910

业务 31-2

```
中国银行
转账支票存根
10203322
01596425

附加信息 _____
_____
_____
_____

出票日期 2022 年 12 月 15 日

收款人  青岛宏远食品进出口有限公司
金  额  ￥84 910.00
用  途  发工资

单位主管  刘杰        会计  毛美玲
```

业务 32-1

中华人民共和国
税收完税证明

No.437025230500036120

税务机关：国家税务总局青岛市城阳区税务局

填发日期：2022 年 12 月 16 日

纳税人识别号：340502734711308643			纳税人名称	青岛宏远食品进出口有限公司	
原凭证号	税种	品目名称	税款所属时期	入(退)库日期	实缴(退)金额
437026230400097457	基本医疗保险费	核定—职工基本医疗保险(单位)	2022-12-01 至 2022-12-31	2022-12-16	7 847.00
437026230400097457	基本医疗保险费	核定—职工基本医疗保险(个人)	2022-12-01 至 2022-12-31	2022-12-16	2 242.00
金额合计		(大写)壹万零捌拾玖元整			￥10 089.00
税务机关（盖章）		填票人 城阳区税务局	备注 社保编号：3702358641 青岛宏远食品进出口有限公司		

收据联交纳税人作完税证明

业务 32-2

中华人民共和国
税收完税证明

No.437025230500036120

税务机关:国家税务总局青岛市城阳区税务局

填发日期:2022 年 12 月 16 日

纳税人识别号:340502734711308643			纳税人名称	青岛宏远食品进出口有限公司	
原凭证号	税种	品目名称	税款所属时期	入(退)库日期	实缴(退)金额
437026230400097458	基本养老保险费	核定—职工基本养老保险(单位)	2022-12-01 至 2022-12-31	2022-12-16	22 420.00
437026230400097458	基本养老保险费	核定—职工基本养老保险(个人)	2022-12-01 至 2022-12-31	2022-12-16	8 968.00
437026230400097459	失业保险	核定—职工基本养老保险(单位)	2022-12-01 至 2022-12-31	2022-12-16	2 242.00
437026230400097459	失业保险	核定—职工基本养老保险(个人)	2022-12-01 至 2022-12-31	2022-12-16	1 121.00
437026230400097460	工伤保险	核定—职工基本养老保险(单位)	2022-12-01 至 2022-12-31	2022-12-16	1 233.10
金额合计		(大写)壹万伍仟玖佰捌拾肆元壹分整			¥35 984.10
税务机关(盖章)		填票人 城阳区税务局	备注 社保编号:3702358641 青岛宏远食品进出口有限公司		

收据联交纳税人作完税证明

业务 32-3

青岛市单位住房公积金汇(补)缴书

日期:2022 年 12 月 16 日　　　　　　　　　　　　　　　　票据号:15097684969

缴款单位名称:青岛宏远食品进出口有限公司							
单位编号:3702358641				缴存年月:			
单位缴存额:¥11 210.00		个人缴存额:¥11 210.00		缴存方式:送缴			
缴存金额(大写):人民币贰万贰仟肆佰贰拾元整							
上月汇缴		本月增加汇缴		本月减少汇缴		本月汇缴	
人数	金额	人数	金额	人数	金额	人数	金额
操作人员:邱晓飞		会计人员:(章)		本汇(补)缴书无住房公积金管理中心财务专用章无效			

业务 32-4

```
中国银行
转账支票存根
科  目 _____
对方税目 _____
出票日期 2022 年 12 月 16 日
┌─────────────────────────────┐
│ 收款人：青岛市城阳区税务局      │
│ 金  额：46 073.10 元           │
│ 用  途：缴纳社会保险            │
│ 备  注：                        │
└─────────────────────────────┘
单位主管 刘杰        会计 毛美玲
```

业务 32-5

```
中国银行
转账支票存根
科  目 _____
对方税目 _____
出票日期 2022 年 12 月 16 日
┌─────────────────────────────┐
│ 收款人：青岛市住房公积金管理中心 │
│ 金  额：22 420.00 元           │
│ 用  途：缴纳住房公积金          │
│ 备  注：                        │
└─────────────────────────────┘
单位主管 刘杰        会计 毛美玲
```

业务 33-1

	托收凭证（收款通知）			5		
	委托日期 2022 年 12 月 16 日					
付款人	全　称	陕西乐华食品有限公司	收款人	全　称	青岛宏远食品进出口有限公司	
	账号或地址	5864895459846793248		账　号	3145108567734058819	
	开户银行	中国农业银行陕西渭南分行		开户银行	中国银行青岛支行	
托收金额	人民币（大写）	壹拾万元整			千百十万千百十元角分 ¥ 1 0 0 0 0 0 0 0 0	
	款项内容	货款	托收凭据名称		附寄单证	
	备注：			款项收妥日期 年 月 日		
	复核　　记账				年 月 日	

（中国银行青岛分行 2022.12.16 转讫）

业务 34-1

中国银行　外币汇款/托收贷记通知

业务编号：2600IT0914615
交易日期：2022-12-18

汇出行业务编号：2600IT09146154F　　　记录状态：S　解付　　　入账日期：2022-12-18
汇入货币：美元　　汇款金额：USD 687 100.05
汇款行：
汇款人名称：Alisen CO.，LTD.
地址：
开户行：
汇款附言：

解付序号：01　　解付金额：USD 687 100.05　　汇率：652.00/100　　起息日期：2022/12/18
入账账号：3145108567734500163　　　　　　　入账金额：USD 687 100.05
收款人名称：青岛宏远食品进出口有限公司
费用账号：　　　　　　　　　　　　　　　　手续费：0.00
核销单号：　　　　　　　　　　　　　　　　申报单号：37020000060109103060
备注：
交易机构：4988　　部门：67　　　　　　　　机构名称：中国银行青岛分行

第二联：客户回单　　　　复核：　　　　　　经办：

业务 34-2

中国银行　联机转账传票

鲁中1018（二联）
柜员号　JH2W
柜员传票号　0027
日期　2022/12/18

账号	贷方金额	账号	借方金额	牌价
3145108567734500163 3145108567734058819	USD 687 100.05 CNY 4 479 892.33	3145108567734500163	USD 687 100.05	652.00/100

支票种类：
收款人及账号：青岛宏远食品进出口有限公司　　　3145108567734058819
收账金额：CNY 4 479 892.33　　费用0.00

支票号：
支票密码：

中国银行
青岛分行
2022.12.18
转讫

付款人：
摘要：

行号　4322　　　终端号 00　　　复核：　　　经办：

第二联　代客户回单

业务 35-1

差旅费报销单

2022 年 12 月 19 日

姓名：王国强　　部门：业务一科　　出差事由：联系货源　　单据张数：8

起止日期				起止地点	交通	市内交通	住宿费	出差补助费		其他	合计
月	日	月	日					天数	金额		
12	11			青岛—沈阳	760	18					778
		12	18	沈阳—青岛	760	128	720	6	50		1 908
				合计							2 686

审核：　　　部门主管：　　　财务主管：　　　经手人：

业务 35-2

收款收据

2022 年 12 月 19 日　　　　　　　　　编号：

交款人(单位)	王国强						
摘要	还差旅费余款						
金额(大写)	人民币叁佰壹拾肆元整	万	千	百	十	元	角	分
			￥	3	1	4		

主管：　　　会计：　　　出纳：

业务 36-1

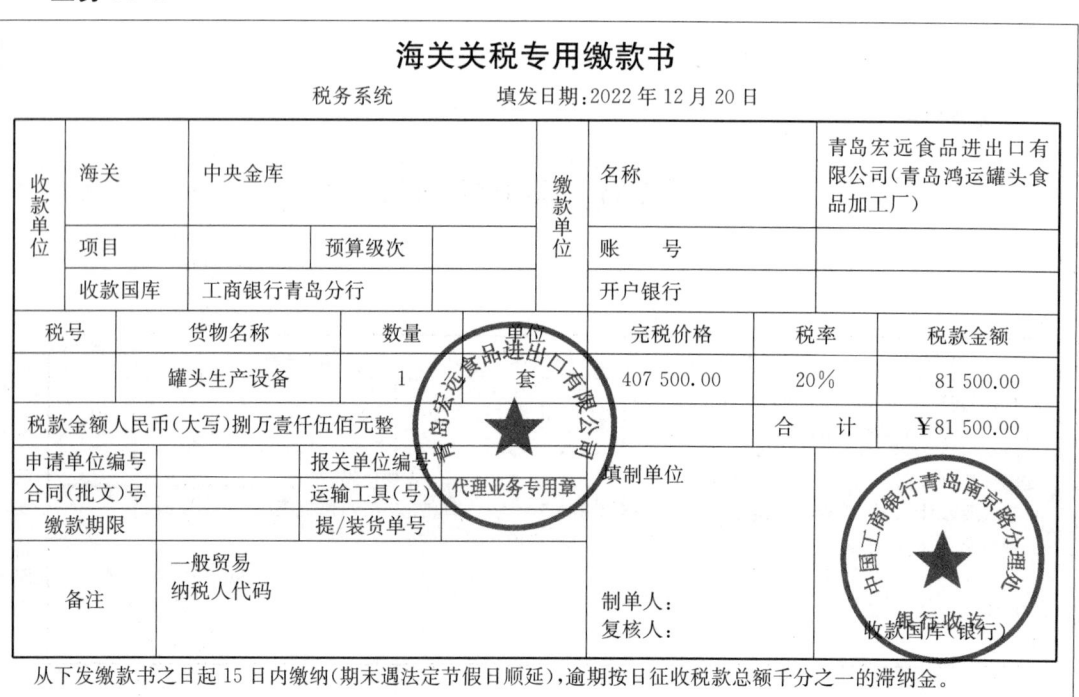

海关关税专用缴款书

税务系统　　　　填发日期：2022 年 12 月 20 日

收款单位	海关	中央金库		缴款单位	名称	青岛宏远食品进出口有限公司(青岛鸿运罐头食品加工厂)
	项目		预算级次		账号	
	收款国库	工商银行青岛分行			开户银行	

税号	货物名称	数量	单位	完税价格	税率	税款金额
	罐头生产设备	1	套	407 500.00	20%	81 500.00

税款金额人民币(大写) 捌万壹仟伍佰元整		合　　计	￥81 500.00

申请单位编号		报关单位编号		填制单位	
合同(批文)号		运输工具(号)			
缴款期限		提/装货单号		制单人	
备注	一般贸易 纳税人代码			复核人	

从下发缴款书之日起 15 日内缴纳(期末遇法定节假日顺延)，逾期按日征收税款总额千分之一的滞纳金。

业务 36-2

青岛海关进口增值税专用缴款书

税务系统　　　填发日期：2022 年 12 月 20 日

收款单位	海关	中央金库			缴款单位	名称	青岛宏远食品进出口有限公司（青岛鸿运罐头食品加工厂）
	项目		预算级次			账　号	31451085677340588
	收款国库	工商银行青岛分行				开户银行	中国银行青岛分行

税号	货物名称	数量	单位	完税价格	税率	税款金额
	罐头生产设备			489 000.00	13%	63 570.00

税款金额人民币（大写）陆万叁仟伍佰柒拾元整			合　计	￥63 570.00
申请单位编号		报关单位经理业务专用章		
合同（批文）号		运输工具（号）		
缴款期限		提/装货单号		
备注	一般贸易 纳税人代码			

从下发缴款书之日起 15 日内缴纳（期末遇法定节假日顺延），逾期按日征收税款总额千分之一的滞纳金。

业务 37-1

STEVEN Co., LTd.
POTSDAMER STREET 3, BERLIN, GERMANY
PROFORMA INVOICE

BUYER：
Qingdao Hongyuan Foodstuffs Inport & Export Co., Ltd.

INVOICE NO.：R09ET231
DATE：Dec.21，2022
PAYMENT TERMS：T/T

PRODUCT, PACKING & DESCRIPTION	QUANTITY	UNIT PRICE	TOTAL AMOUNT
Packing Machine	6 SETS	FOB HUMBURG USD 3 000.00/SET	USD 18 000.00 USD 18 000.00

业务 37-2

中国银行　　　　　　　外汇支款凭证　①
BANK OF CHINA　　签发日期　2022 年 12 月 21 日

付款单位	全称	青岛宏远食品进出口有限公司	收款单位	全称	STEVEN CO., LTd.
	账号	3145108567734500163		账号	775588940
	开户银行	中国银行青岛分行		开户银行	HANBERGO BANK

支款货币及金额	亿	千	百	十	万	千	百	十	元	角	分
USD 12 000.00				$	1	2	0	0	0	0	0

牌价	牌价：654.00/100	人民币	亿	千	百	十	万	千	百	十	元	角	分
						¥	7	8	4	8	0	0	0

附言	支付进口打包机货款余款	借方科目_____ 对方科目_____

银行信息　　　转讫

审核印鉴：　　　　复核：　　　　经办：　　　　（单位预留印鉴）

业务 37-3

中国银行　　　　　　　DEBIT　ADVICE
BANK OF CHINA　　借记通知

TO：　　　　　　　　　　　　DATE：
致：　　　　　　　　　　　　日期：2022/12/21

L/C No.：　　　　　　　　　DRAFT AMT：
信用证号：　　　　　　　　　单据金额：USD 12 000.00

AB No.：　　　　　　　　　　CONTRACT No.：
银行流水号：　　　　　　　　合同号：

WITH REFERANCE TO THE CAPTIONED ITEMS. PLEASE BE ADVISED THAT WE HAVE TADAY DEBITED YOUR ACCOUNT No. 3145108567734500163 WITH THE FOLLOWING AMOUUNT PAYMENT UNDER THE LC ABOVE MENTIONED.

我行已于今日将上述业务之下列金额借记你司第　3145108567734500163　号账户。

　　　DEDUCT AMT
　　　付款金额：USD 12 000.00

BUYING RATE：　　　SELLING RATE：　　　REALING RATE：
653.96/100　　　　　655.17/100　　　　　654.00/100
　　　　　　　　　　　　　　　　　　　BANK OF CHINA QINGDAO BRANCH
　　　　　　　　　　　　　　　　　　　　　　　　　　　银行签章

业务 38-1

```
            中国银行
          转账支票存根
           10203322
           01596426

附加信息_____
_____
_____

出票日期 2022 年 12 月 22 日

收款人 青岛运通国际货运代理有限公司
金　额 ￥2 816.00
用　途 代垫港杂费、搬运费

单位主管 刘杰    会计 毛美玲
```

业务 38-2

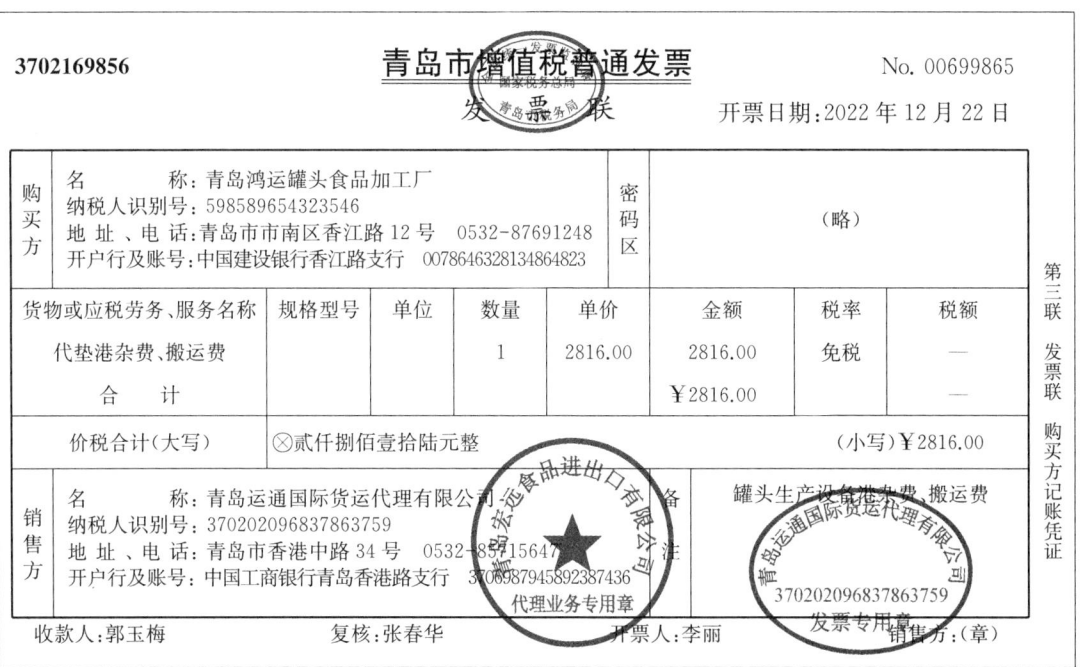

业务 39-1

海关关税专用缴款书

税务系统　　　填发日期：2022 年 12 月 23 日

收款单位	海关	中央金库			缴款单位	名称	青岛宏远食品进出口有限公司
	项目		预算级次			账号	31451085677340588l9
	收款国库	工商银行青岛分行南京路分理处				开户银行	中国银行青岛分行
税号		货物名称	数量	单位	完税价格	税率	税款金额
		打包机	6	台	119 849.27	35％	41 947.24
税款金额人民币（大写）肆万壹仟玖佰肆拾柒元壹角贰分						合　计	￥41 947.24
	申请单位编号		报关单位编号		填制单位		
	合同（批文）号		运输工具（号）				
	缴款期限		提/装货单号				
备注		一般贸易 纳税人代码			制单人： 复核人：		

从下发缴款书之日起 15 日内缴纳（期末遇法定节假日顺延），逾期按日征收税款总额千分之一的滞纳金。

业务 39-2

青岛海关进口增值税专用缴款书

税务系统　　　填发日期：2022 年 12 月 23 日

收款单位	海关	中央金库			缴款单位	名称	青岛宏远食品进出口有限公司(青岛鸿运罐头食品加工厂)
	项目		预算级次			账号	31451085677340588
	收款国库	工商银行青岛分行				开户银行	中国银行青岛分行
税号		货物名称	数量	单位	完税价格	税率	税款金额
		打包机	6	台	161 796.51	13％	21 033.55
税款金额人民币（大写）贰万壹仟零伍拾叁元伍角伍分						合　计	￥21 033.55
	申请单位编号		报关单位编号		填制单位		
	合同（批文）号		运输工具（号）				
	缴款期限		提/装货单号				
备注		一般贸易 纳税人代码			制单人： 复核人：		

从下发缴款书之日起 15 日内缴纳（期末遇法定节假日顺延），逾期按日征收税款总额千分之一的滞纳金。

业务 40-1

业务 40-2

业务 41-1

青岛宏远食品进出口有限公司代理进口结算单

2022 年 12 月 25 日　　　　　　　　　　　　　　　　编号：DJ1201

委托进口合同号： 进口国别：美国 折合汇率：6.520 0	进口合同号： 到达口岸：青岛 船名：	数量： 单价：USD 62 500.00 总价：
结算项目	金额	备注
货值(FOB) 国外运费 国外保险费 国外佣金 货值(CIF) 进口关税 增值税 13% 银行手续费 垫付利息 国内运费 港杂费 其他 代理手续费价税合计	 407 500.00(USD 62 500.00) 81 500.00 63 570.00 2 816.00 12 958.50	（青岛宏远食品进出口有限公司 结算专用章）
合　　计	568 344.50	
公司结算章：	主管：	经办人：

业务 41-2

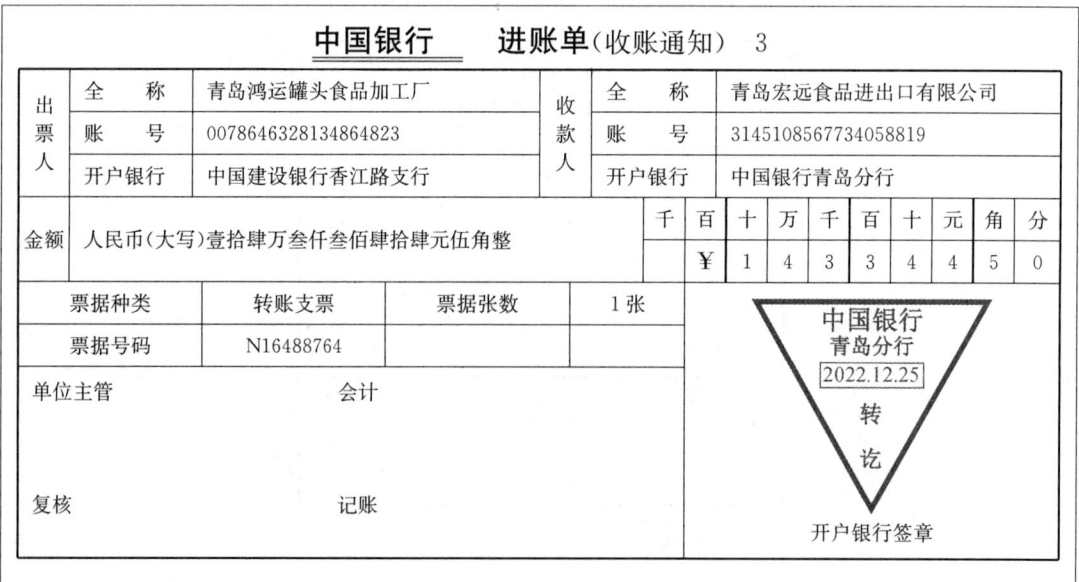

业务 42-1

自建、安装固定资产成本计算单

编报单位：青岛宏远食品进出口有限公司　　　　　　　　　　日期：2022 年 12 月 26 日

在建固定资产工程名称：打包机	性质：自营进口	数量	6 台
费用项目			金额
购进价格			117 720.00
国外运费			1 211.75
国外保险费			1 037.52
关税			41 987.13
其他			562.00
合　　计			162 518.40

制单：

业务 42-2

固定资产交接单

2022 年 12 月 26 日

移交单位	业务一部	接受单位	仓库
固定资产名称	打包机	规格	
技术特征		数量	6 台
附属物		品牌	
建造企业	德国 STEVEN	出厂或建成年月	2022/09/25
安装单位		安装完工年月	2022/12/26
买价		安装费	
税金		固定资产原始价值	162 518.40
移交单位负责人	常烨	接受单位负责人	封文杰

业务 43-1

应付职工薪酬汇总表

编报单位：青岛宏远食品进出口有限公司　　　2022 年 12 月　　　　　　　　金额单位：元

| 部门人员 || 基本工资 | 奖金津贴 | 应扣 || 应付职工薪酬 | 代扣项目 |||| 实付职工薪酬 |
部门	人数（人）			病假	事假		住房公积金	医疗保险	失业保险	养老保险	所得税	
业务部	16	38 000	12 800			50 800	5 080	1 016	508	4 064	1 968	38 164
仓储物流	12	29 800	8 600			38 400	3 840	768	384	3 072	885	29 451
行政管理	8	15 600	7 300			22 900	2 290	458	229	1 832	796	17 295
合计	36					112 100	11 210	2 242	1 121	8 968	3 649	84 910

业务 43-2

青岛宏远食品进出口有限公司五险一金计算表

编报单位：青岛宏远食品进出口有限公司　　2022 年 12 月　　　　　　金额单位：元

部门	应付职工薪酬	按应付职工薪酬计算提取的"五险一金"						职工薪酬总计
		养老保险（20%）	医疗保险（7%）	失业保险（2%）	工伤保险（1.1%）	住房公积（10%）	合计	
业务部	50 800	10 160	3 556	1 016	558.8	5 080	20 370.8	71 170.8
仓储物流	38 400	7 680	2 668	768	422.4	3 840	15 398.4	53 798.4
行政管理	22 900	4 580	1 603	458	251.9	2 290	9 182.9	32 082.9
合计	112 100	22 420	7 847	2242	1 233.1	11 210	44 952.1	157 052.1

业务 44-1

中国银行　外币汇款/托收贷记通知

业务编号：IRTT2600IT0914615
交易日期：2022-12-27

汇出行业务编号：2600IT09146154F　　　记录状态：S　解付　　入账日期：2022-12-27
汇入货币：美元　　汇款金额：USD 1 370 250.00　壹佰叁拾柒万零贰佰伍拾美元整
汇款行：
汇款人名称：George Foods
地址：
开户行：
汇款附言：

解付序号：01　　解付金额：USD 1 370 250.00　　汇率：652.00/100　　起息日期：2022/12/27
入账账号：3145108567734500163　　　　　　　入账金额：USD 1 370 250.00
收款人名称：青岛宏远食品进出口有限公司
费用账号：　　　　　　　　　　　　　　　　手续费：0.00
　　核销单号：738123987　　　　　　　　　　申报单号：370200000060109108765
备注：
交易机构：4988　　部门：67　　机构名称：中国银行青岛分行

第二联：客户回单　　　　　复核：　　　　　　　　　　　　经办：

业务44-2

	中国银行　联机转账传票				鲁中1018（二联）
					柜员号　JH2W
					柜员传票号　0027
					日期　2022/12/27

账号	贷方金额	账号	借方金额	牌价
3145108567734500163 3145108567734058819	USD 1 370 250.00 CNY 8 934 030.00	3145108567734500163	USD 1 370 250.00	652.00/100

支票种类	支票号	支票密码
收款人及账号	青岛宏远食品进出口有限公司	3145108567734058819
收账金额	CNY8 934 030.00	费用 0.00

付款人
摘要

中国银行 青岛分行 2022.12.27 转讫

行号　4322　　　　终端号 00　　　　复核：　　　　经办：

第二联：代客户回单

业务45-1

3764986078	青岛市增值税专用发票	No. 19984672
	发票联	开票日期：2022年12月27日

购买方	名　　　称：河北华日食品有限公司 纳税人识别号：360502734812567991 地　址、电　话：河北省石家庄市经纬路123号　0311-85735613 开户行及账号：中国建设银行河北石家庄分行　0078646328134864688	密码区	（略）

货物或应税劳务、服务名称	规格型号	单位	数量	单价	金额	税率	税额
代理手续费					273840.00	6%	16430.40
合　　计					￥273840.00		￥16430.40

价税合计（大写）	⊗贰拾玖万零贰佰柒拾元肆角整	（小写）￥290270.40

销售方	名　　　称：青岛宏远食品进出口有限公司 纳税人识别号：340502734711308643 地　址、电　话：青岛市城阳区文阳路115号　0532-86987568 开户行及账号：中国银行青岛分行　3145108567734058819	备注	青岛宏远食品进出口有限公司 340502734711308643 发票专用章

收款人：赵梅　　　复核：李明　　　开票人：王成　　　购买方：（章）

业务 46-1

青岛宏远食品进出口有限公司代理出口划款结算单

委托客户	河北华日食品有限公司				
和约号		出口发票号		价格条款：CFR	
商品名称	蘑菇罐头		商品数量	1 000 吨	
销售金额	原币 USD 1 400 000.00	@1 400.00		人民币	9 128 000.00
扣除费用	出口运费原币	USD 55 000.00		CNY	360 250.00
	出口保险费原币				
	出口佣金原币	USD 28 000.00		CNY	182 560.00
	结汇银行手续费原币	USD 1 750.00		CNY	11 410.00
	外贸代理手续费 3%			CNY	290 270.40
	市内运输、劳务，刷唛费			CNY	9 680.00
	商品检验费				
	其他（银行结汇价差）				
	扣除费用合计			CNY	854 170.40
实际划拨净额				CNY	8 273 829.60
	制单：	日期：2022 年 12 月 28 日			

业务 46-2

中国银行　　转账通知

2022 年 12 月 27 日

出票人	全　称	青岛宏远食品进出口有限公司	收款人	全　称	河北华日食品有限公司									
	账　号	3145108567734058819		账　号	0078646328134864688									
	开户银行	中国银行青岛分行		开户银行	中国建设银行河北石家庄分行									
金额	人民币(大写)捌佰贰拾柒万叁仟捌佰贰拾玖元陆角整					千	百	十	万	千	百	十	元	角	分
						¥	8	2	7	3	8	2	9	6	0
票据种类	银行支票		票据张数	1 张										
票据号码	N25987651													
单位主管　　　会计　　　复核　　　记账														

中国银行
青岛分行
2022.12.27
转讫

（付款人开户银行签章）

业务 47-1

中国银行　外币汇款/托收贷记通知

业务编号：IRTT412209003778
交易日期：2022-12-28

汇出行业务编号：43100526000694F	记录状态：S　解付	入账日期：2022-12-28

汇入货币：美元　　汇款金额：USD 499 375.00　肆拾玖万玖仟叁佰柒拾伍美元整
汇款行：BSABESDDXXX
汇款人名称：/008100445600004445633　IDB04569406　Saint-Louis
地址：
开户行：
汇款附言：

解付序号：01　　解付金额：USD 499 375.00　　汇率：652.00/100　　起息日期：2022/12/28
入账账号：3145108567734500163　　　　　　　入账金额：USD 499 375.00
收款人名称：青岛宏远食品进出口有限公司
费用账号：　　　　　　　　　　　　　　　　手续费：0.00
核销单号：　　　　　　　　　　　　　　　　申报单号：37021200010109075IR015
备注：

交易机构：4988　　　部门：67　　　机构名称：中国银行青岛分行

第二联：客户回单　　　复核：　　　　　经办：

业务 47-2

中国银行　联机转账传票

鲁中 1018（二联）
柜员号　JH2W
柜员传票号　0027
日期　2022/12/28

账号	贷方金额	账号	借方金额	牌价
3145108567734500 3145108567734058	USD 499 375.00 CNY 3 255 925.00	3145108567734500163	USD 499 375.00	652.00/100

支票种类：　　　　支票号：　　　　　　　　　　　　　支票密码：
收款人及账号：青岛宏远食品进出口有限公司　　　　　　3145108567734058810
收账金额：　　　CNY 3 255 925.00　　　　　　　　　费用 0.00
付款人：
摘要：

中国银行
青岛分行
2022.12.28
转讫

行号　4322　　　　终端号 00　　　　复核：　　　　　经办：

第二联　代客户回单

业务 48-1

青岛宏远食品进出口有限公司
出 库 单

商品品名:食品罐头
商品类别:样展品　　　　　2022年12月28日　　　　　仓库:2号仓库

商品名称	规格	计量单位	数量		加权平均成本	
			应发	实发	单位成本	总成本
黄桃罐头		箱	40	40	45.00	1 800.00
小白蘑菇罐头		箱	50	50	70.00	3 500.00
雪梨罐头		箱	40	40	85.00	3 400.00
合　计			170	170		￥8 700.00

记账:孙志坚　　　　　发货:文春贵　　　　　制单:王强

第三联　记账联

业务 48-2

青岛宏远食品进出口有限公司货物出仓通知单

制单日期:2022年12月28日

承购商:BOTTON CO., LTD.		委托号:	核销单号:
提货人(CONSIGNEE) TO ORDER: BOTTON CO., LTD. 提单通知人(NOTIFY):	信用证号:		
	合同号:20221201		
	国别:美国		目的港:洛杉矶
	交货条件:		可否分批:
	装期:		有效期:
	产地:		存放地:
总件数:170箱	总毛重:2 000 KGS	总净重:1 700 KGS	总容重:L
唛头及货物描述	数量	单价	总值
Canned Yellow Peach Canned White Mushroom Canned Snow Pears Strips SHIPPING MARKS:	40 BOXES 50 BOXES 40 BOXES		CNY 8 700.0
重要条款:1. 集装箱在场地停放期间不能接受阳光直接暴晒。 　　　　2. 集装箱在各程船运期间必须放在吃水线下远离热源的位置。			

项目5 综合实训

业务49-1

中国银行 BANK OF CHINA			外汇支款凭证 ① 签发日期 2022 年 12 月 29 日										
付款单位	全 称	青岛宏远食品进出口有限公司		收款单位	全 称	Ronald W. Reagan							
	账 号	3145108567734058819			账 号	0081004456							
	开户银行	中国银行青岛分行			开户银行	IDBD4569406							
支款货币及金额				亿	千	百	十万	千	百	十	元	角	分
USD 10 000.00							$ 1	0	0	0	0	0	0
牌价	牌价:655.00/100		购汇(或结汇)货币及金额	亿	千	百	十万	千	百	十	元	角	分
							¥ 6	5	5	0	0	0	0
2 附言	付 Ronald 先生 Saint-Louis CO.,LTD.公司出口芦笋佣金			借方科目_____ 对方科目_____									
银行信息	转讫												
审核印鉴:		复核:		经办:			(单位预留印鉴)						

业务49-2

中国银行 BANK OF CHINA	DEBIT ADVICE 借记通知
TO: 致:	DATE: 日期:2022/12/29
L/C No.: 信用证号:	DRAFT AMT: 单据金额:USD 10 000.00
AB No.: 银行流水号:	CONTRACT No.: 合同号:

WITH REFERANCE TO THE CAPTIONED ITEMS. PLEASE BE ADVISED THAT WE HAVE TO-DAY DEBITED YOUR ACCOUNT No. 314510856773400500163 WITH THE FOLLOWING AMOUUNT PAYMENT UNDER THE LC ABOVE MENTIONED.

我行已于今日将上述业务之下列金额借记你司第 3145108567734500163 号账户。

DEDUCT AMT
付款金额:USD 10 000.00

BUYING RATE: 654.21/100	SELLING RATE: 656.03/100	REALING RATE: 655.00/100
		BANK OF CHINA QINGDAO BRANCH 中国银行青岛分行
		银行签章

业务 50-1

固定资产折旧提取表
2022 年 12 月

项目	月初应计提的固定资产原值	折旧	
		月折旧率	折旧额
经营性房产（办公楼、仓库等）	14 400 000	0.15%	21 600
包装设备	500 000	0.80%	4 000
办公设备	200 000	1.00%	20 000
合　　计			45 600

业务 51-1

青岛宏远食品进出口有限公司内销产品出库单
2022 年 12 月 31 日　　　　　　　　　　　　　　No.

商品类别	商品名称	规格	计量单位	数量	单价	金额
	芦笋罐头		吨	50	8 100.00	405 000.00
检验结果： 检验员签章：				合　　计		￥405 000.00

业务 52-1

税金及附加计算表
2022 年 12 月 31 日

应交税费明细项目	计税依据	金额	税(费)率	应纳税(费)额
城市维护建设税	增值税额		7%	
教育费附加	增值税额		3%	
地方教育附加	增值税额		2%	
小　　计				

业务 54-1

青岛宏远食品进出口有限公司汇兑损益计算表

计提项目	账面余额		期末市场汇率	按期末汇率计算的期末账面余额	汇兑损益
	原币	人民币			
银行存款——美元户			6.52		
应收账款——国外——美国 RISON					
应收账款——国外——英国 GOSO					
应收账款——国外——美国 Saint-Louis					
应收账款——国外——ALISON					
应收账款——国外——美国 Ronald(Saint-Louis)					
合　　计					

业务 55-1

损益类账户结转表
2022 年 12 月

账户名称	借方金额	贷方金额
主营业务收入		
主营业务成本		
其他业务收入		
其他业务成本		
税金及附加		
销售费用		
管理费用		
财务费用		
汇兑损益		
合　　计		

业务 56-1

所得税费用计算表
2022 年 12 月 31 日

项　　目	行次	金额
1. 税前会计利润	1	
2. 纳税调整		
（1）纳税调整增加额	2	
（2）纳税调整减少额	3	
3. 应纳税所得额	4＝1＋2－3	
4. 适用税率	5	
5. 当期所得税费用	6＝4×5	
6. 递延所得税费用		
（1）递延所得税负债增加额	7	
（2）递延所得税资产减少额	8	
（3）递延所得税资产增加额	9	
（4）递延所得税负债减少额	10	
7. 所得税费用	12＝6＋7＋8－9－10	

业务 57-1

所得税费用结转表
2022 年 12 月

应借科目	所得税费用金额	应贷科目
本年利润		所得税费用

九、信息化操作综合模拟实训指导

实训指导一　用财务软件完成账务处理

【实训资料】　企业基本情况:见项目5"一、企业基本情况"。

【实训要求】　请使用财务软件的总账处理系统完成青岛宏远食品进出口有限公司2022年12月份的账务处理;其中会计科目不预置科目,科目编码为42222。

现以高信财税管理系统软件为例,用该软件完成青岛宏远食品进出口有限公司2022年12月份的账务处理。具体操作流程如下。

(一) 账套建立

第一步,双击系统管理图标" ",进入高信财税管理系统,点击"新建账套",如图5-2所示。

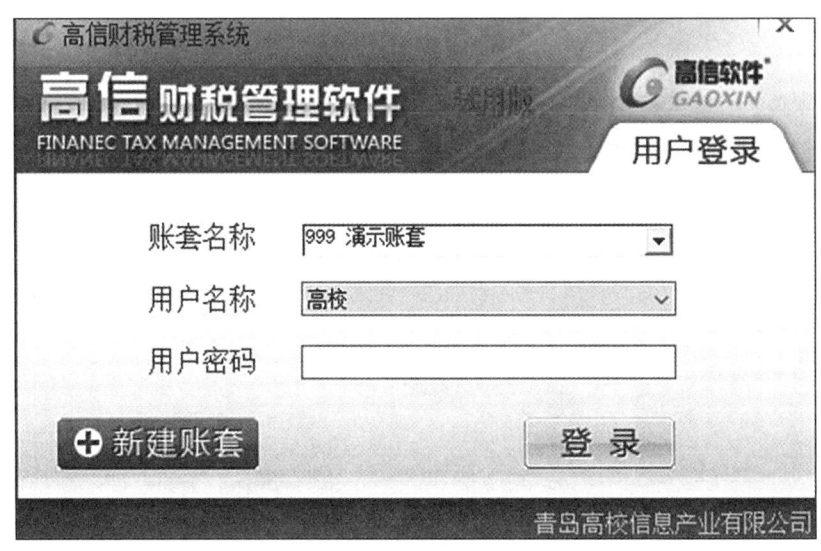

图5-2　账套建立

第二步,在"新建账套"对话框中,根据已知录入账套号及账套名称,然后点击"下一步"按钮,如图5-3所示。

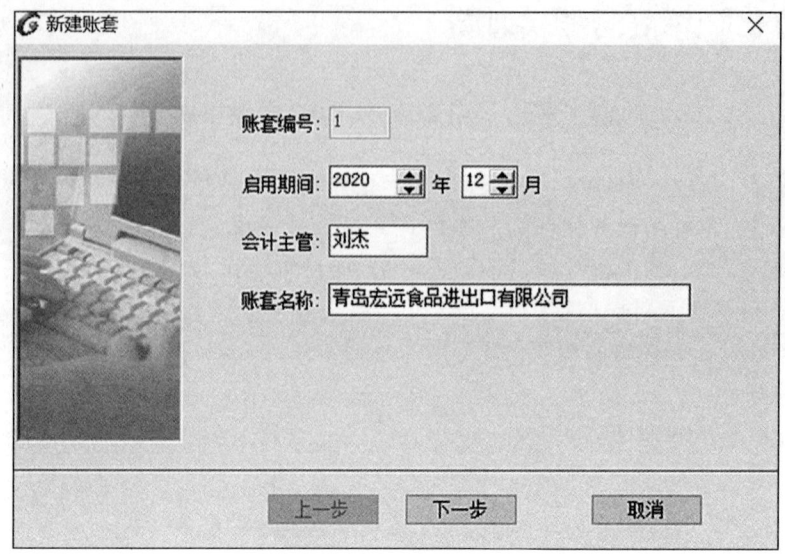

图 5-3　新建账套

第三步,在"行业选择"对话框中,选择所属行业,选择"不预装科目",点击"下一步"按钮,如图 5-4 所示。

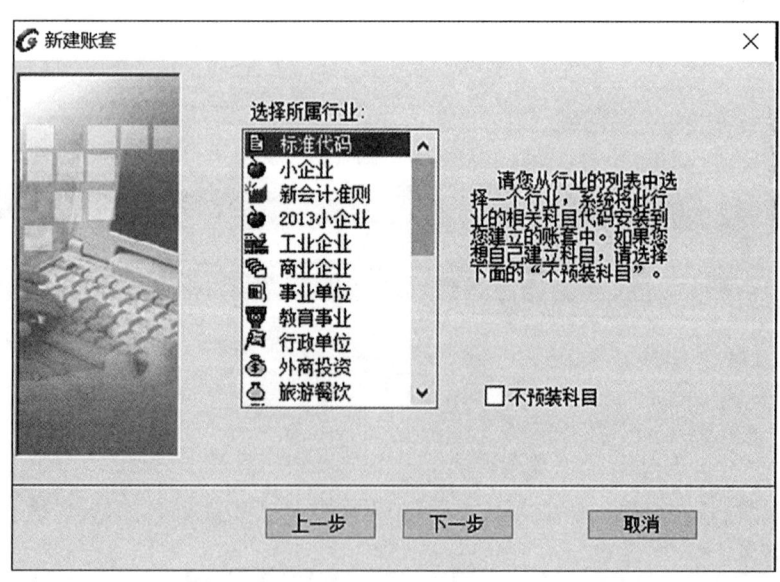

图 5-4　行业选择

第四步,在"凭证种类"对话框中,选择凭证种类,点击"下一步"按钮,如图 5-5 所示。

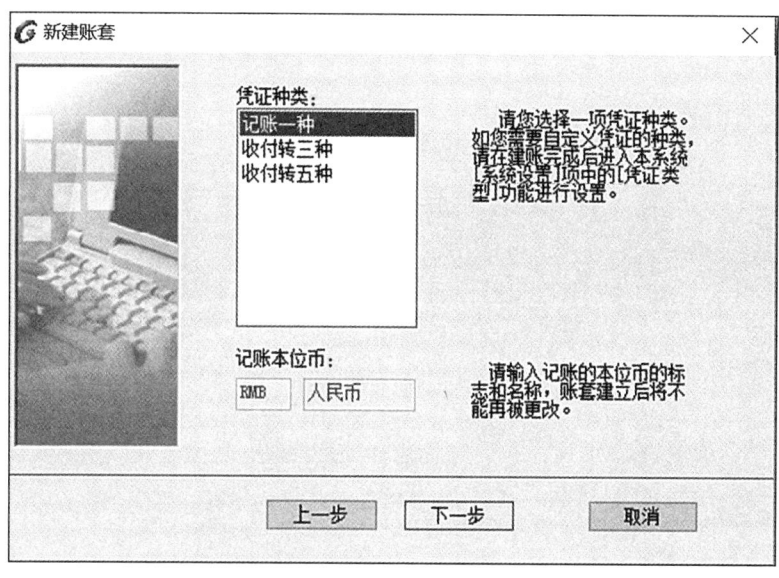

图 5-5　凭证类型

第五步,在"科目代码长度"对话框中,设置科目代码长度,点击"下一步"按钮,如图 5-6 所示。

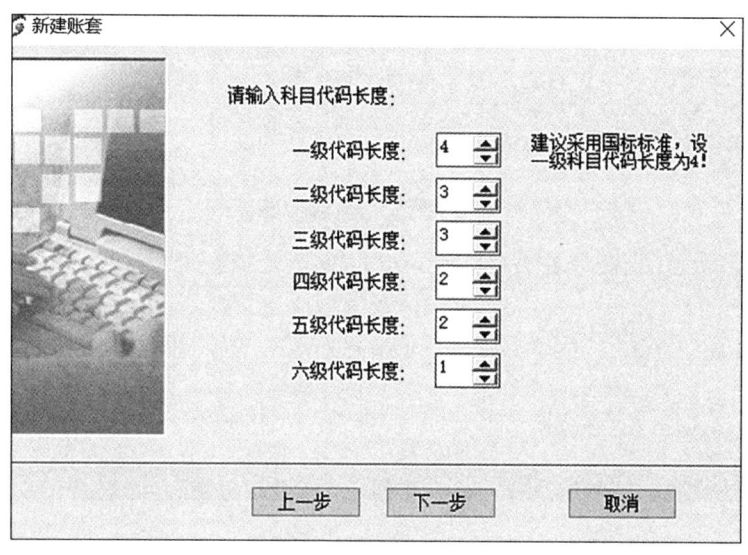

图 5-6　科目代码长度

第六步,在"账套信息"对话框中,录入企业相关信息,点击"下一步"按钮,新账套建立完成,如图 5-7 和图 5-8 所示。

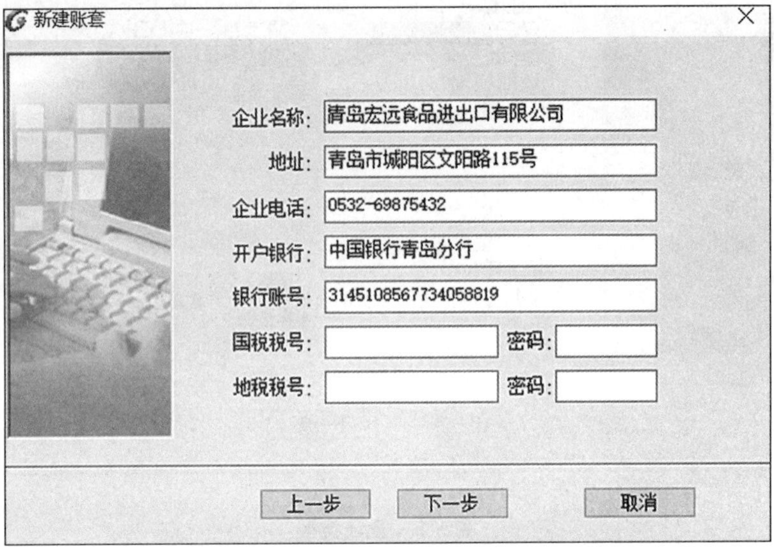

图 5-7　账套信息

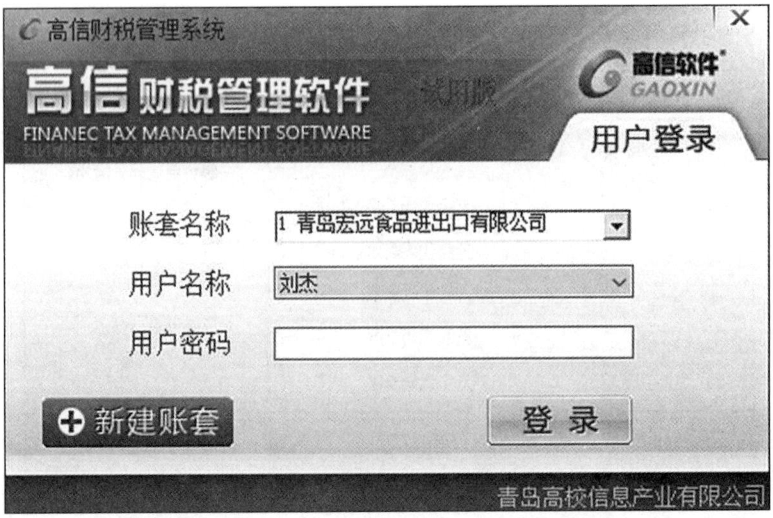

图 5-8　新账套

(二) 软件操作

1. 登录建账

第一步,登录新账套,点击"系统设置—权限管理",在"用户及权限管理"对话框中,点击"增加"按钮,增加操作员,如图5-9所示。

图 5-9　操作员管理

第二步,选择操作员,点击"授权"按钮,在"权限管理"对话框中选择相应的权限,点击"授权"按钮,如图5-10所示。

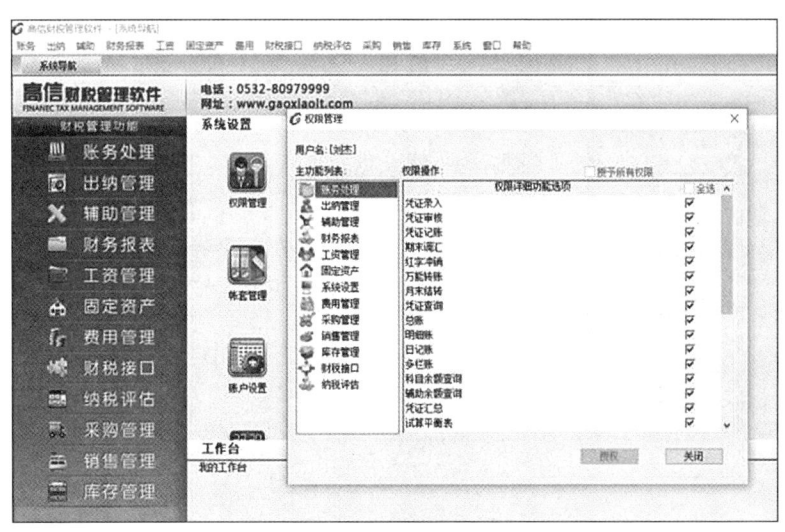

图 5-10　权限管理

第三步,点击"系统设置—凭证类型",在"凭证类型"对话框中选择相应的凭证,如图 5-11 所示。

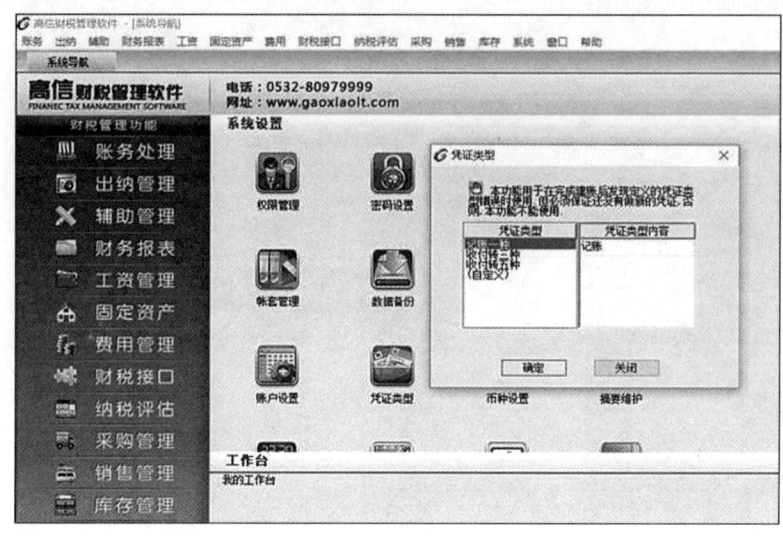

图 5-11　凭证类型

第四步,点击"系统设置—币种设置",在"币种设置"对话框中,点击"增加"按钮,录入外币信息,如图 5-12 所示。

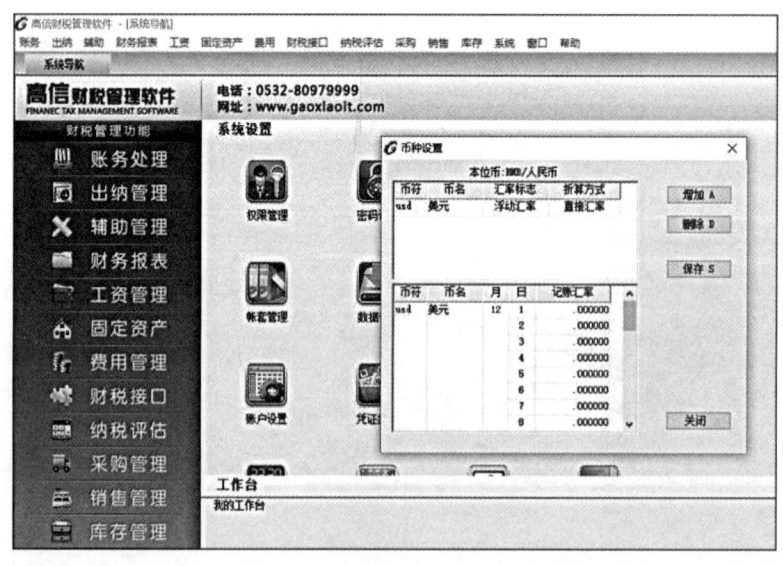

图 5-12　币种设置

第五步,点击"系统设置—账户管理",在"账户管理"对话框中,点击"增加"按钮,录入相应账户,如图 5-13 所示。

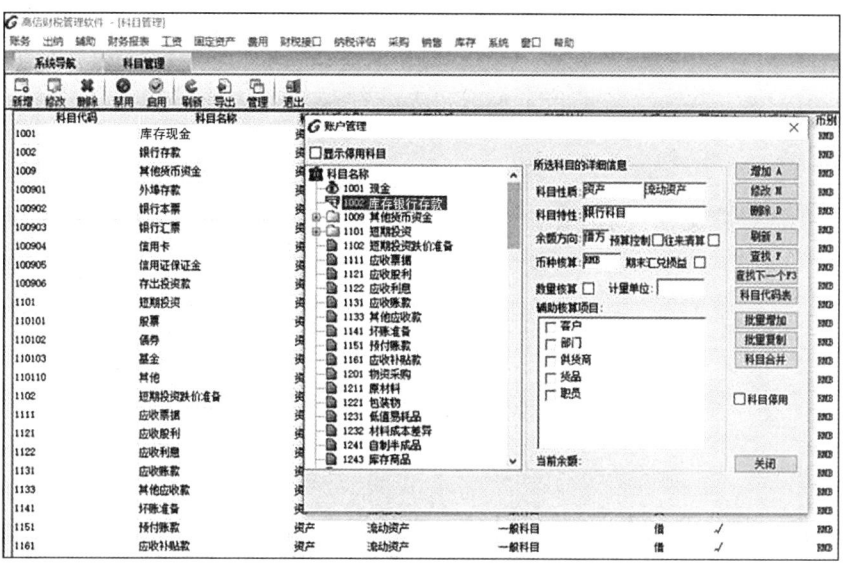

图 5-13　账户管理

第六步,点击"系统设置—余额输入",在"余额输入"对话框中,将企业 12 月 1 日的账户期初余额输入,如图 5-14 所示。

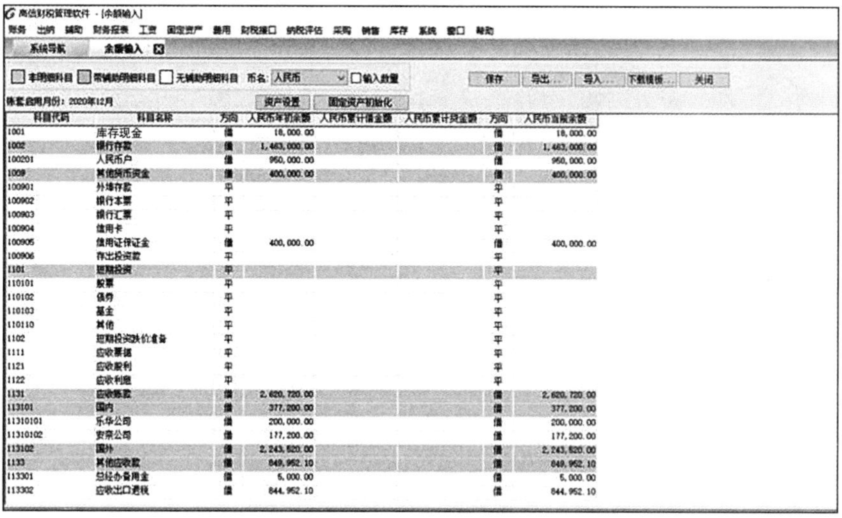

图 5-14　余额输入

第七步,点击“系统设置—试算平衡表”,如图 5-15 所示。

试算平衡表

公司名称:青岛宏远食品进出口有限公司

会计期间:2022年 期初

科目代码	科目名称	期初余额		本期发生		期末余额	
		借方	贷方	借方	贷方	借方	贷方
1001	库存现金	18,000.00				18,000.00	
1002	银行存款	1,463,000.00				1,463,000.00	
1009	其他货币资金	400,000.00				400,000.00	
1131	应收账款	2,620,720.00				2,620,720.00	
1133	其他应收款	849,952.10				849,952.10	
1243	库存商品	4,786,800.00				4,786,800.00	
1501	固定资产	15,100,000.00				15,100,000.00	
1502	累计折旧		220,000.00				220,000.00
	小计	25,238,472.10	220,000.00			25,238,472.10	220,000.00
2101	短期借款		1,253,725.00				1,253,725.00
2122	应付利息		90,545.00				90,545.00
2151	应付职工薪酬		157,052.10				157,052.10
2171	应交税金		-791,756.00				-791,756.00
2301	长期借款		15,119,775.00				15,119,775.00
	小计		15,829,341.10				15,829,341.10
3101	实收资本(或股本)		5,000,000.00				5,000,000.00
3121	盈余公积		280,000.00				280,000.00
3131	本年利润		3,389,131.00				3,389,131.00
3141	利润分配		520,000.00				520,000.00
	小计		9,189,131.00				9,189,131.00
	合计	25,238,472.10	25,238,472.10	0.00	0.00	25,238,472.10	25,238,472.10

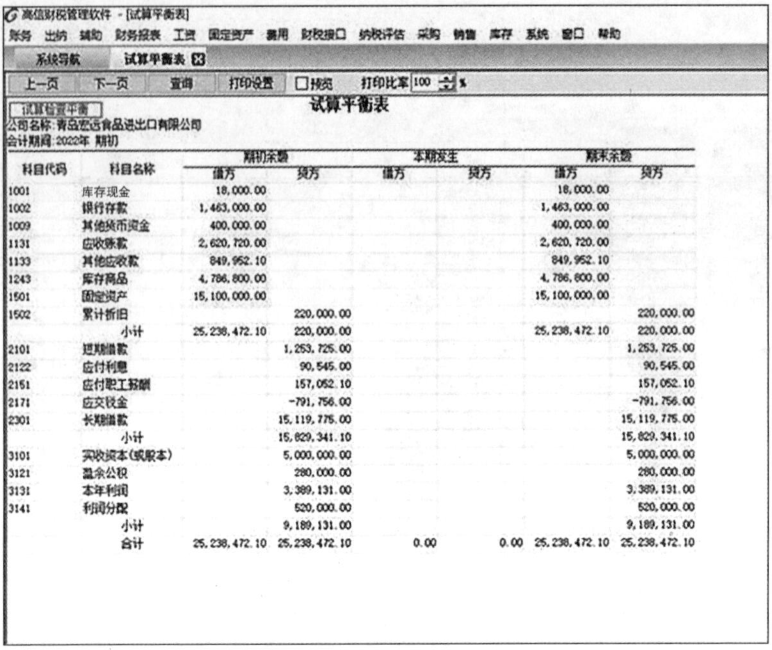

图 5-15　试算平衡表

第八步,点击“系统设置—完成建账”,建账完成,如图 5-16 所示。

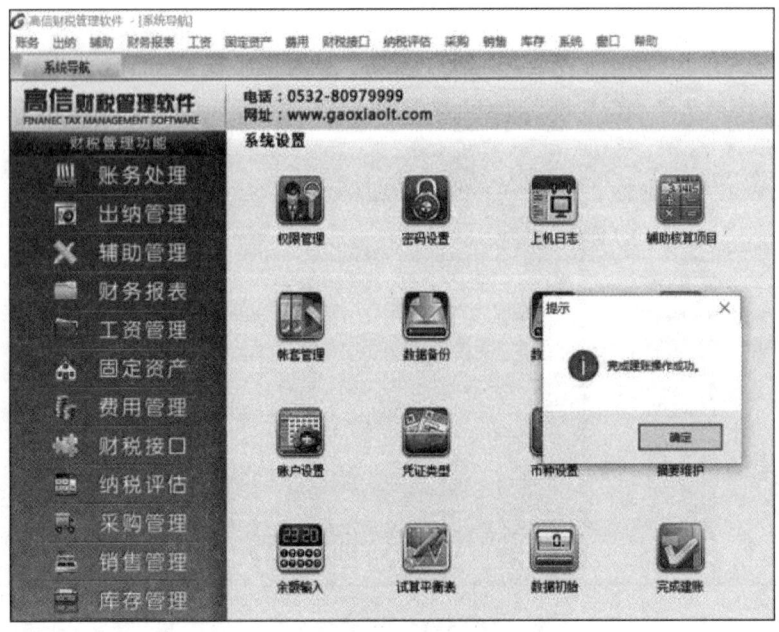

图 5-16　完成建账

2. 填制凭证
1）基本凭证填制
第一步，点击"账务处理"，进入账务处理程序，如图 5-17 所示。

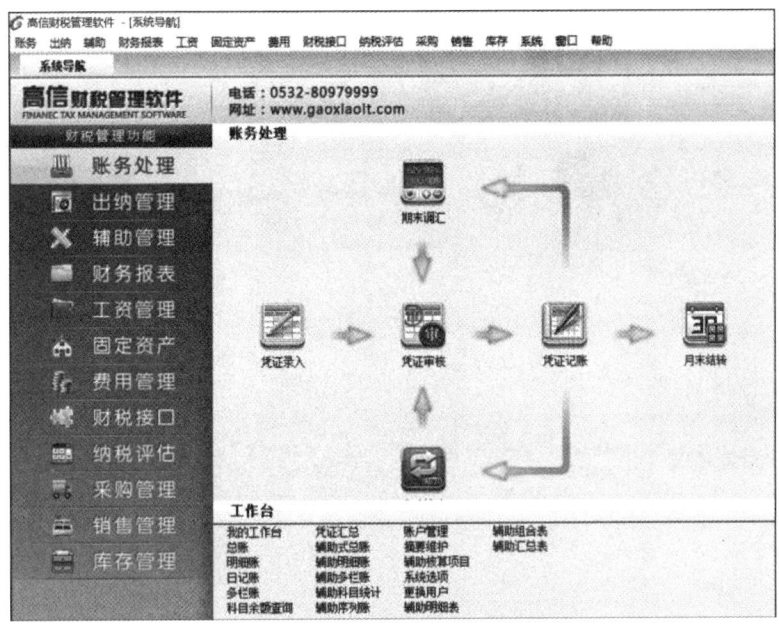

图 5-17 账务处理流程

第二步，点击"账务处理—凭证录入"，出现新凭证，如图 5-18 所示。

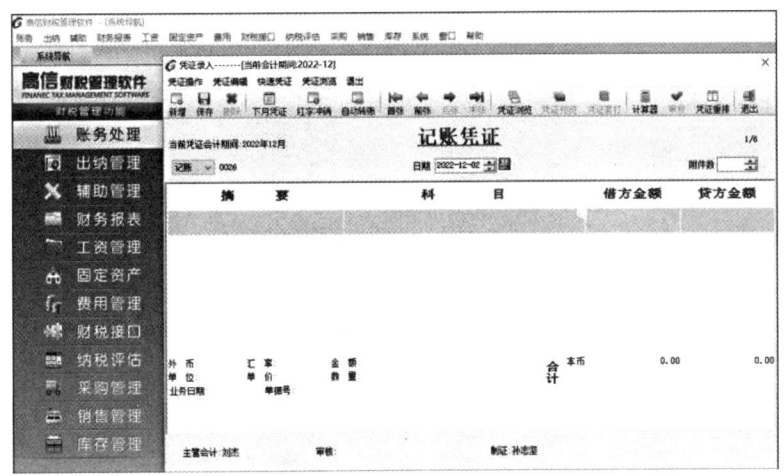

图 5-18 增加记账凭证

第三步,在"记账凭证"对话框中,依次填写凭证的日期、摘要、科目、金额、附件数,检查无误后,点击"保存"按钮,完成凭证填制,如图5-19所示。

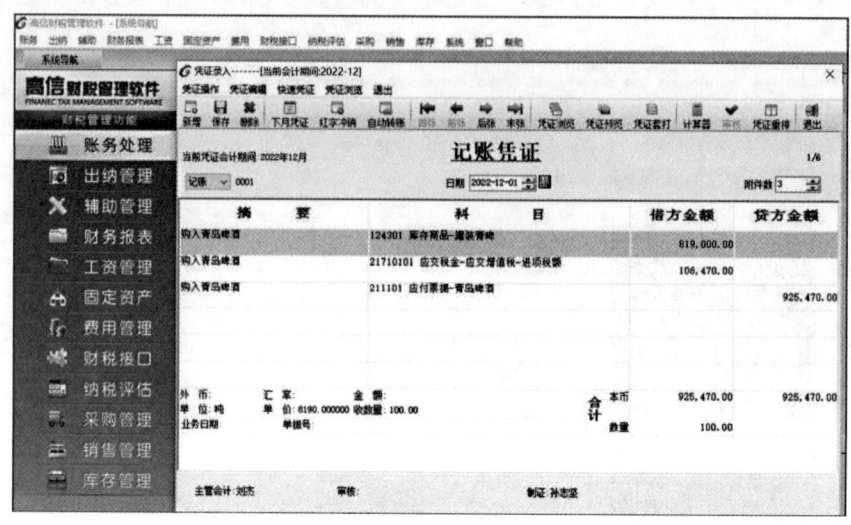

图 5-19 填制凭证

2) 数量核算、外币核算类辅助核算类凭证填制

第一步,点击记账凭证"科目名称",在"科目选择"对话框中,选择相应的科目,点击"选择科目"按钮,如图5-20所示。

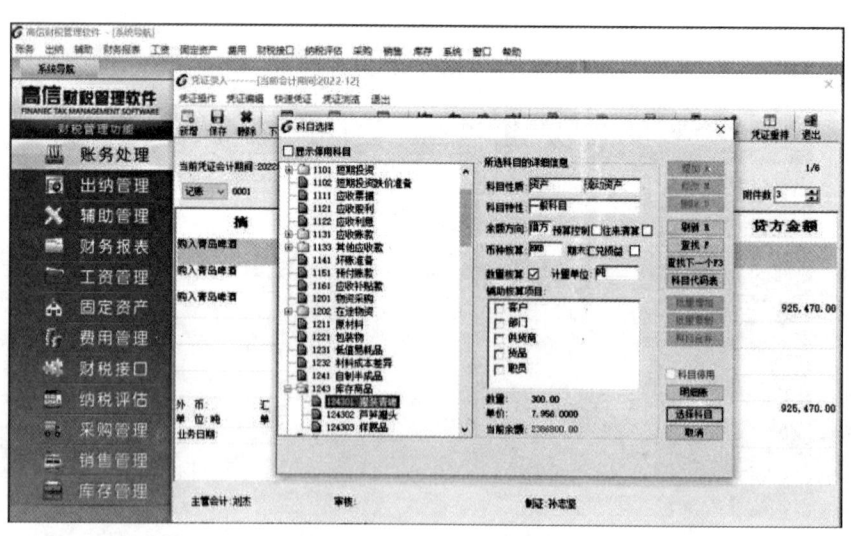

图 5-20 科目选择

第二步,如为数量核算类凭证填制,在"辅助设置"对话框中录入单价及数量,点击"确定"按钮,如图 5-21 所示。

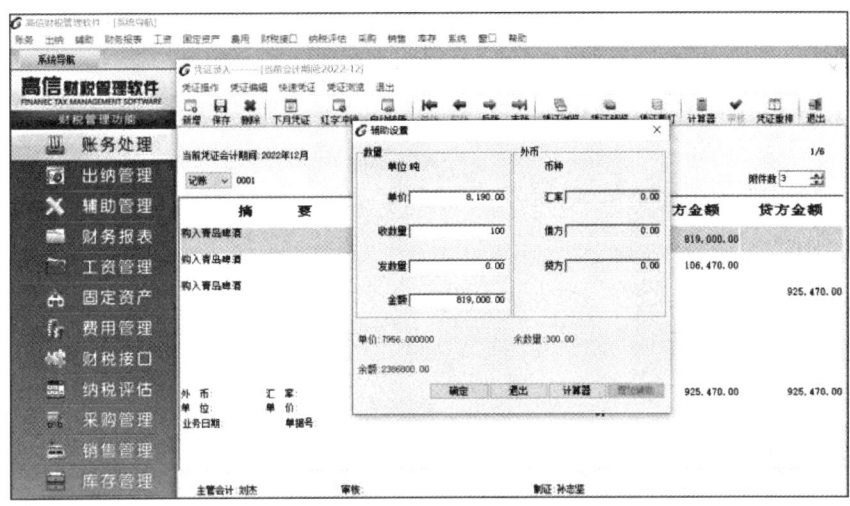

图 5-21　数量辅助设置

如为外币核算类凭证填制,在"辅助设置"对话框中,录入汇率及账户方向,点击"确定"按钮,如图 5-22 所示。

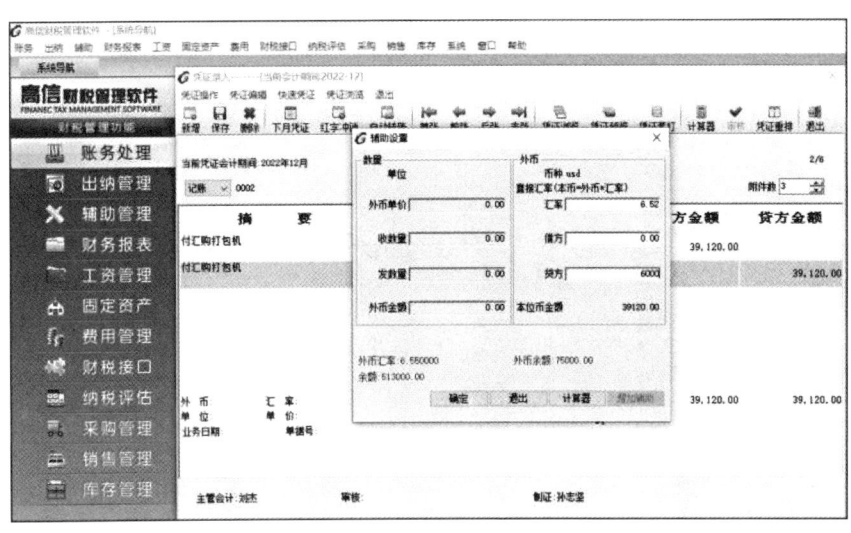

图 5-22　外币辅助设置

3. 审核凭证

更换操作员,点击"账务处理—凭证审核",在"凭证审核"对话框中选择相应的记账凭证,点击"审核"按钮,进行凭证审核。点击"确定"按钮,审核完成,如图 5-23 所示。

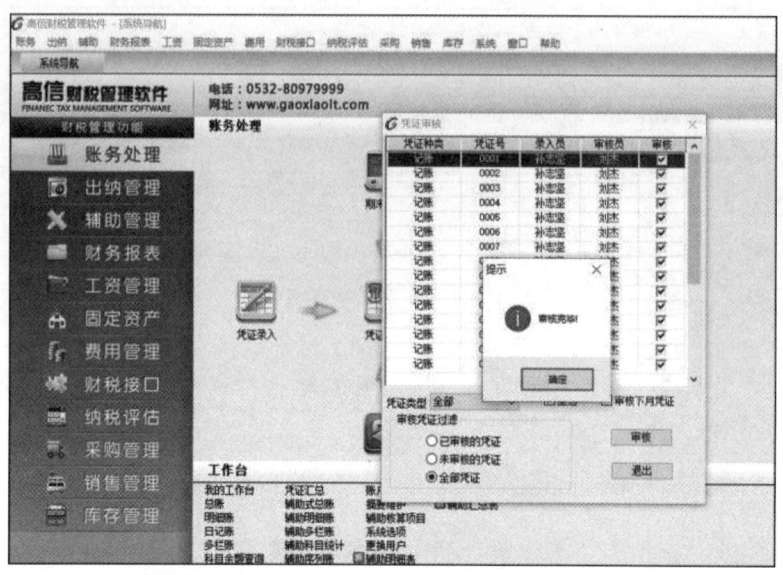

图 5-23　凭证审核

4. 记账

点击"账务处理—记账",在"凭证记账"对话框中选择要记账的凭证,点击"记账"按钮,进行记账。点击"确定"按钮,记账完成,如图 5-24 所示。

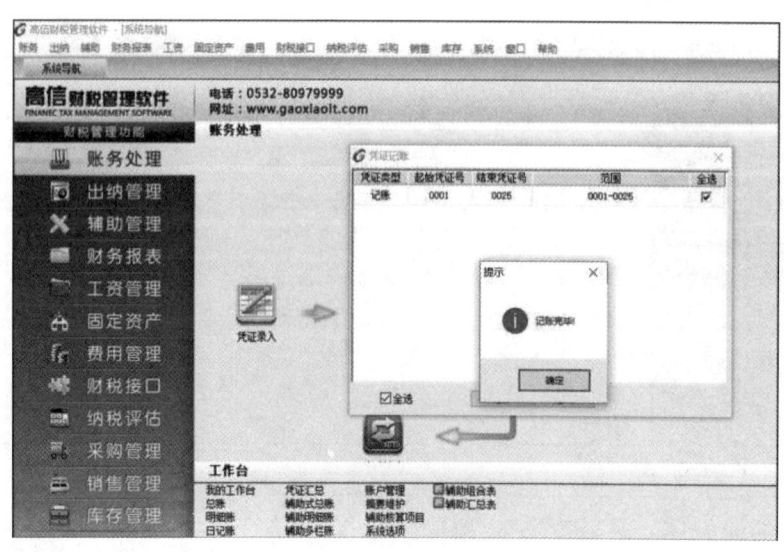

图 5-24　凭证记账

5. 期末调汇

点击"账务处理—期末调汇",录入期末汇率,选择"汇兑损益"科目。点击"调汇"按钮,进行调汇。如图 5-25 所示。调汇后的汇兑凭证,如图 5-26 所示。

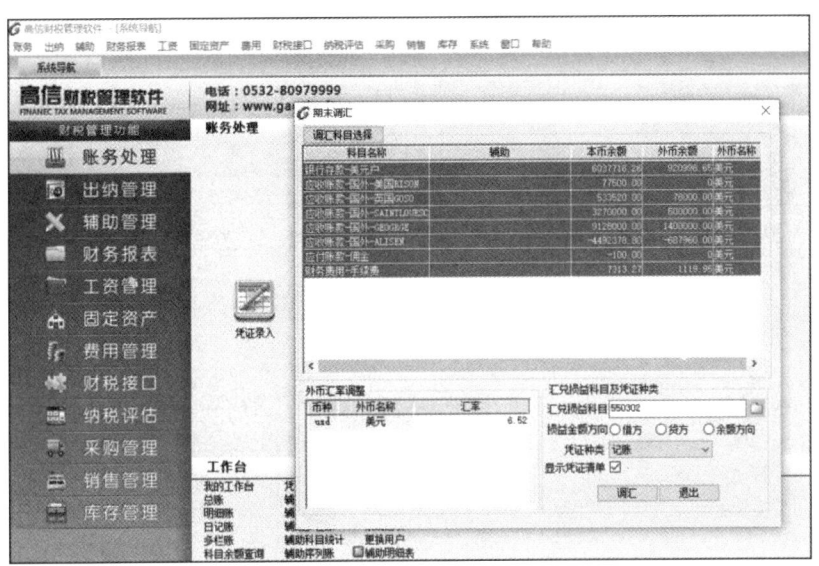

图 5-25 期末调汇

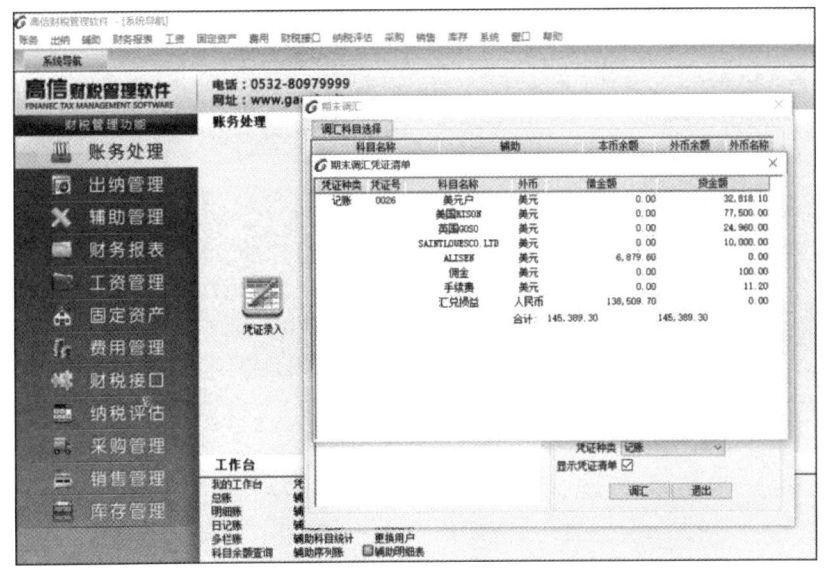

图 5-26 汇兑凭证

6. 自动转账

点击"账务处理—自动转账",如图 5-27 所示。在"自动转账凭证维护"对话框中,选择自动转账选项,点击"转账"按钮,转账完成,如图 5-28 所示。

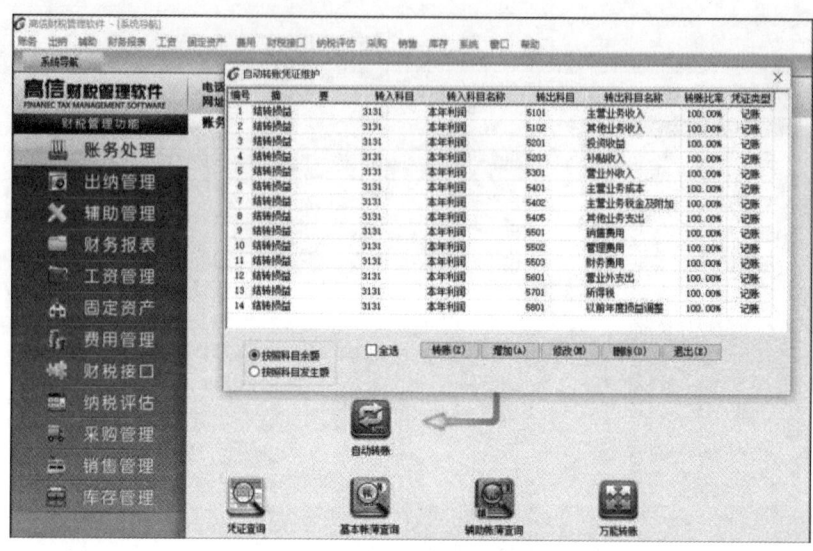

图 5-27 自动转账

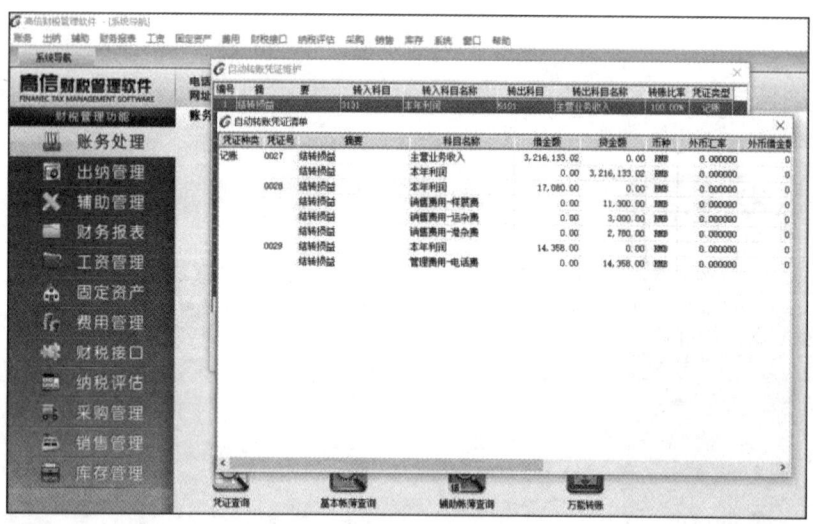

图 5-28 自动转账凭证

7. 再次审核凭证

点击"账务处理—凭证审核",在"凭证审核"对话框中,选择要审核的凭证,点击"审核"按钮。点击"确定"按钮,审核完成,如图 5-29 所示。

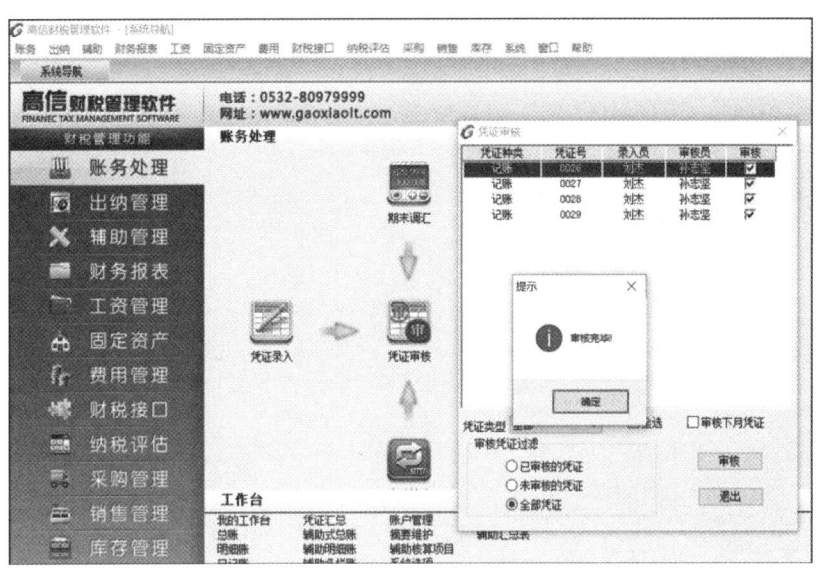

图 5-29　审核凭证

8. 再次凭证记账

点击"账务处理—凭证记账",在"凭证记账"对话框中,选择要记账的凭证,点击"记账"按钮。点击"确定"按钮,记账完成,如图 5-30 所示。

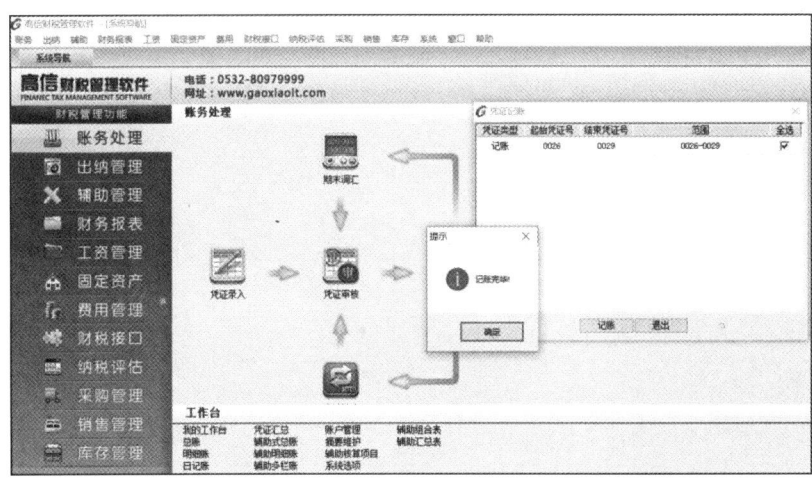

图 5-30　完成记账

9. 月末结转

点击"账务处理—月末结转",在"月末结转"对话框中,点击"结转"按钮,进行结转。点击"确定"按钮,结转完成,如图 5-31 所示。

图 5-31　结转完成

10. 基本账簿查询

点击"账务处理—基本账簿查询",可以进行总账、明细账、日记账、多栏账、科目余额、凭证汇总、试算平衡表的查询,如图 5-32 所示。

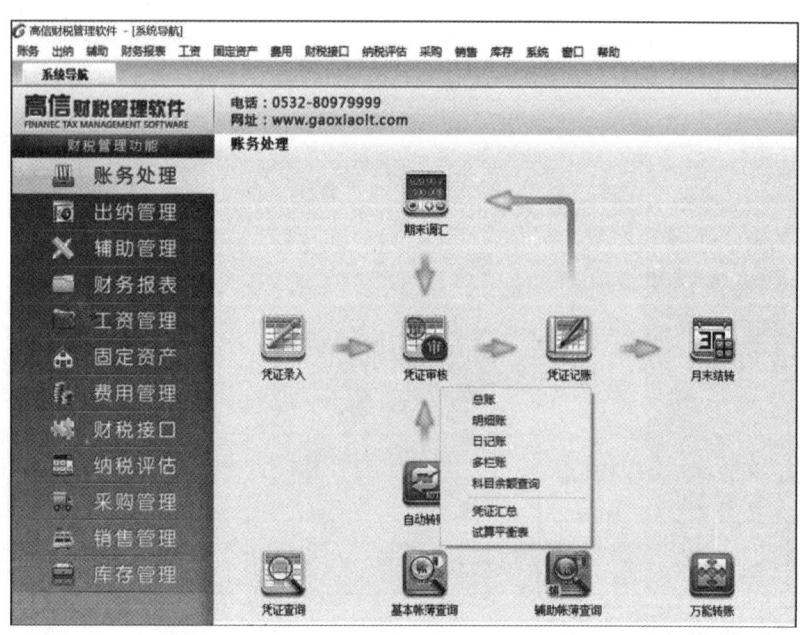

图 5-32　基本账簿查询

11. 出纳管理

更换操作员为出纳员,点击"出纳管理",可以进行库存现金及银行存款的相关操作,如图 5-33 所示。

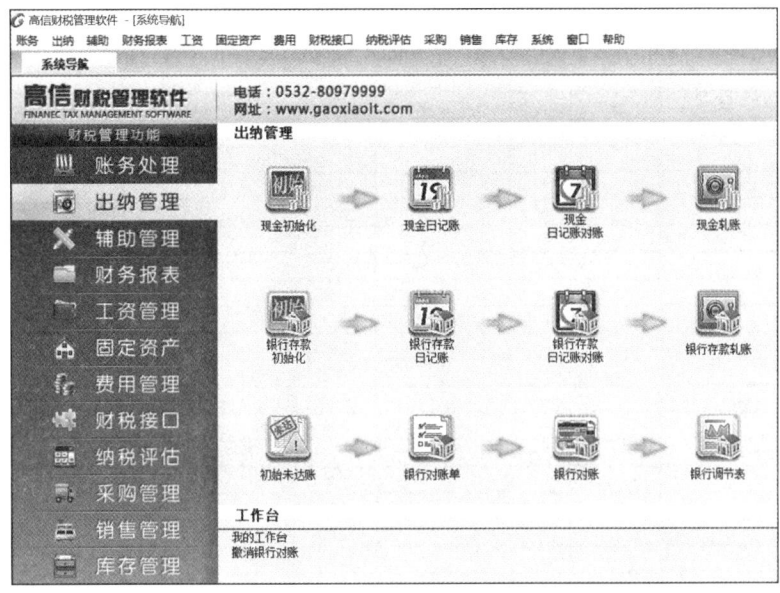

图 5-33　出纳管理

12. 财务报表

第一步,更换操作员,点击"财务报表",进入系统进行报表选择,点击"确定"按钮,进行报表模板选择,新建报表,如图 5-34 所示。

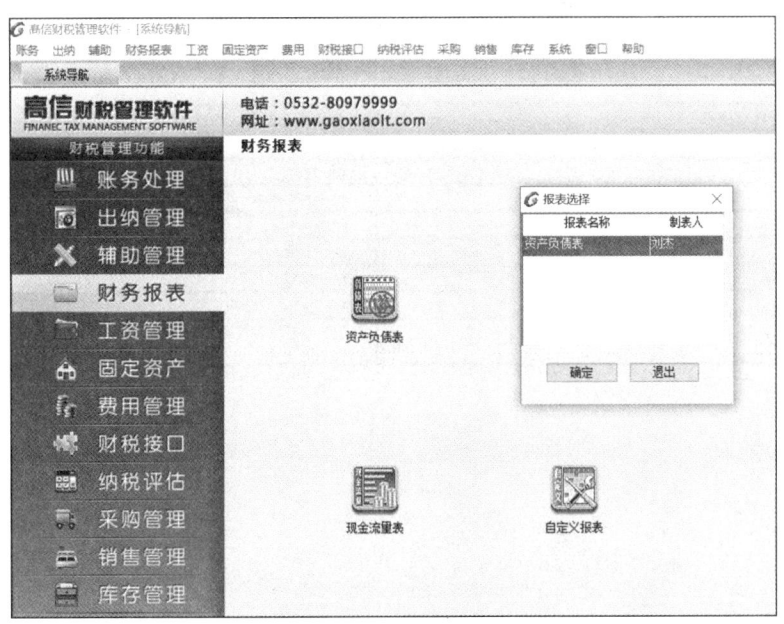

图 5-34　报表模板

第二步,生成报表,并保存报表,如图 5-35 和图 5-36 所示。

资 产 负 债 表

编制单位:青岛宏远食品进出口有限公司　　　2022年12月31日　　　会企01表　单位:元

	资　产	期末余额	上年年末余额	负债和所有者权益(或股东权益)	期末余额	上年年末余额
5	流动资产:			流动负债:		
6	货币资金	11 020 190.08	1 881 000.00	短期借款	1 253 725.00	1 253 725.00
7	交易性金融资产			交易性金融负债		
8	衍生金融资产			衍生金融负债		
9	应收票据			应付票据	925 470.00	
10	应收账款	1 328 160.00	2 620 720.00	应付账款	22 600.00	
11	应收款项融资			预收款项	19 560.00	
12	预付款项			合同负债		
13	其他应收款	861 054.00	849 952.10	应付职工薪酬	157 052.10	157 052.10
14	存货	202 500.00	4 786 800.00	应交税费	250 978.27	-791 756.00
15	合同资产			其他应付款	90 545.00	90 545.00
16	持有待售资产			持有待售负债		
17	一年内到期的非流动资产			一年内到期的非流动负债		
18	其他流动资产			其他流动负债		
19	流动资产合计	13 411 904.08	10 138 472.10	流动负债合计	2 719 930.37	709 566.10
20	非流动资产:			非流动负债:		
21	债券投资			长期借款	15 119 775.00	15 119 775.00
22	其他债权投资			应付债券		
23	长期应收款			其中:优先股		
24	长期股权投资			永续债		
25	其他权益工具投资			租赁负债		
26	其他非金融资产			长期应付款		
27	投资性房地产			预计负债		
28	固定资产	14 996 918.40	14 880 000.00	递延收益		
29	在建工程			递延所得税负债		
30	生产性生物资产			其他非流动负债		
31	油气资产			非流动负债合计	15 119 775.00	15 119 775.00
32	无形资产			负债合计	17 839 705.37	15 829 341.10
33	开发支出			所有者权益(或股东权益):		
34	商誉			实收资本(或股东)	5 000 000.00	5 000 000.00
35	长期待摊费用			其他权益工具		
36	递延所得税资产			其中:优先股		
37	其他非流动资产			永续债		
38	非流动资产合计	14 996 918.40	14 880 000.00	资本公积		
39				减:库存股		
40				其他综合收益		
41				专项储备		
42				盈余公积	280 000.00	280 000.00
43				未分配利润	5 289 117.11	3 909 131.00
44				所有者权益(或股东权益)合计	10 569 117.11	9 189 131.00
45	资产总计	28 408 822.48	25 018 472.10	负债和所有者权益(或股东权益)总计	28 408 822.48	25 018 472.10

图 5-35　资产负债表

1	**利 润 表**			
2				
3				会企02表
4	编制单位：青岛宏远食品进出口有限公司	2022 年 12 月		单位：元
5				
6	项 目	行次	本期金额	上期金额
7	一、营业收入	1	8 387 217.82	
8	减：营业成本	2	6 143 300.00	
9	税金及附加	3	3 167.09	
10	销售费用	4	182 893.20	
11	管理费用	5	70 000.90	
12	研发费用	6		
13	财务费用	7	147 875.15	
14	其中：利息费用	8	147 875.15	
15	利息收入	9		
16	加：其他收益	10		
17	投资收益（损失以“-”号填列	11		
18	其中：对联营企业和合营企业的投资收益	12		
19	以摊余成本计量的金融资产终止确认收益（损失以“-”号填列）	13		
20	净敞口套期收益（损失以“-”号填列）	14		
21	公允价值变动收益（损失以“-”号填列）	15		
22	信用减值损失（损失以“-”号填列）	16		
23	资产减值损失（损失以“-”号填列）	17		
24	资产处置收益（损失以“-”号填列）	18		
25	二、营业利润（亏损以“一”号填列）	19	1 973 071.60	
26	加：营业外收入	20		
27	减：营业外支出	21		
28	三、利润总额（亏损总额以“一”号填列）	22	1 973 071.60	
29	减：所得税费用	23	493 267.90	
30	四、净利润	24	1 479 803.70	
31	（一）持续经营净利润（净亏损以“-”号填列）	25		
32	（二）终止经营净利润（净亏损以“-”号填列）	26		
33	五、其他综合收益的税后净额	27		
34	（一）不能重分类进损益的其他综合收益	28		
35	1.重新计量设定受益计划变动额	29		
36	2.权益法下不能转损益的其他综合收益	30		
37	3.其他权益工具投资公允价值变动	31		
38	4.企业自身信用风险公允价值变动	32		
39	（二）将重分类进损益的其他综合收益	33		
40	1.权益法下可转损益的其他综合收益	34		
41	2.其他债权投资公允价值变动	35		
42	3.金融资产重分类计入其他综合收益的金额	36		
43	4.其他债权投资信用减值损失	37		
44	5.现金流量套期	38		
45	6.外币财务报表折算差额	39		
46	六、综合收益总额	40	1 479 803.70	
47	七、每股收益	41		
48	（一）基本每股收益	42		
49	（二）稀释每股收益	43		
50				
51	企业负责人： 主管会计： 制表：		报出日期： 2022年 12月31日	

图 5-36 利润表

（三）实训补充资料

请统一按表 5-3 所示编号增加或修改会计账户。

表 5-3　　　　　　　　　　　　　会计账户及其明细账户

编号	总账账户	明细账户	编号	总账账户	明细账户
1001	库存现金		2001	短期借款	
100201	银行存款	人民币户	2231	应付利息	
100202		美元户	2501	长期借款	
1012	其他货币资金		22020101	应付账款——国内	清川公司
122101	其他应收款	总经办备用金	22020102	应付账款——国内	鸿运食品厂
122102		应收出口退税	22020201	应付外汇账款——国外	美国 SANLANDI
112201	应收账款	国内	2203	预收账款	
112202		国外	221101	应付职工薪酬	工资
11220101	应收账款——国内	乐华公司	221102		社会保险
11220102		安奈公司	221103		住房公积金
11220201	应收账款——国外	美国 RISON	222101 22210101 22210102 22210103 22210104 22210105 222102 222103 222104 222105	应交税费	应交增值税 应交增值税——进项税额 应交增值税——进项转出 应交增值税——销项税额 应交增值税——出口退税 应交增值税——已交税金 应交增值税——未交增值税 城市维护建设税 教育费附加 所得税
11220202		英国 GOSO	4001	实收资本	
140501	库存商品	罐装青啤 [数量核算（吨）]	4101	盈余公积	
140502		芦笋罐头	4103	本年利润	
1601	固定资产		410401	利润分配	
1602	累计折旧				

实训指导二　用出口退税软件完成外贸企业出口退税申报

【实训要求】　出口退税有"离线版"申报与"在线版"申报两种方式，实训指导二和实训指导三是离线版的操作，实训指导四是在线版的操作。请使用出口退税软件完成青岛宏远食品进出口有限公司 2022 年 12 月份的出口退税申报。

国家税务总局自 1992 年便开始了出口退税的信息化建设工作，"出口退税电子化管理系统"于 1996 年开始在全国推广运行。"出口退税电子化管理系统"包含：出口企业端口的外贸企业出口退税申报系统；生产企业出口退税申报系统；基层税务机关使用的出口退税审核系统；国家税务总局使用的出口退税数据分析系统，以及出口退税机关的全国数据传输系统等。

外贸企业出口退税申报系统旨在使申报退税的出口企业通过对退税进货凭证、退税申报明细及各种单证等基本数据的录入,迅速准确地生成退税申报数据,避免手工申报所带来的种种弊端,提高出口退税管理的严谨性、科学性、高效性。使用出口退税软件进行出口退税申报的操作流程如下。

(一)软件获取与安装

根据《国家税务总局网络安全和信息化领导小组办公室关于下发出口退税系统整合项目推广实施工作总体方案的通知》要求,为了方便纳税人办理出口退税业务,现提供下载使用的离线出口退税申报软件。出口退税企业可以登录出口退税咨询网(http://www.taxrefund.com.cn),在首页选择"下载中心"栏目,来下载最新版本的外贸企业出口退税申报系统及最新退税率文库。

1. 系统安装

执行安装文件,按提示操作即可。在系统安装完成后,重新启动计算机。

2. 启动

申报系统安装好后,在 windows 桌面上找到快捷方式:"离线版外贸企业出口退税申报系统"并双击运行。运行后弹出登录界面,登录默认用户名为 sa,密码为空,点击"确认"按钮。

3. 首次进入系统需输入企业信息

登录系统后即可进入"登记企业信息"界面,在此界面配置"企业海关代码""社会信用代码""纳税人识别号"和"企业名称"的信息,点击"确认"按钮,导入企业信息。

4. 使用退税申报系统

登录所属期应与纳税所属期一致,格式为"年+月"(例如,202212)

(二)进入系统,按退税申报向导逐步操作

1. 第一步——外部信息采集处理

在此步骤将出口报关单、增值税专用发票电子资料导入。

2. 第二步——免退税明细数据采集

(1)出口退税出口明细申报表数据录入。选择申报系统"退税申报向导"中的第二步"免退税明细数据采集",选择"出口退税出口明细申报表",点击"增加"按钮,进行数据录入(图5-37)。

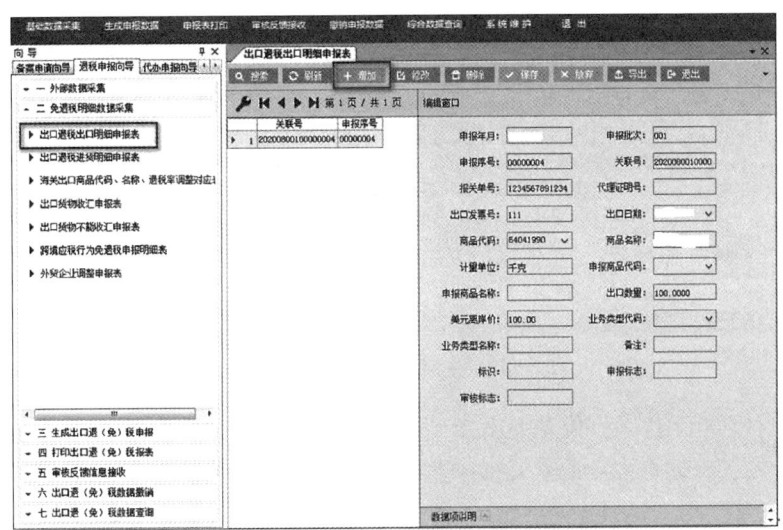

图 5-37　出口退税出口明细申报表数据录入

(2) 出口退税进货明细申报表数据录入。选择申报系统"退税申报向导"中的第二步"免退税明细数据采集",选择"出口退税进货明细申报表",点击"增加"按钮,进行数据录入(图5-38)。

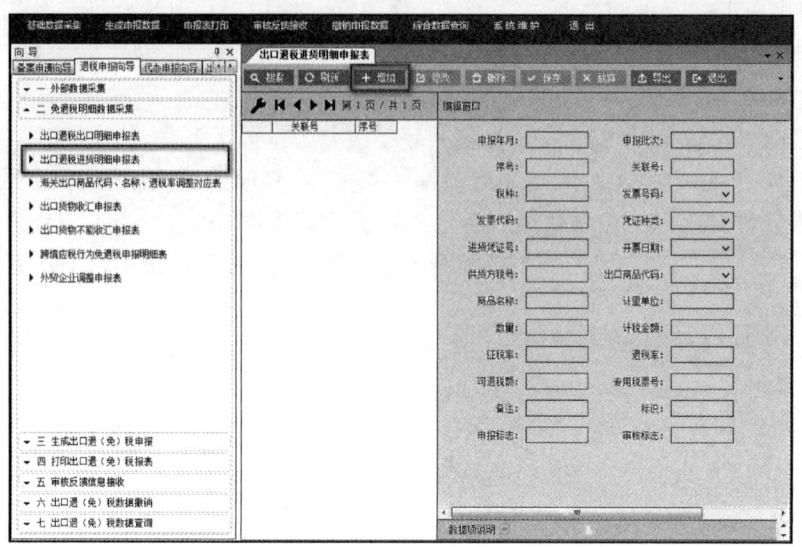

图 5-38　出口退税进货明细申报表数据录入

3. 第三步——生成出口退税申报数据

(1) 选择申报系统"退税申报向导"中的第三步"生成出口退(免)税申报",点击"生成出口退(免)税申报数据"按钮,输入正确的所属期和批次,点击"确认"按钮(图5-39)。

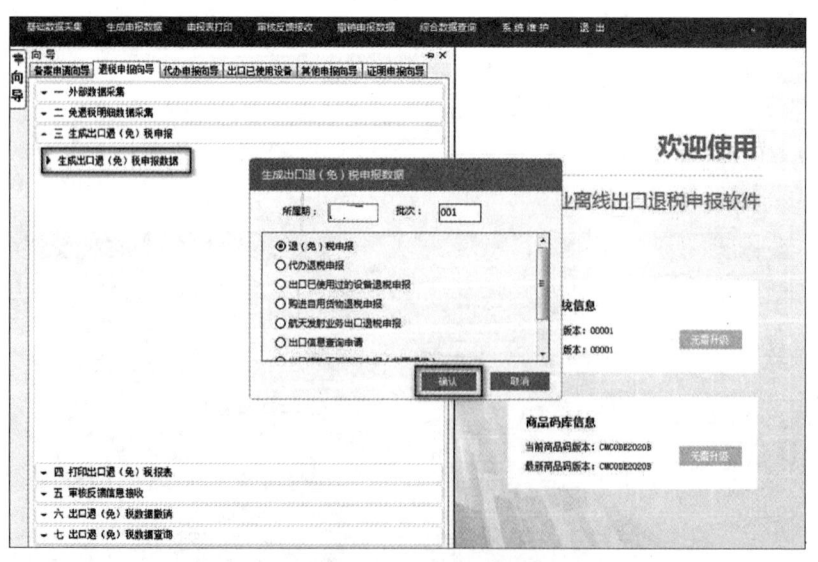

图 5-39　生成出口退税申报数据

(2) 系统自动进行退(免)税数据检查,若数据检查无疑点,则不会出现弹窗提示,若数据检查存在不可忽略的疑点,则弹窗提示检查结果,须根据检查结果进行明细数据的修改(图5-40)。

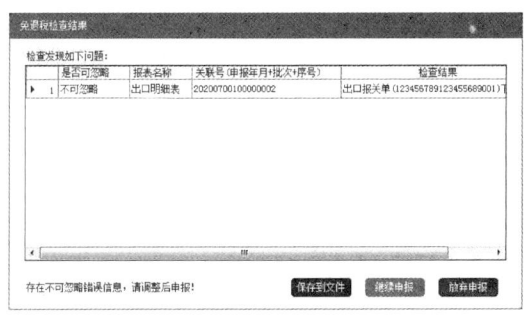

图 5-40　退(免)税检查结果

（3）数据修改完成后重复操作：选择"退税申报向导"中的第三步"生成出口退(免)税申报"，点击"生成出口退(免)税申报数据"按钮，至检查结果通过后生成申报数据包，选择文件存储路径，点击"确定"按钮（图 5-41）。

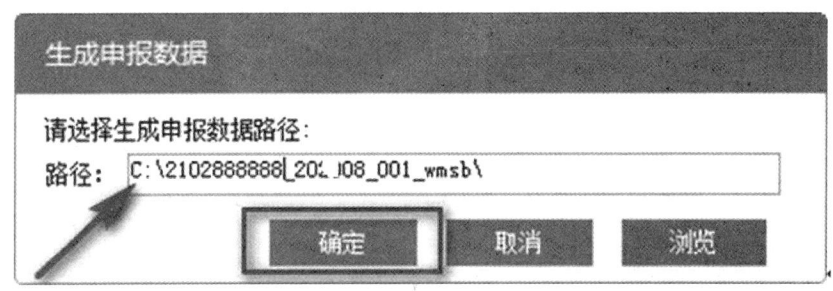

图 5-41　生成申报数据路径

4. 第四步——电子税务局进行自检

进入国家税务总局青岛市电子税务局系统。在图 5-42 和图 5-43 所示界面中，进行如下操作：

图 5-42　申报退税数据自检

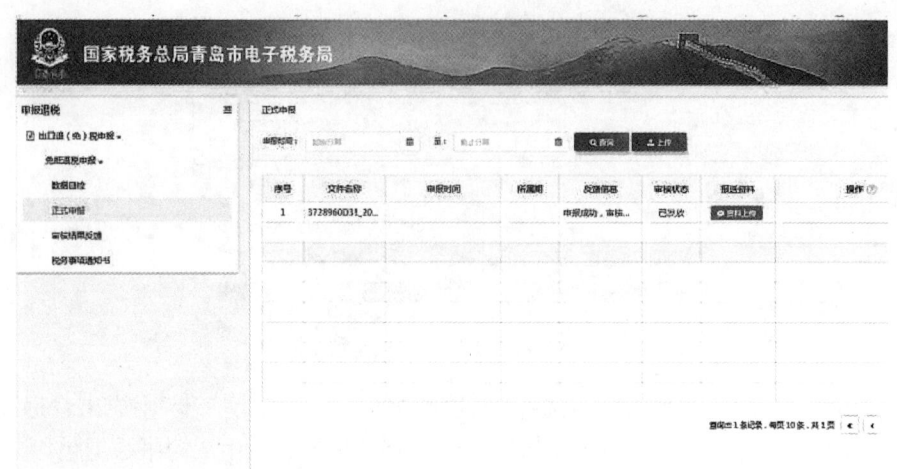

图 5-43 申报退税数据正式申报

我要办税→出口退(免)→出口退(免)税申报→免抵退税申报－离线申报→自检通过后→转正式申报。

5. 第五步——打印出口退(免)税申报表

选择申报系统"退税申报向导"中的第四步"打印出口退(免)税申报表",点击"免退税申报表"按钮,输入相应所属期及批次,打印相应表单即可(图 5-44)。

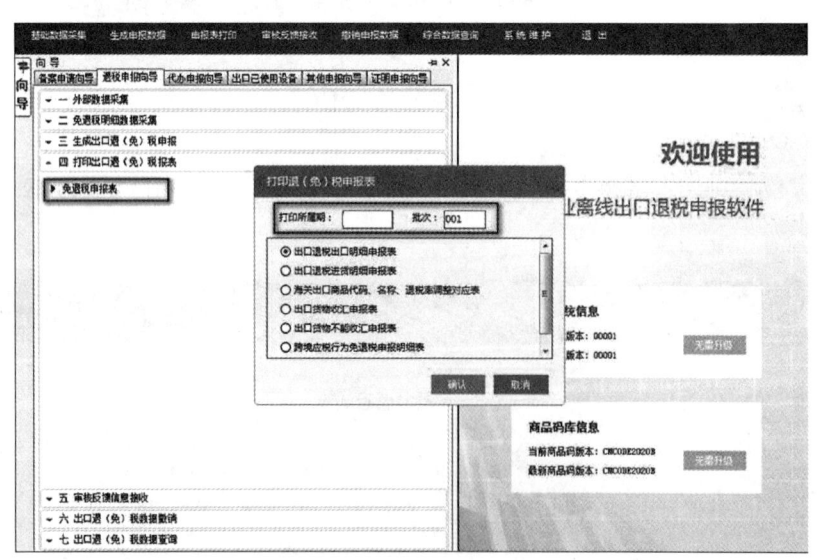

图 5-44 打印出口免退税申报表

6. 第六步——审核反馈处理

自检审核通过后,可通过电子税务局下载自检反馈信息。选择申报系统"退税申报向导"中的第五步"审核反馈信息接收",点击"读入税务机关反馈信息"按钮,选择从电子税务局下载的反馈信息;提示读入成功后,点击"退(免)税疑点信息"按钮,查看自检疑点并根据疑点进行数据修改(图 5-45)。

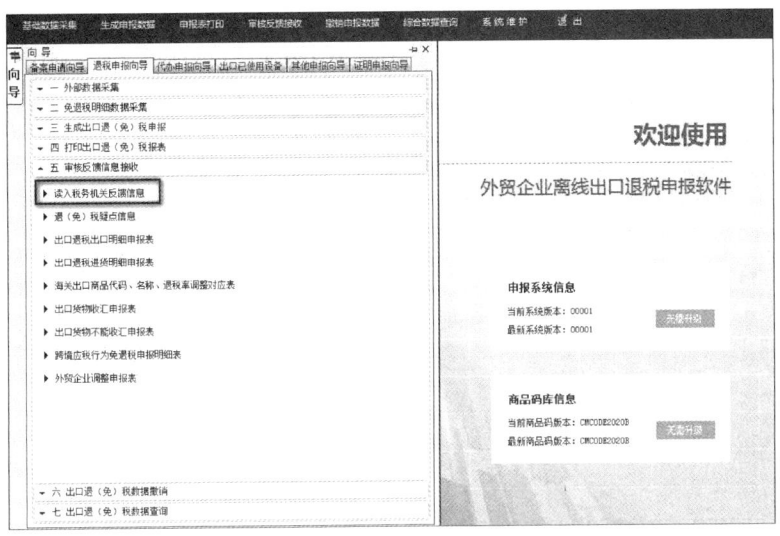

图 5-45 审核反馈信息接收

7. 第七步——出口退(免)税数据撤销

(1) 数据生成后需要撤销数据。选择申报系统"退税申报向导"中的第六步"出口退(免)税数据撤销",点击"撤销出口退(免)税申报数据"按钮,输入正确的所属期及批次,选择对应的表单,点击"确认"按钮(图 5-46)。

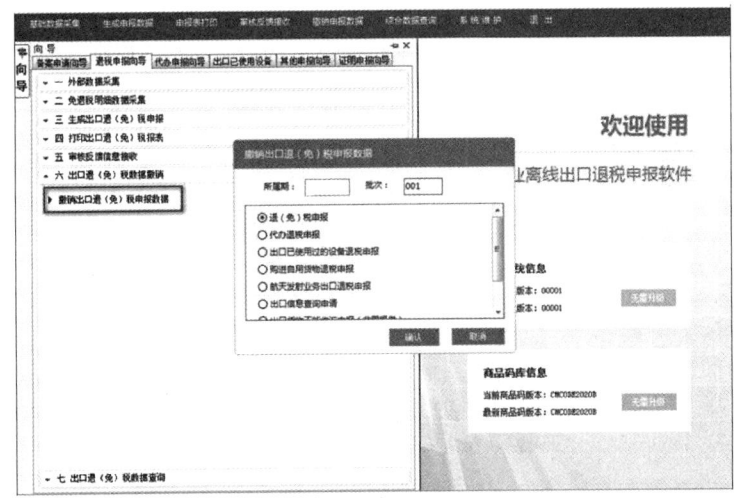

图 5-46 撤销出口退(免)税数据

(2) 选择申报系统"退税申报向导"中的第七步"出口退(免)税数据查询",可查询已生成的申报明细数据。

(三) 实训操作指导与补充资料

1. 已认证发票信息采集

进货明细资料一：芦笋的购进资料

(1) 期初库存的 300 吨芦笋罐头是 2022 年 11 月 18 日从陕西清川公司购进的,发票代号为 4563497652,发票号码为 56784568,发票填开日期为 2022 年 11 月 18 日,销售方纳税人识别号为396859759432186369,计税金额为2 400 000元,税额为312 000元。

(2) 2022年12月3日,从陕西乐华食品有限公司购进100吨芦笋罐头(见业务4-1的原始凭证),发票代号为3764986496,发票号码为20467883,发票填开日期是2022年12月3日,销售方纳税人识别号为874954578321453254,计税金额为840 000元,税额为109 200元。

进货明细资料二:啤酒的购进资料

(1) 期初库存的300吨啤酒是2022年11月23日从青岛啤酒股份有限公司购进的,发票代码为3874595126,发票号码为45298546,发票填开日期为2022年11月23日,销售方纳税人识别号为37021378505836803,计税金额为2 386 800元,税额为310 284元。

(2) 2022年12月1日购进的100吨啤酒资料见业务1-1的原始凭证,发票代码为3764986497,发票号码为19874673,发票填开日期为2022年12月1日,销售方纳税人识别号为370213785058368623,计税金额为819 000元,税额为106 470元。

2. 出口明细资料的录入

本月待申报退税的有关出口资料如下:

出口资料一:

12月8日,出口325吨芦笋罐头到美国,相关出口单证已收集齐全,本月进行申报,将该申报的关联号设定为20201201。其他相关资料如下:出口发票号为137020964502,出口报关单上记载海关编号为581654367802234586,出口退税系统中根据编码规则报关单号输入581654367802234586001,出口商品编码为20056010,出口日期为2022年12月8日。出口数量为325 000千克,出口货物离岸价为USD 500 000,汇率为1美元=6.54人民币元。

出口资料二:

12月10日,出口400吨啤酒到英国,相关出口单证已收集齐全,本月进行申报,将该申报的关联号设定为20201202。其他相关资料如下:发票号为137020964501,出口报关单上记载海关编号为582876547865802234,出口退税系统中根据编码规则报关单号输入582876547865802234001,出口商品编码为22030000002;出口日期为2022年12月10日。出口数量为400吨,出口商品美元离岸价为679 960美元,汇率为1美元=6.52人民币元。

3. 进货明细资料的录入

进货明细资料一的录入:

进入录入界面后先录入关联号"20221201",税种录入"V"(增值税),按进货明细资料一的两笔购进资料分别录入(分批分次1与2),录入完第一批次的购进,点击"保存"按钮。保存完该记录后,再点击"增加"按钮,录入第二笔购进,录入该笔资料时注意关联号仍为"20221201",12月3日的购进计税金额为210 000元,税额为27 300元。录入完毕后点击"保存"按钮,再点击"退出"按钮,退出该界面。

进货明细资料二的录入:

需要分别录入增值税与消费税的相关数据。进入录入界面后先录入关联号"20221202",税种录入"V"(增值税),按进货明细资料二的两笔购进资料分别录入(分批分次1与2),录入完毕后点击"保存"按钮;再录入关联号"20221202",税种录入"C"(消费税)。

以上两笔购进皆取得消费税专用税票,其对应的税票号码分别为(300)22359583和(300)22365789,出口退税系统中按照编码规则录入消费税专用税票号码分别为03002235958301和03002236578901。啤酒消费税属于从量定额征收,单位税额为每吨250元。

出口明细资料和进货明细资料都录入完成后,在"进/出口明细申报"中进行"录入"→"序号重排"的操作,之后审核认可→选择第二个筛选当前所有记录→确认。

实训指导三　用出口退税软件完成生产企业出口退税申报

【**实训要求**】请使用出口退税软件完成青岛凯瑞智能科技股份有限公司2023年1月份的出口退税申报。

(一) 软件获取与安装

根据国家税务总局的统一要求,对出口退税实行电子化管理,企业进行出口退税申报须采用国家税务总局统一开发研制的最新版本的出口退税申报系统。出口退税企业可以登录本地税务局网站或出口退税咨询网(http://www.taxrefund.com.cn),在首页选择"下载中心"栏目,来下载最新版本的生产企业出口退税申报系统。

1. 系统安装

执行安装文件,按提示操作即可。在系统安装完成后,重新启动计算机。

2. 启动

申报系统安装好后,在windows桌面上找到快捷方式:"生产企业出口退税申报系统"并双击运行。运行后弹出登录界面,登录默认用户名为sa,密码为空,点击"确认"按钮。

3. 首次进入系统需输入企业信息

登录系统后即可进入"登记企业信息"界面,在此界面配置"企业海关代码""社会信用代码""纳税人识别号"和"企业名称"的信息,或者通过"企业信息导入"按钮,选择备份数据来导入企业信息。

4. 使用退税申报系统

进入系统,出现"确认当前所属期"页面,输入当前所属期,点击"确认"按钮。登录所属期应与纳税所属期一致,格式为"年＋月"(例如,202301)。

(二) 进入系统,按照退税申报向导逐步操作

1. 第一步——外部数据采集及信息处理

在此步骤将从电子口岸下载的出口报关单数据,读入出口退税申报系统中,读入过程中系统会自动对数据进行解密、作信息处理。

2. 第二步——免退税明细数据采集

(1) 出口货物劳务免抵退申报明细表数据录入。选择申报系统"退税申报向导"中的"出口货物劳务免抵退税申报明细表"。在图5-47所示界面中,进行如下操作:

增加→所属期→序号→出口报关单号→出口发票号→出口日期→出口数量→原币离岸价→原币汇率→人民币出口销售额→美元汇率→美元出口销售额→征税率→退税率。

提示:人民币出口销售额的小数点因为汇率的原因会出现差额,应手动改成出口发票人民币金额。

(2) 免抵退汇总申报表数据录入。选择申报系统"退税申报向导"中的"免抵退税申报汇总表"。进入后点击"增加"按钮,输入所属期,会弹出"退税汇总计算"对话框(图5-48),并进行数据录入(图5-49),填写之后就可自动计算出免抵退税汇总表数据(图5-50),检查无误后点击"保存"按钮。

外贸会计

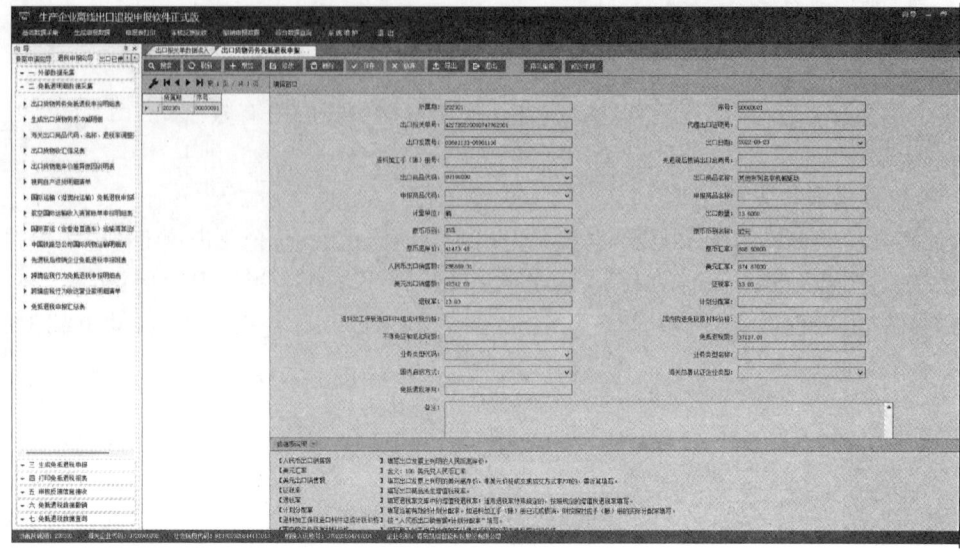

图 5-47　出口货物劳务免抵退税申报明细表数据录入

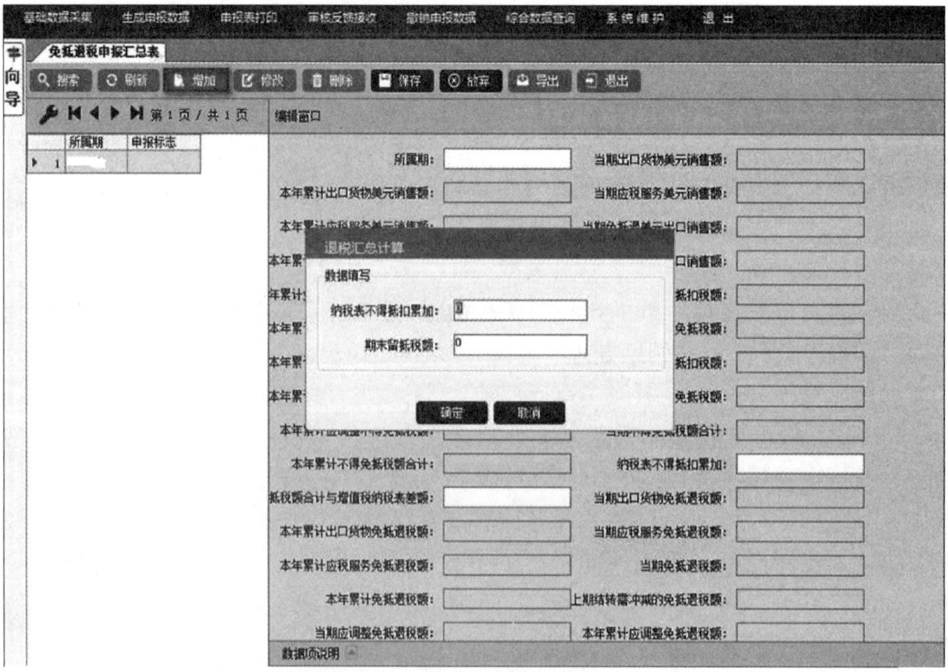

图 5-48　免抵退申报汇总表 1

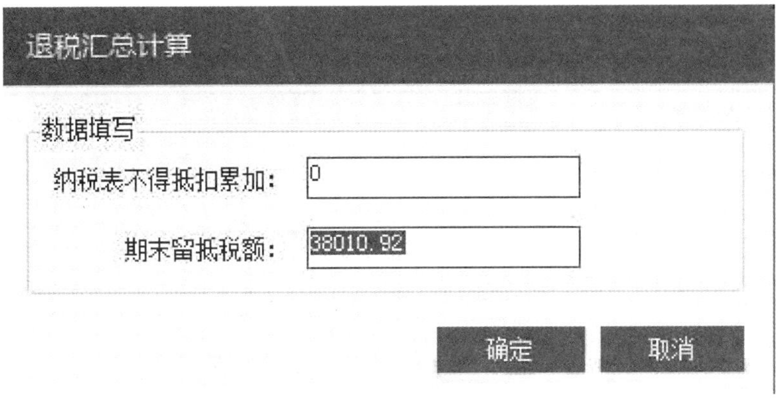

图 5-49　退税汇总数据录入

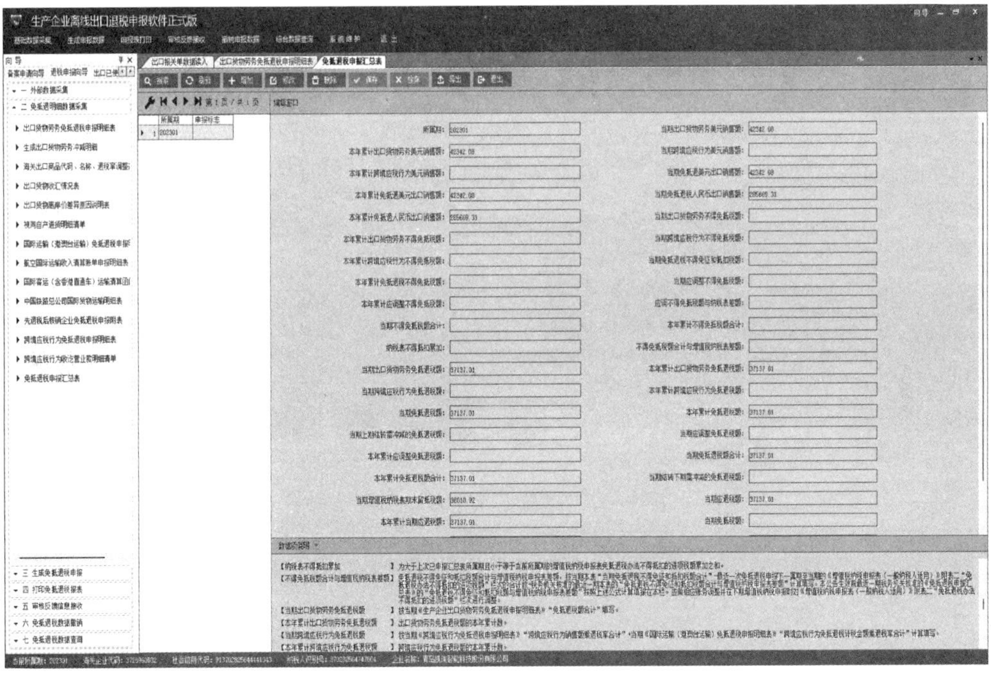

图 5-50　免抵退申报汇总表 2

3. 第三步——生成免抵退税申报

选择申报系统"退税申报向导"中的"生成免抵退税申报"(图 5-51),生成出口退(免)税申报数据(图 5-52)。点击"确定"后,生成申报数据列表(图 5-53)。点击"确定"生成申报数据,将生成的压缩文件保存到电脑 C 盘(图 5-54),点击"确定"。如数据申报成功,则会提示申报数据成功(图 5-55)。生成退税文件后,录入的明细申报表、汇总申报表都没有数据了。

外贸会计

图 5-51 生成免抵退税申报数据

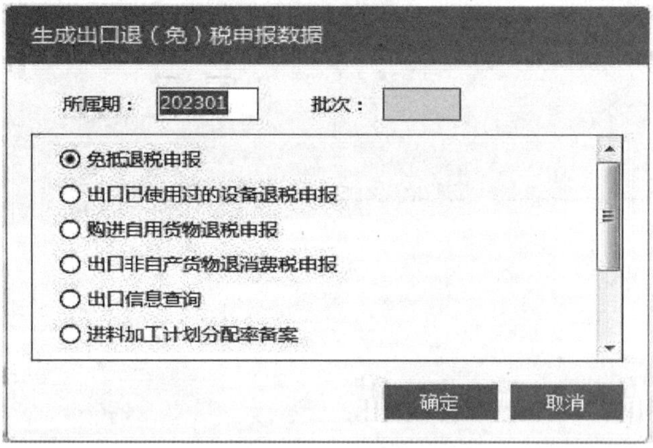

图 5-52 免抵退税申报数据录入

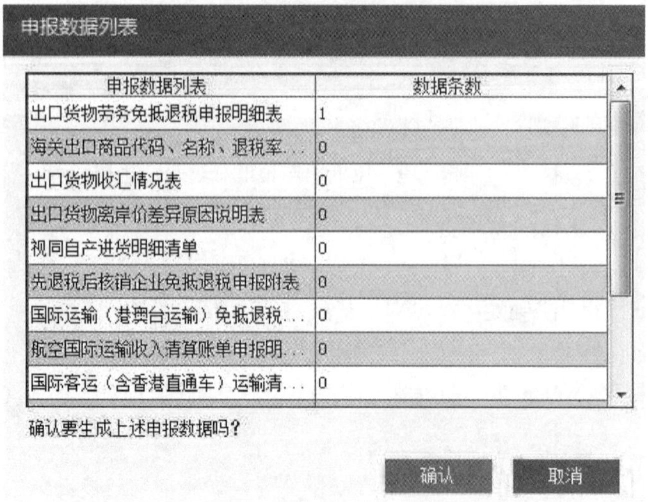

申报数据列表	数据条数
出口货物劳务免抵退税申报明细表	1
海关出口商品代码、名称、退税率…	0
出口货物收汇情况表	0
出口货物离岸价差异原因说明表	0
视同自产进货明细清单	0
先退税后核销企业免抵退税申报附表	0
国际运输（港澳台运输）免抵退税…	0
航空国际运输收入清算账单申报明…	0
国际客运（含香港直通车）运输清…	0

确认要生成上述申报数据吗？

图 5-53 生成申报数据列表

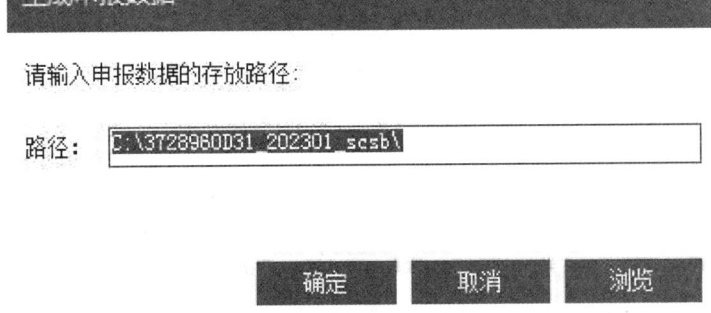

图 5-54　生成申报数据存放路径

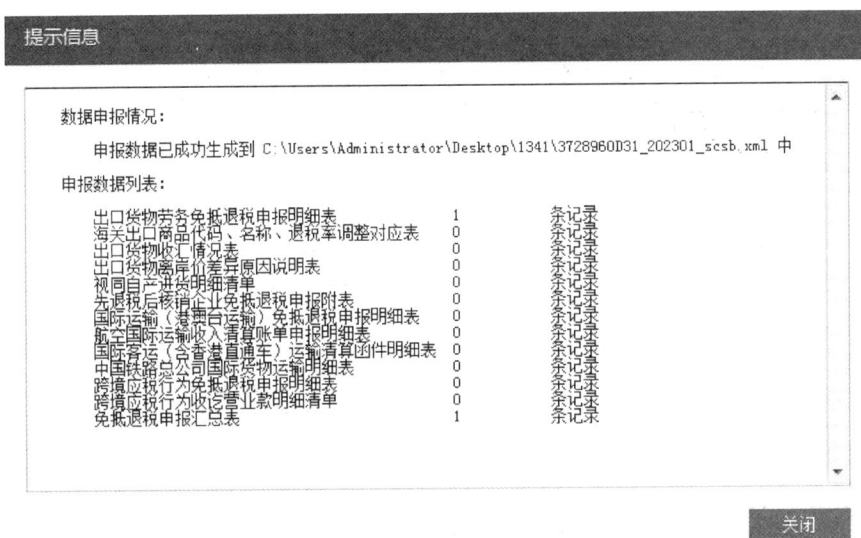

图 5-55　数据申报成功提示信息

4. 第四步——电子税务局进行自检

进入国家税务总局青岛市电子税务局系统。在图 5-56 和图 5-57 所示界面中，进行如下操作：

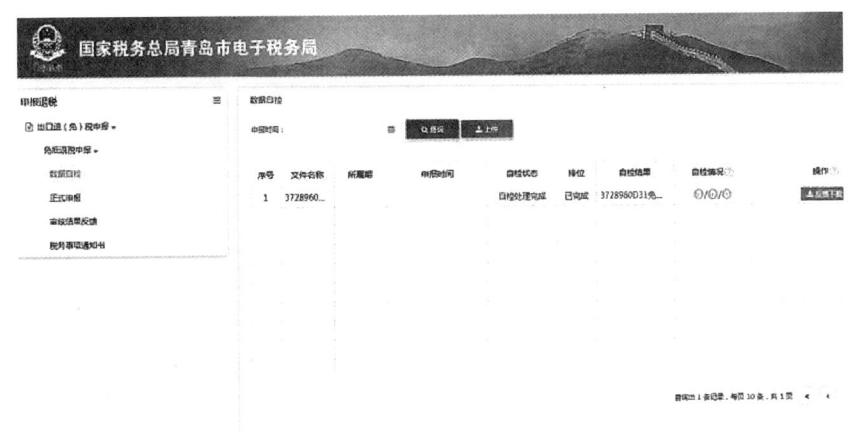

图 5-56　申报退税数据自检

图 5-57　申报退税数据正式申报

我要办税→出口退免→出口退免税申报→免抵退税申报－离线申报→自检通过后→转正式申报。

5. 第五步——审核反馈处理

自检审核通过后,可通过电子税务局下载自检反馈信息。选择申报系统"退税申报向导"中的"审核反馈信息接收",点击"读入税务机关反馈信息"按钮,选择从电子税务局下载的反馈信息(文件名称带 FK 的 xml 文件)(图 5-58)。提示读入成功后,点击"税务机关反馈信息处理"按钮(图 5-59),进行数据反馈信息处理。

图 5-58　读入税务机关反馈信息

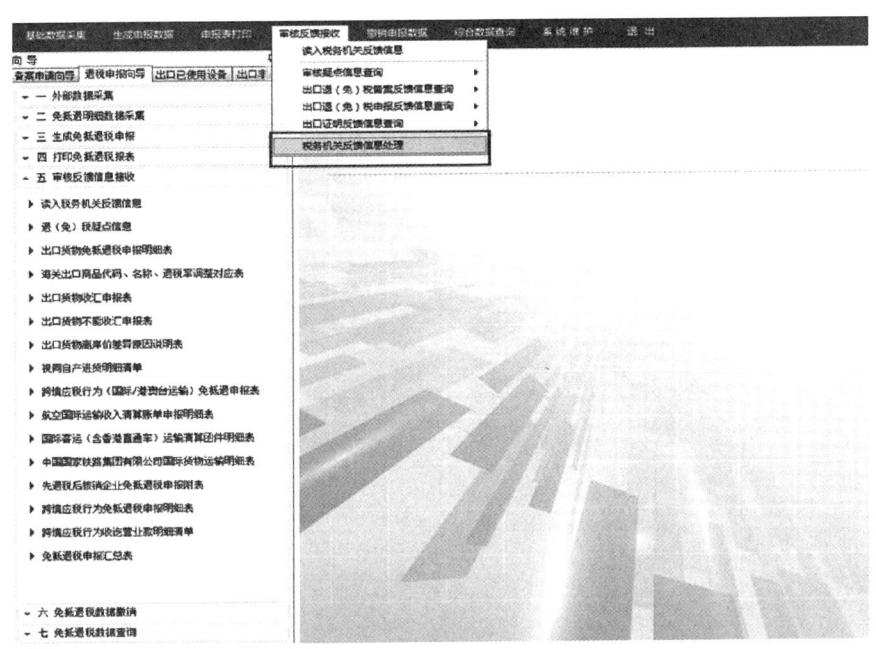

图 5-59 税务机关反馈信息处理

6. 第六步——免抵退税数据撤销

数据生成后需要撤销数据。选择申报系统"退税申报向导"中的"免抵退税数据撤销",点击"撤销出口退(免)税申报数据"按钮,输入正确的所属期和批次,点击"确定"按钮(图 5-60)。之后,明细申报表与汇总申报表都有数据了,可以对其进行修改。

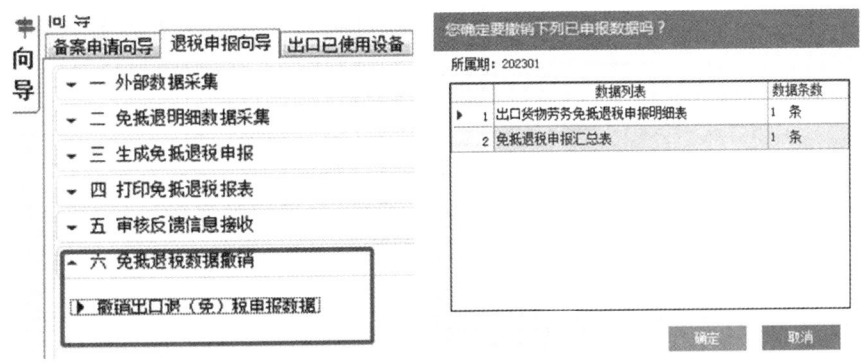

图 5-60 撤销出口退(免)税申报数据录入

重点:如果转正式申报后需要修改数据,企业应填写撤回申请表,通知税务局退回申报的数据。原因应选择"申报错误",如果选择"放弃"则代表不退税了,所以一定不能选择"放弃"。如果税务机关强制退回,企业当月则无法进行退税申报。

(三)实训操作资料

青岛凯瑞智能科技股份有限公司,海关编码为 3728960D32,统一社会代码为 913702825644441043,税号为 370282564747804,2022 年 8 月 23 日出口 13 辆格栅车,HS 编码为 87168000,报关单编码为 422720220000747962,成交方式为 C&F,F=11 300.00 美元,出口

货物总价52 541.76欧元。出口企业开具的增值税普通发票号为00981133-36,合计285 669.31人民币元。

2023年2月1日—15日期间先申报1月所属期增值税,产生1月所属期留抵税额38 010.92人民币元。计算FOB=41 473.48欧元,FOB=42 342.08美元,欧元汇率为6.888,美元汇率为6.746 7,出口增值税普通发票合计金额=42 342.08×6.746 7=285 669.31人民币元。出口退税率13%,理论应退税额=285 669.31×13%=37 137.01元,小于1月所属期的留抵税额38 010.92人民币元,所以应全退税37 137.01人民币元。

2023年1月所属期增值税申报表如表5-4所示。

表5-4　　　　　　　　　　增值税申报表

项目	栏次	一般项目	
		本月数	本年累计
(一)按适用税率计税销售额	1	48 995.70	4 050 121.76
其中:应税货物销售额	2	48 995.70	3 978 799.24
应税劳务销售额	3	0.00	71 322.52
纳税检查调整的销售额	4	0.00	0.00
(二)按简易办法计税销售额	5	0.00	0.00
其中:纳税检查调整的销售额	6	0.00	0.00
(三)免、抵、退办法出口销售额	7	0.00	2 729 021.27
(四)免税销售额	8	0.00	0.00
其中:免税货物销售额	9	0.00	0.00
免税劳务销售额	10	0.00	0.00
销项税额	11	6 369.44	526 324.29
进项税额	12	28 603.31	821 590.80
上期留抵税额	13	15 777.05	0.00
进项税额转出	14	0.00	0.00
免、抵、退应退税额	15	0.00	354 028.50
按适用税率计算的纳税检查应补缴税额	16	0.00	0.00
应抵扣税额合计	17	44 380.36	—
实际抵扣税额	18	6 369.44	0.00
应纳税额	19	0.00	57 091.46
期末留抵税额	20	38 010.92	0.00

实训指导四　在线版电子税务局申报退税

因为在线版申报需要登录电子税务局,而我们无法登录电子税务局,所以单独截图完整的在线版申报操作让大家了解一下。

(一)在线版在退税软件形成退税资料后在电子税务局申报退税

(1)登录电子税务局,点击"我要办税"中的"出口退税管理"(图5-61)。

图5-61 出口退税管理

(2)点击"出口退税管理"中的"免抵退税自检"(图5-62)。

图5-62 出口免抵税自检

(3)点击"数据自检"后,选择在离线退税软件生成的退税文件并上传(图5-63)。

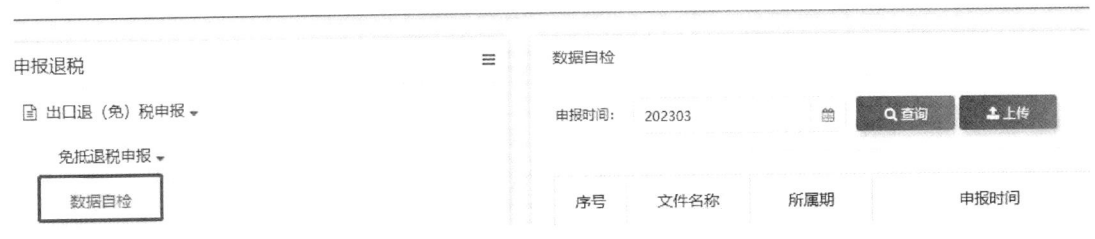

图5-63 数据自检及退税文件上传

(4)自检通过后,将该退税文件转正式申报(图5-64)。

图5-64 退税正式申报

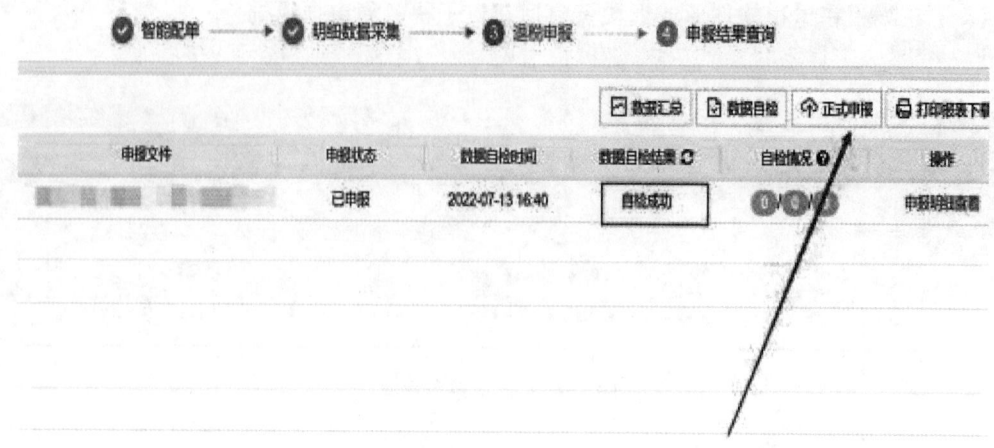

(5)点击"审核结果反馈",可以看到退税资料中的问题,然后返回离线退税软件进行修改(图 5-65)。

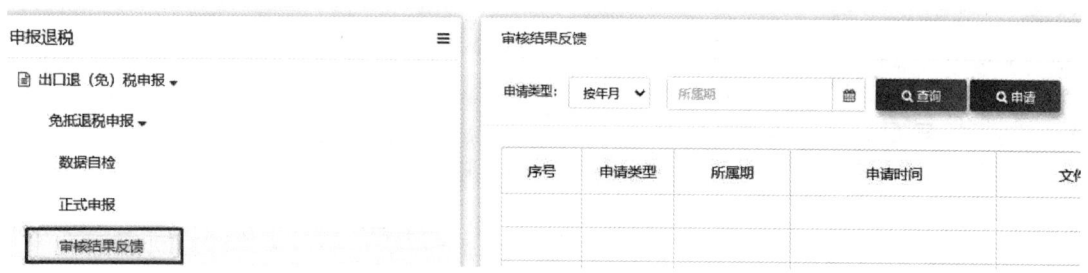

图 5-65 审核结果反馈

(6)查看申报结果,办理退税成功(图 5-66)。

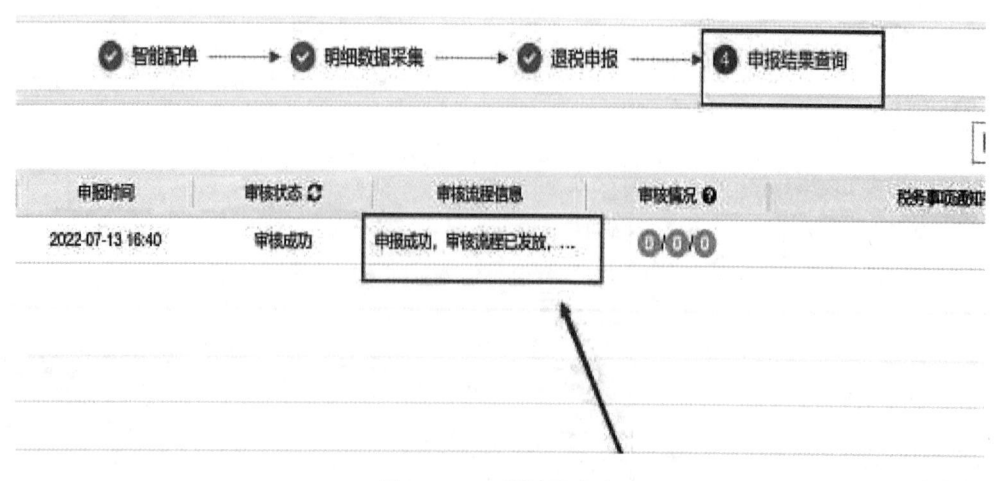

图 5-66 申报结果查询

(二)在线申报

(1)登录电子税务局,点击"我要办税"中的"出口退税管理"(图 5-67)。

图 5-67　出口退税管理

(2) 点击"出口退免税申报"中的"在线申报"(图 5-68)。

图 5-68　在线申报

(3) 第一步,进行出口货物劳务免抵退税申报明细数据录入,与离线版申报的操作相同(图 5-69)。

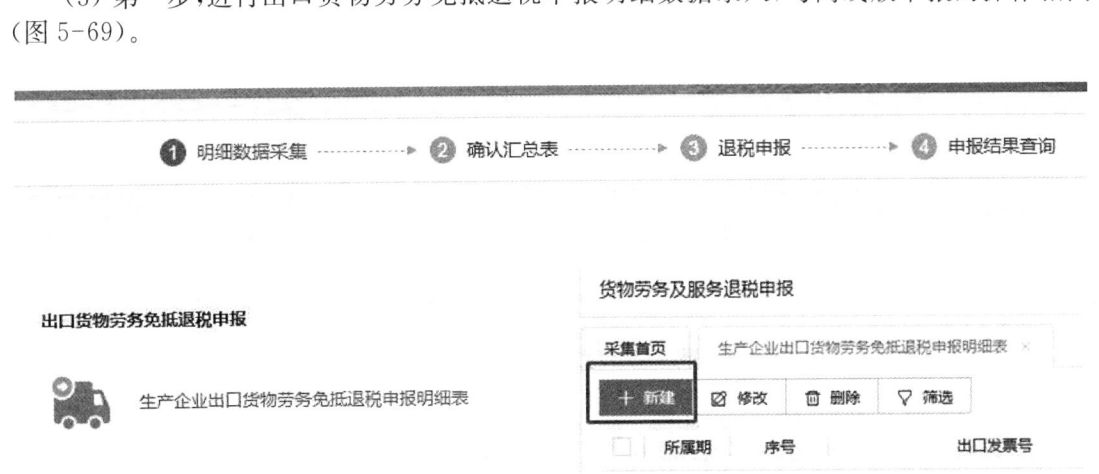

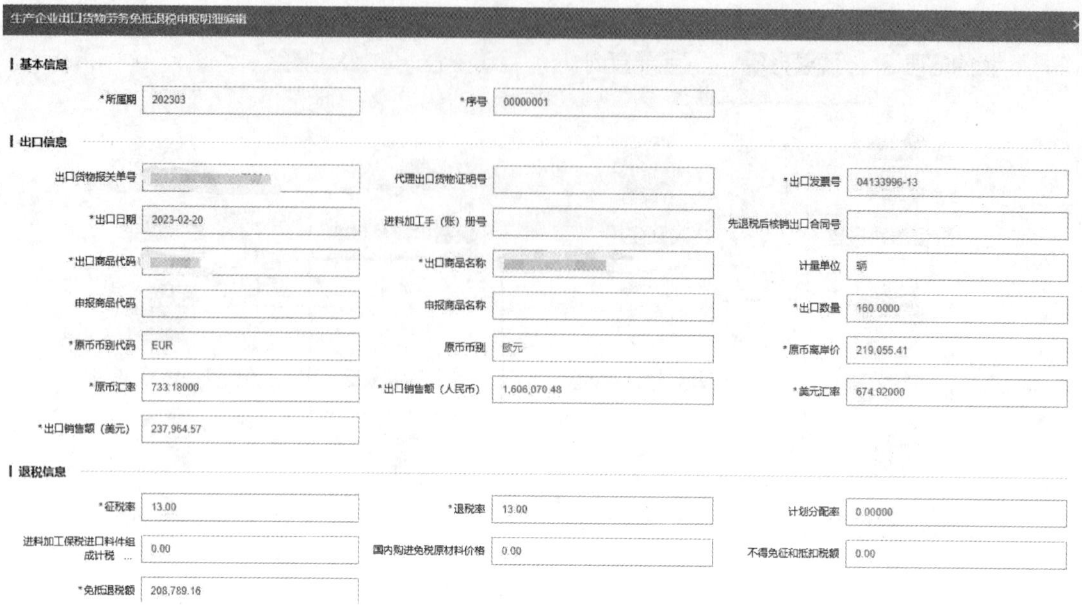

图 5-69 出口货物劳务免抵退申报明细数据录入

第二步，进行汇总表数据录入，与离线版申报的操作相同（图 5-70）。

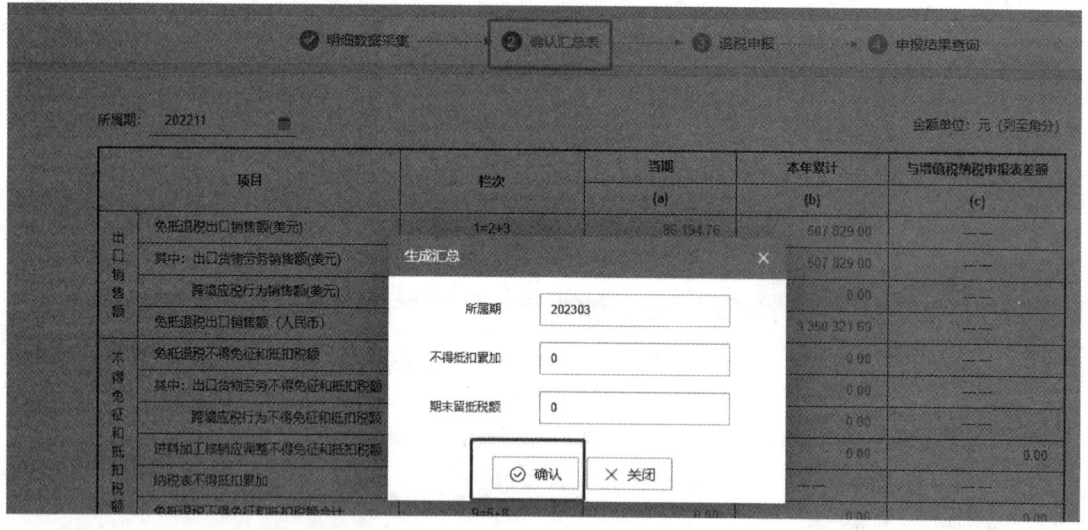

图 5-70 汇总表数据录入

第三步，进行退税申报：生成申报数据（图 5-71），将申报数据上传（图 5-72），并进行数据自检（图 5-73），自检通过后进行正式申报（图 5-74）。

图 5-71 生成申报数据

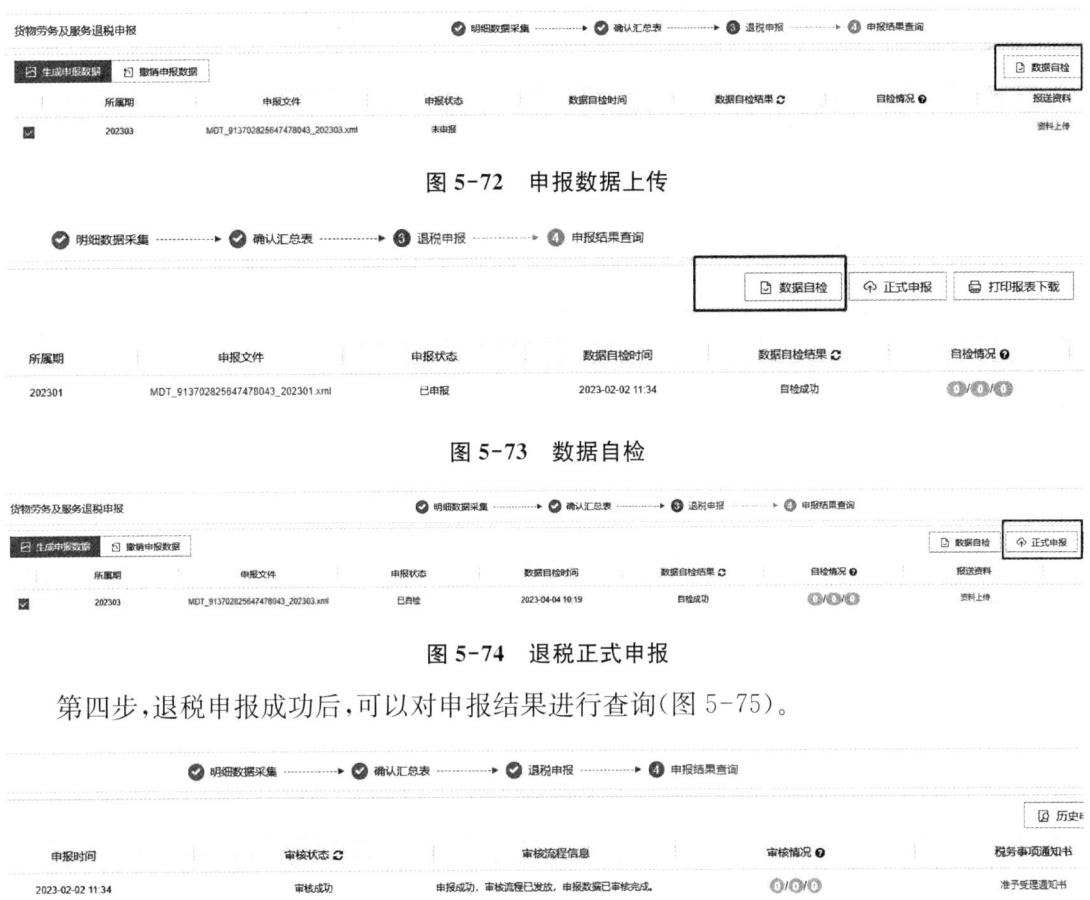

图 5-72 申报数据上传

图 5-73 数据自检

图 5-74 退税正式申报

第四步,退税申报成功后,可以对申报结果进行查询(图 5-75)。

图 5-75 申报结果查询

项目5 学习报告

班级:_____ 姓名:_____ 学号:_____ 成绩:_____

学习目标		学习要点	
知识目标	学完本项目后,学生应该掌握以下几点: 1. 信息化账务处理的基本步骤 2. 出口退税申报软件的操作步骤	知识点列示: 1. 2.	
技能目标	请根据原始凭证,通过财务软件进行账务处理,编制报表;根据案例要求,通过出口退税软件完成外贸企业和生产企业的出口退税。并简要说明在实操过程中遇到的问题及解决方法。		
素养目标	如果你在一家外贸企业担任财务工作,请从理论知识、账务处理、软件操作以及专业素养等方面,谈谈你有什么要学习的技能和注意的问题。		

教学课件索取单

敬爱的老师:

  感谢您使用我们出版社的教材。为了方便教学,教材配有相关教学课件。如果您需要,请您填写下面表格中的相关信息,并以电子邮件的形式发到我社,我们在核对您的信息后,即免费向您提供教学课件。

我们的联系方式:
  地   址:上海市中山西路 2230 号 1 号楼 1507 室 邮 编:200235
        立信会计出版社   电 话:(021) 64411223(O)
  电子邮件:victoria_tysx@126.com   联系人:余榕

教材名称					作者姓名	
教师姓名		性　别		身份证号		
学　校			院系		教研室	
学校地址					邮　编	
职　务			职称		办公电话	
E-mail			手机		宅　电	
通信地址					邮　编	
所选教材			教材用量		册	
委托订购单位						

您对本教材的意见和建议是:_____
_____
_____
_____
_____